史記

二

表

〔汉〕司马迁 著 • 杨燕起 译注

全本 全注 全译

岳麓書社 · 长沙

表

《史记》有十表。《太史公自序》说:“并时异世,年差不明,作十表。”十表的创造性价值在于,总览天下大势而体现出历史发展的阶段性。《三代》一表以“世”称,将春秋以前划分为一个阶段;《十二诸侯》《六国》二表以“年”称,划分为春秋、战国两个阶段;秦楚之际战事频仍,变化急剧,不以“月”称,不足以反映现实,且虽仅八年,但于历史转折至关重要,故亦单列一个阶段;汉兴以后为当代史,意义更为突出,故虽列六表,均以“年”称,以说明诸侯将相的废立分削,而见其强弱之原,但总括起来也只是一个阶段。所以十表在体制上五个阶段的历史划分,恰好紧密配合本纪,仍起着纲领全书的作用。表体本身设计的创造性,亦值得研读时注意。

史记卷十三

三代世表第一

原文

太史公曰：五帝、三代之记，尚矣。[1]自殷以前诸侯不可得而谱，周以来乃颇可著。[2]孔子因史文次《春秋》，纪元年，正时日月，盖其详哉。[3]至于序《尚书》，则略无年月；或颇有，然多阙，不可录。[4]故疑则传疑，盖其慎也。[5]

译文

太史公说：五帝、三代时候的记载，已经很久远了。殷朝以前诸侯们的事迹不能够谱列出来，周朝以来才略微可以著述。孔子根据历史文献编排《春秋》，记录各个国君的元年，厘正四时和月日，大概算是详细的了。至于依次编排《尚书》，则简略而没有记载具体的年月；有时候略微有些年月，然而大多数都残缺，不能够根据它们进行叙录。所以我在记载历史事迹的时候，有疑惑的地方还是按照疑惑传述，大概是为了慎重起见吧。

注释 **1** 五帝:《史记》之五帝，指黄帝、颛顼、帝喾、尧、舜。 三代:夏、商、周。 尚:久远。“尚矣”这一文词原出于《大戴礼》“黄帝尚矣”。 **2** 谱:布列其事。 颇:略微。 著:著录，叙录。 **3** 次:编次、辑录。《春秋》:孔子所作我国第一部简略的编年体记事史书。主要根据鲁史编成。 纪元年:《春秋》很重视确定国君的元年。 正时日月:注意校正历史事件发生所在的春、夏、秋、冬四时和月、日。日月,当作“月日”。 盖其详哉:比起以前的文献,《春秋》在记时上就算较为详细的了。这是历史记事的一大进步。 **4** 序:编排次第。 《尚书》:上古的历史文献汇编。记事简略,没有明确的事件发生所在时间即年月的记载。 阙:缺少。 **5** 司马迁对没有明确根据的史料,又于史事不能不记载时,遇到疑惑之处就记录下这疑惑的材料,自己不主观臆测或改正,这是他作史所采取的审慎态度。这为后来的治史者树立了好榜样。

余读谍记[1],黄帝以来皆有年数。稽其历谱谍终始五德之传,古文咸不同,乖异。[2]夫子之弗论次其年月,岂虚[3]哉!于是以《五帝系谍》《尚书》集世纪黄帝以来讫共和为《世表》。[4]

我读到一些记载世系谥号的书籍,从黄帝以来的各代都有具体的年数。考察一些历代谱列世系谥号书中讲到的,用金木水火土五德传次相承终而复始来表示帝王更替的说法,古代的文字记载都和它们不相同,这些说法与常理是抵触的。孔夫子不论述编排古代事迹的具体年月,难道是疏失吗?于是用《五帝系谍》《尚书》的文献材料,汇集各代的世系记录,从黄帝以后直到共和时期,写成《三代世表》。

注释 **1** 谍记:指记世系和帝王谥号之书,《汉书·艺文志·数术略·历谱》有载,系传闻伪托之作,不可信,司马迁弃而不取。谍,通“牒”。 **2** 稽:考核,考证。 历谱:历代之谱。 终始五德之传:谓帝王更替,以金木水火土之五德传次相承,终而复始。传,同“转”。 乖异:抵触,矛盾。 **3** 虚:虚妄,疏失。司马迁赞扬孔子文献无征,阙而不载的态度。 **4** 《五帝系谍》:指《大戴礼》中的《五帝德》和《帝系》等篇。 集世:集中其所录之世次。　共和:公元前841年为由周公、召公两卿执掌周王室政权的“共和”之始年。《世表》:不明帝王在位年数而仅以世次表明事态发展的记事体裁之一。世,世系,世次。表,以表格形式排列记事。《史记索隐》:“应劭云:‘表者,录其事而见之。’案:《礼》有《表记》,而郑玄云‘表,明也’。谓事微而不著,须表明也,故言表也。”《史记正义》:“表者,明也。明言事仪。”

帝王世国号	黄帝号有熊。	帝颛顼，黄帝孙。起黄帝，至颛顼三世，号高阳。	帝俈，黄帝曾孙。起黄帝，至帝俈四世。号高辛。	帝尧。起黄帝，至俈子五世。号唐。	帝舜，黄帝玄孙之玄孙，号虞。
颛顼属	黄帝生昌意。	昌意生颛顼。为高阳氏。			
俈[1]属	黄帝生玄嚣。	玄嚣生蟜极。	蟜极生高辛，为帝俈。		
尧属	黄帝生玄嚣。	玄嚣生蟜极。	蟜极生高辛。高辛生放勋。	放勋为尧。	
舜属	黄帝生昌意。	昌意生颛顼。颛顼生穷蝉。	穷蝉生敬康。敬康生句(gōu)望。	句望生蟜牛。蟜牛生瞽叟。	瞽叟生重华，是为帝舜。
夏属	黄帝生昌意。	昌意生颛顼。			颛顼生鲧[3]。鲧生文命。
殷属	黄帝生玄嚣。	玄嚣生蟜极。蟜极生高辛。	高辛生卨[2]。	卨为殷祖。	卨生昭明。
周属	黄帝生玄嚣。	玄嚣生蟜极。蟜极生高辛。	高辛生后稷，为周祖。	后稷生不窋。	不窋生鞠。

注释　1 俈(kù)：一作“喾”。　2 卨(xiè)：同“契”。　3 颛顼生鲧：《史记索隐》：“《汉书·律历志》‘颛顼五代而生鲧’，此及《帝系》皆云颛顼生鲧，是古史阙其代系也。”

续表

帝王世国号	帝禹，黄帝耳孙[1]，号夏。	帝启，伐有扈，作《甘誓》。	帝太康	帝仲康，太康弟。	帝相
颛顼属					
偌属					
尧属					
舜属					
夏属	文命，是为禹。				
殷属	昭明生相土。	相土生昌若。	昌若生曹圉。曹圉生冥。	冥生振。	振生微。微生报丁。
周属	鞠生公刘。	公刘生庆节。	庆节生皇仆。皇仆生差弗。	差弗生毁渝[2]。毁渝生公非。	公非生高圉。高圉生亚圉。

注释 1 耳孙：远孙。 2 渝：《周本纪》作“隃”。

续表

帝王世国号	帝少康	帝予[1]	帝槐[3]	帝芒[4]	帝泄	帝不降
颛顼属						
俈属						
尧属						
舜属						
夏属						
殷属	报丁生报乙。报乙生报丙。	报丙生主壬。[2]主壬生主癸。	主癸生天乙,是为殷汤。			
周属	亚圉生公祖类。	公祖类生太王亶父。	亶父生季历。季历生文王昌。益《易卦》。	文王昌生武王发。		

注释 1 予(zhù):亦作“宁”。《左传》《国语》作“杼”,《世本》作“季佇”。其祖父相为有穷氏之浇所灭,相之妃后缗逃归有仍氏,生少康,灭有穷氏。少康之子予复禹旧绩。 2 依王国维所考,殷代先公先王,报丙之后当有报丁,报丁之后才为主壬。故微之后当为报乙,报丁在报丙之后。 3 槐:《世本》作“芬”。 4 芒:音亡,又音荒。

续表

帝王世国号	帝扃，不降弟。	帝廑[1]	帝孔甲，不降子。好鬼神，淫乱，不好德，二龙去。	帝皋[2]	帝发	帝履癸，是为桀。从禹至桀十七世。从黄帝至桀二十世。[3]
颛顼属						
俈属						
尧属						
舜属						
夏属						
殷属						
周属						

注释　1 廑：音 jǐn，又音 qín。　2 帝皋：生子二人，一为发，一为履癸。履癸一名桀。　3 依此表所列，即黄帝、昌意、颛顼、鲧、禹、启、太康、仲康、相、少康、予、槐、芒、泄、不降、扃、廑、孔甲、皋、发、桀，实为二十一世，此世非指代系，而是在位帝王。

续表

帝王世国号	殷汤代夏氏。从黄帝至汤十七世。[1]	帝外丙。汤太子太丁蚤[2]卒，故立次弟外丙。	帝仲壬，外丙弟。	帝太甲，故太子太丁子。淫，伊尹放之桐宫。三年，悔过自责，伊尹乃迎之复位。	帝沃丁。伊尹卒。
颛顼属					
俈属					
尧属					
舜属					
夏属					
殷属					
周属					

注释　1 依此表所列并加调整，即黄帝、玄嚣、蟜极、高辛、卨、昭明、相土、昌若、曹圉、冥、振、上甲、报乙、报丙、报丁、主壬、主癸、汤，实为十八世。世指代系。　2 蚤：通“早”。

续表

帝王世国号	帝太庚[1]，沃丁弟。	帝小甲，太庚弟[2]。殷道衰，诸侯或不至。	帝雍己，小甲弟。	帝太戊，雍己弟。以桑穀生，称中宗。	帝中丁	帝外壬，中丁弟。
颛顼属						
俈属						
尧属						
舜属						
夏属						
殷属						
周属						

注释　**1** 太庚：卜辞作太甲之子。　**2** 弟：《史记索隐》："《殷本纪》及《系本》皆云小甲，太庚子。"

续表

帝王世国号	帝河亶甲,外壬弟。	帝祖乙[1]	帝祖辛	帝沃甲[2],祖辛弟。	帝祖丁,祖辛子。	帝南庚,沃甲子。	帝阳甲,祖丁子。
颛顼属							
俈属							
尧属							
舜属							
夏属							
殷属							
周属							

注释　1 祖乙:《殷本纪》祖乙为河亶甲之子,卜辞则作中丁子,被称为中宗。　2 沃甲:《世本》作"开甲"。

续表

帝王世国号	帝盘庚，阳甲弟。徙河南。	帝小辛，盘庚弟。	帝小乙，小辛弟。	帝武丁。雉升鼎耳雊。得傅说。称高宗。	帝祖庚	帝甲，祖庚弟。淫。	帝廪辛[1]
颛顼属							
佶属							
尧属							
舜属							
夏属							
殷属							
周属							

注释 1 廪辛：或作“冯辛”。《世本》作“祖辛”，误。上祖乙生祖辛。

续表

帝王世国号	帝庚丁，廪辛弟。殷徙河北。	帝武乙。慢神震死。	帝太丁	帝乙。殷益衰。	帝辛，是为纣。弑。从汤至纣二十九世。从黄帝至纣四十六世。[1]	周武王代殷。从黄帝至武王十九世。[2]
颛顼属						
俈属						
尧属						
舜属						
夏属						
殷属						
周属						

注释　**1** 殷世：汤、外丙、仲壬、太甲、沃丁、太庚、小甲、雍己、太戊、中丁、外壬、河亶甲、祖乙、祖辛、沃甲、祖丁、南庚、阳甲、盘庚、小辛、小乙、武丁、祖庚、甲、廪辛、庚丁、武乙、太丁、乙、辛，实共三十世，十六代。殷制兄终弟及非常明显，故此世，指帝王在位。从黄帝至纣实为四十七世。　**2** 从黄帝至武王十九世：即黄帝、玄嚣、蟜极、高辛、后稷、不窋、鞠、公刘、庆节、皇仆、差弗、毁隃、公非、高圉、亚圉、公祖类、太王亶父、季历、文王昌、武王。共二十世，世指代系。若均以代系言，从黄帝至纣为三十三世，从黄帝至武王为二十世。武王与纣为同时代，则其间代系相差十三世。抑殷世之更替频仍而周世诸王在位均相对较长所致；或如《史记志疑》所言“至周虽祖黄帝，而世次实无可考”，故“疑则传疑”邪？

续表

成王诵	康王钊刑错四十余年。	昭王瑕[2]南巡不返。不赴,讳之。	穆王满。作《甫刑》。荒服不至。	恭王伊扈
鲁周公旦初封,武王弟。	鲁公伯禽	考公	炀公,考公弟。	幽公
齐太公尚初封,文王、武王师。	丁公吕伋	乙公	癸公	哀公
晋唐叔虞初封,武王子。	晋侯燮	武侯	成侯	厉侯
秦恶来,助纣。父飞廉,有力。	女防	旁皋	大几	大骆
楚熊绎初封。绎父鬻熊,事文王。	熊乂	熊黮[3]	熊胜	熊炀
宋微子启初封,纣庶兄。	微仲,启弟。	宋公	丁公	湣公,丁公弟。
卫康叔初封,武王弟。	康伯[1]	孝伯	嗣伯	疌[4]伯
陈胡公满初封,舜之后。	申公	相公	孝公	慎公
蔡叔度初封,武王弟。	蔡仲	蔡伯	宫侯	厉侯
曹叔振铎初封,武王弟。		太伯	仲君	宫伯
燕召公奭初封,周同姓。	九世至惠侯。			

注释 1 康伯:康叔之子,王孙牟之父。 2 昭王瑕:《史记索隐》:"音遐(xiá)。宋衷云:'昭王南伐楚,辛由靡为右,涉汉,中流而陨,由靡承王,遂卒不复。周乃侯其后于西翟也。'" 3 黮:音 dàn,又读 dǎn。又作 diǎn 音。 4 疌:《史记索隐》:"音捷。"

续表

懿王坚。周道衰,诗人作刺。	孝王方,懿王弟。	夷王燮,懿王子。	厉王胡。以恶闻过乱,出奔,遂死于彘。	共和,二伯行政。
魏公[1]	厉公	献公,厉公弟。	真公	武公,真公弟。
胡公	献公弑胡公。	武公		
靖侯				
非子	秦侯	公伯	秦仲	
熊渠	熊无康	熊鸷红	熊延,红弟。	熊勇
炀公,湣公弟。	厉公	釐公		
靖伯	贞伯	顷侯	釐侯	
幽公	釐[2]公			
武侯				
孝伯	夷伯			

注释 1 魏公:《世本》作“微公”,名弗其。 2 釐(xī):通“禧”。

张夫子问褚先生曰：[1]“《诗》言契、后稷皆无父而生。今案诸传记咸言有父，父皆黄帝子也，得无与《诗》谬乎？”[2]

张夫子问褚先生说：“《诗经》上说契、后稷都是没有父亲就出生了。现在考察各种传记都说他们有父亲，而且他们的父亲都是黄帝的子孙，难道不是和《诗经》相违背吗？”

注释 1 张夫子：即张长安。 褚先生：即褚少孙。张、褚二人师从西汉大儒王式，学《鲁诗》，事见《汉书·儒林传》。夫子、先生，均是对人的尊称。 2 案：考察。 得无：副词，莫不是，该不会。 谬：相违背。

褚先生曰：“不然。《诗》言契生于卵，后稷人迹者，欲见[1]其有天命精诚之意耳。鬼神不能自成，须人而生，奈何无父而生乎！一言有父，一言无父，信以传信，疑以传疑，故两言之。尧知契、稷皆贤人，天之所生，故封之契七十里，后十余世至汤，王天下。尧知后稷子孙之后王也，故益封之百里，其后世且千岁，至文王而有天下。《诗传》[2]曰：‘汤之先为契，无父而

褚先生说：“不对。《诗经》上说契的母亲因为吞食了燕子的蛋生下契，后稷的母亲因为踩了巨人的足迹怀孕以后生下后稷，只是想表明他们有天命精诚的意思罢了。鬼神不能自己形成，需要依靠人才能降生，怎么可以没有父亲而出生呢！一说有父亲，一说没有父亲，有可信的材料就传送可信的说法，遇到材料产生疑惑的时候就传送疑惑的说法，所以有两种说法。尧帝知道契、后稷都是贤德的人，是上天所降生的，所以封给契地方七十里，以后经历了十几个世代传到了汤，在天下称了王。尧帝知道后稷的子孙以后会称王，所以给他增加封地一百里，他的后代经过将近一千年，到文王的时候就占有了天

生。契母与姊妹浴于玄丘水，有燕衔卵堕之，契母得，故含之，误吞之，即生契。契生而贤，尧立为司徒，姓之曰子氏。子者兹；兹，益大也。诗人美而颂之曰“殷社芒芒，天命玄鸟，降而生商”[3]。商者质[4]，殷号也。文王之先为后稷，后稷亦无父而生。后稷母为姜嫄，出，见大人迹而履践之，知于身[5]，则生后稷。姜嫄以为无父，贱而弃之道中，牛羊避不践也。抱[6]之山中，山者养之。又捐之大泽，鸟覆席食之。姜嫄怪之，于是知其天子，乃取长之。尧知其贤才，立以为大农，姓之曰姬氏。姬者，本[7]也。诗人美而颂之曰“厥初生民”[8]，深修益成，而道后稷之

下。《诗传》说：‘汤的先祖是契，没有父亲就生下来了。契的母亲和姊妹在玄丘水中洗浴，有一只燕子衔着的蛋坠落下来，契的母亲得到了，把这个鸟蛋含在嘴里，不小心吞下去了，这样就生下契。契生下来就贤能，尧帝立他做司徒，赐他姓子。子的意思是兹，兹，就是要更加发展壮大。作诗的人赞美并歌颂说“殷的社土广茫茫，上天命令神燕降，降而生契始建商”。商就是事物本体的意思，是殷的美号。文王的先祖是后稷，后稷也是没有父亲就生下来了。后稷的母亲叫作姜嫄，出门在野外见到巨人的足迹就去踩踏，结果自己就有了身孕，因而生下了后稷。姜嫄认为后稷没有父亲，出于轻视就把他丢弃在道路上，牛羊经过的时候避开不去践踏他。把他抛弃在山中，看管山林的人养护他。又把他丢弃在大沼泽中，鸟儿用羽翼垫着他覆盖他并衔食给他吃。姜嫄感到奇怪，于是知道他是上天所降生的孩子，才抱回来养他长大。尧帝知道他是贤德的人才，立他做大农，赐给他姬姓。姬，就是本源的意思。作诗的人赞美并歌颂他说“当初生下周族人”，深加修炼更能促成事业，正是称道后稷开创了基业。’孔子说：‘从前尧帝赐命契

始也。'孔子曰：'昔者尧命契为子氏，为有汤也。命后稷为姬氏，为有文王也。大王命季历，明天瑞也。太伯之吴，遂生源[9]也。'天命难言，非圣人莫能见。舜、禹、契、后稷皆黄帝子孙也。黄帝策[10]天命而治天下，德泽深后世，故其子孙皆复立为天子，是天之报有德也。人不知，以为泛[11]从布衣匹夫起耳。夫布衣匹夫安能无故而起王天下乎？其有天命然。"

为子氏，是预示后代会有汤。赐命后稷为姬氏，是预示后代会有文王。大王想让季历接续嗣位，是表明天的祥瑞。太伯逃亡到吴不再返回，就完成了生成周朝天下的本源。'上天的意志很难讲清楚，不是圣人谁也不能明见。舜、禹、契、后稷都是黄帝的子孙。黄帝通过占卦顺应天命来治理天下，德惠恩泽深深地造福后代，所以他的子孙都能相继即位为天子，这是上天在报答有德行的人。人们不知道这个道理，认为帝王普遍都是从布衣匹夫起家的呢。要说布衣匹夫怎么能够无缘无故就起家来称王天下呢？岂不是有天命才能这样！"

注释　1 见：显露，体现。　2《诗传》：此指《鲁诗传》。　3 殷社芒芒，天命玄鸟，降而生商：《诗经·商颂·玄鸟》作"天命玄鸟，降而生商，宅殷土芒芒"。宅，居住。　芒芒，即茫茫，广大的样子。　4 质：事物的本体。　5 身：身孕。　6 抱：通"抛"，抛弃。　7 本：根基，根本。　8 厥初生民：引自《诗经·大雅·生民》："厥初生民，时维姜嫄。"厥初生民，意为"当初生下周族人"。　9 生源：生的源本。《史记索隐》："言太伯之让季历居吴不反者，欲使传文王、武王拨乱反正，成周道，遂天下生生之源本也。"　10 策：探测。　11 泛：普遍。

"黄帝后世何王天下之久远邪?"

曰:"《传》云天下之君王为万夫之黔首[1]请赎民之命者帝,有福万世。黄帝是也。五政[2]明则修礼义,因天时举兵征伐而利者王,有福千世。蜀王,黄帝后世也,至今在汉西南五千里,常来朝降,输献于汉,非以其先之有德,泽流后世邪?[3]行道德岂可以忽乎哉!人君王者举而观之。汉大将军霍子[4]孟名光者,亦黄帝后世也。此可为博闻远见者言,固难为浅闻者说也。何以言之?古诸侯以国为姓。霍者,国名也。武王封弟叔处于霍,后世晋献公灭霍,公后世为庶民,往来居平阳[5]。平阳在河东,河东晋地,分为魏国。以《诗》言之,亦

"黄帝的后代为什么称王天下有这么久远呢?"

褚先生说:"《经传》中提到天下的君王有能够成为万众的元首,请求替普通百姓赎取生命的人称作帝,能够造福于万世。黄帝就是这样的人。五方面的政教清明就能修饰礼义,顺应天时举兵征伐而对民众有利的称作王,能够造福于千代。蜀王是黄帝的后代,一直到现在处于汉朝西南方五千里外的地方,经常来朝拜,输送贡品给汉朝,不正是因为他们的祖先有德行,恩泽流传在后代吗?施行道义德行怎么可以轻忽呀!天下君主中称王的人都举出他来进行效法。汉朝的大将军霍子孟名叫光的人,也是黄帝的后代。这件事只可以对有博闻远见的人讲,本来就很难对浅见寡闻的人说。为什么这样讲呢?古时候的诸侯用封国名称作为姓。霍是封国名称。周武王分封弟弟叔处在霍这个地方,后世晋献公灭掉霍公,霍公的后代变成平民,来来往往居住在平阳一带。平阳在河东地区,河东属晋国土地,后来分出成了魏国。根据《诗经》来讲,也可以说是周的子孙。周家起

可为周世。周起后稷，后稷无父而生。以三代世传言之，后稷有父名高辛；高辛，黄帝曾孙。《黄帝终始传》[6]曰：'汉兴百有余年，有人不短不长，出自燕之乡，持天下之政，时有婴儿主，却行车。'[7]霍将军者，本居平阳自燕。臣为郎时，与方士考功会旗亭下，为臣言。[8]岂不伟哉！"[9]

自后稷，后稷是没有父亲就出生的。根据三代世系传承来讲，后稷有父亲名高辛；高辛是黄帝的曾孙。《黄帝终始传》说：'汉代兴起一百多年，有个人不矮不高，出生在名叫白燕的乡土，把持天下的大政，当时有年幼的婴儿做君主，这个人能逼得幼主的辇车退却而不能前进。'霍将军这个人，原本居住在平阳的白燕乡。臣在朝廷做郎官的时候，和方士考功会集在旗亭下面，他对我讲到霍将军的这些事。难道不是很伟大吗？"

注释　1 黔首：当为元首。　2 五政：五教之政。五教，父义、母慈、兄友、弟恭、子孝。此五政明则礼义修。　3 蜀王：《史记正义》："黄帝与子昌意娶蜀山氏女，生帝俈，立，封其支庶于蜀，历虞夏商。周衰，先称王者蚕丛。"　降：此字疑衍。　4 霍子：指霍光，周武王弟霍叔处的后裔，姬姓，故为黄帝后世。　5 平阳：古尧都，汉置县，在今山西临汾西南。　6《黄帝终始传》：大约为当时像童谣一样的五行谶纬之说。　7 自燕：张文虎《史记札记》："'自'当作'白'，下同。"译文姑且作"白燕"。《史记正义》一作"白彘"。按：霍光，平阳人。平阳，今晋州霍邑，本秦时霍伯国，汉为彘县，后汉改彘曰永安，隋又改为霍邑。遍检记传，无"白燕"之名，疑"白彘"是乡之名。　婴儿主，却行车：霍光受武帝遗诏辅佐昭帝，专擅朝政，昭帝在位，如车倒行，不得向前。婴儿主，指昭帝。　8 考功：有言为方士之官衔，有释为考核功绩，有以为人名。《史记正义》："谓年老为方士最功也。"比较言之，似当指治方术最功之老者。　旗亭：市楼。建于集市之中，上竖旗，为观察指挥之所。 9 褚少孙附此补记文字，明徐孚远，清王鸣盛、张文虎，均以为当霍光势盛之时，乃贡谀取媚之举。然观其所记，实有欲借议霍光之擅权，讥周、召二公共和之专朝政之意。

史记卷十四

十二诸侯年表第二

原文

太史公读《春秋历谱谍》,至周厉王,未尝不废书而叹也。[1]曰:呜呼,师挚[2]见之矣!纣为象箸而箕子唏。[3]周道缺,诗人本之衽席,《关雎》作。[4]仁义陵迟,《鹿鸣》刺焉。[5]及至厉王,以恶闻其过,公卿惧诛而祸作,厉王遂奔于彘,乱自京师始,而共和行政焉。[6]是后或力政,强乘弱,兴师不请天子。[7]然挟王室之义,以讨伐为会盟主,

译文

太史公读《春秋历谱谍》这部文献,到记述周厉王事迹的地方,未尝不是放下书本叹息的。说:哎呀,鲁国太师名叫挚的有很高明的见解啊!商纣王用象牙做了筷子就使得箕子哀叹。周朝治国的大道废缺,作诗的人以床席间的情事借作比喻,《关雎》这一篇就产生了。道德仁义逐渐衰败,就写出《鹿鸣》这一篇来进行讥刺。到了厉王的时候,因为讨厌听到百姓议论自己的过错,出现了公卿害怕诛杀而起来包围王宫的祸乱,厉王就奔亡到了彘地,祸乱从京师开始发生,就产生了共和行政的局面。从这以后有的人就崇尚武力征伐,强国欺凌弱国,兴动军队不再请求天子的旨令。然而却假借朝廷的名义,用讨伐的手段使自己成为诸侯们会盟的主宰,政治形势

政由五伯，诸侯恣行，淫侈不轨，贼臣篡子滋起矣。[8]齐、晋、秦、楚，其在成周[9]微甚，封或百里，或五十里。晋阻三河，齐负东海，楚介江淮，秦因雍州之固，四国迭兴，更为伯主，文武所褒大封，皆威而服焉。[10]

先后由五位诸侯首领控制，诸侯们恣意妄为，淫逸奢侈，行为不轨，贼乱和篡权的臣下频繁地出现了。齐国、晋国、秦国、楚国，它们在成周的时候地位非常卑微，封地有的只有一百里，有的只有五十里。晋国倚仗着三河地区的形胜，齐国背靠着东海的优势，楚国依赖长江、淮河的隔阻，秦国借着有雍州地区的四方固塞，在天下更替兴起，更替成为霸主，文王、武王时候所褒奖的大封国，都因为害怕它们的威严而表示了臣服。

注释　1《春秋历谱谍》：有关记载春秋时期内容的帝王年历与氏族谱系的典籍、文献。　废书：把书放在一旁，指离开书。　2 师挚：鲁国的太师即乐官，名挚。他理乱正乐，为孔子所赞赏。　3 象箸：象牙筷子。此以小见大，象征淫逸。　箕子：商纣王的叔父，以封于箕而名，因谏纣王而被囚禁。　唏：哀叹。　4 缺：衰微。　衽(rèn)席：床席，卧具。此喻夫妇之道。　《关雎》：《诗经・周南》之首篇。司马迁据《鲁诗》为说，以为与《鹿鸣》同是讽刺之作。　5 陵迟：衰落，衰败。　《鹿鸣》：《诗经・小雅》之首篇，反映周时贵族宴会宾客的一般情况。今从内容上看，似无美或刺之意。　刺：讥刺，指责。　6 恶(wù)：讨厌。　彘：邑名，在今山西霍州。　7 力政：致力于战争攻伐。政，通“征”。　乘：欺凌。　8 挟(xié)：挟制。此处意为假借，冒充。　五伯：即春秋五霸。《史记索隐》：“王霸者，齐桓公、晋文公、秦穆公、宋襄公、楚庄王也。”一说指齐桓公、晋文公、秦穆公、楚庄王、越王句践为五霸。　篡子：篡夺权力的臣下。　滋起：频繁地发生。　9 成周：本指西周的东都洛邑，此代指西周盛世。　10 阻、负、介、因：都是凭恃、依靠的意思。　三河：指河东、河内、河南。　雍州：古九州之一，指今陕、陇地区。 迭:更替。 大封:分封的大国。如鲁、卫、燕、蔡等。

是以孔子明王道,干七十余君,莫能用,故西观周室,论史记旧闻,兴于鲁而次《春秋》,上记隐,下至哀之获麟,约其辞文,去其烦重,以制义法,王道备,人事浃。[1]七十子之徒口受其传指,为有所刺讥褒讳挹损之文辞不可以书见也。[2]鲁君子左丘明惧弟子人人异端,各安其意,失其真,故因孔子史记具论其语,成《左氏春秋》。[3]铎椒为楚威王傅,为王不能尽观《春秋》,采取成败,卒四十章,为《铎氏微》[4]。赵孝成王时,其相虞卿上采《春秋》,下观近势,亦著八篇,为《虞氏春秋》[5]。吕不韦者,秦庄襄王相,亦上观尚古,删拾

因此孔子阐明王道,求见七十多位国君,没有谁能任用他,所以他往西方去考察周家王室,论列历史的记录和旧日的闻见,选用鲁国的史事作记事基础而序次编成《春秋》,记述上起隐公,下至哀公获得白麟的那一年,简约史籍中的辞藻文字,除去其中的烦杂重复的内容,用来制定一种义例法则,使它包含的王道完备,表述的人事通彻。七十多位弟子们只能通过口传接受其中解释经义的深旨,这是因为有些讥刺、忌讳、批评、贬损的文辞不能够写在书面上显现出来。鲁国的君子左丘明害怕弟子们人人有异端态度,各人安习于自己的意见,失却孔子的原意,所以根据孔子的历史记述详细地论述它的语意,写成了《左氏春秋》。铎椒做了楚威王的老师,因为威王不能读完整部《春秋》,他就选取其中有关成败的内容,编成四十章,命名为《铎氏微》。赵孝成王时,他的辅相虞卿在上采取《春秋》记述的史事,在下观察近世的情势,也著述了八篇,写成了《虞氏春秋》。吕不韦是秦庄襄王的辅相,也

《春秋》,集六国时事,以为八览、六论、十二纪,为《吕氏春秋》[6]。及如荀卿、孟子、公孙固、韩非之徒,各往往捃摭《春秋》之文以著书,不可胜纪。[7]汉相张苍历谱五德,上大夫董仲舒推《春秋》义,颇著文焉。[8]

观察上古的变化,删削拾取《春秋》的内容,集中六国时候的世事,而撰述出八览、六论、十二纪,写成了《吕氏春秋》。以及像荀卿、孟子、公孙固、韩非等人,各自常常是搜集《春秋》的文义内容来著书立说,多得都记不过来。汉代丞相张苍用历谱的形式写成《终始五德传》,上大夫董仲舒推阐《春秋》的隐义,著述了很多文篇。

注释 1 干:求。 七十余君:此盖漫述,并非实指,言孔子周游历国之积极精神而已。 史记:一般的历史记载书籍。 兴于鲁:从鲁国的历史出发。 约:简约。 制:制定。意为寄寓。 义法:义例法则。指褒贬笔法。 人事:指人间世事的伦理关系。 浃(jiā):通"彻"。 2 传指:解释经典的文字和宗旨。传,解释经义。指,通"旨"。 褒讳:偏义复词,取"忌讳"义。 挹(yì):通"抑",贬抑。 3 异端:对经传有违背其主旨的不同的解释。 具:完备,详细。 4《铎氏微》:《汉书·艺文志》之春秋家有《铎氏微》三篇,楚太傅铎椒撰。微,传注名称之一。《史记索隐》以为因《春秋》的内容有微婉之词,故称"微"。《史记会注考证》云,颜师古以为"微谓释其微指"。此书今已亡。 5 《虞氏春秋》:《平原君虞卿列传》言虞卿:"不得意,乃著书。上采《春秋》,下观近世,曰《节义》《称号》《揣摩》《政谋》,凡八篇,以刺讥国家得失,世传之曰《虞氏春秋》。"表述与此处同。而《汉书·艺文志》云,儒家有《虞氏春秋》十五篇,春秋家有《虞氏微传》二篇。 6 《吕氏春秋》:《吕不韦列传》记:"吕不韦乃使其客人著所闻,集论以为八览、六论、十二纪,二十余万言。以为备天地万物古今之事,号曰《吕氏春秋》。"篇目同,然称为吕不韦所"集论"。《汉书·艺文志》收在杂家类，二十六篇，亦称为“吕不韦辑智略士作”。 **7** 公孙固:《汉书·艺文志》云:“儒家有《公孙固》一篇十八章，齐闵王失国，问之，因为陈古今成败也。”此书今已亡。 捃摭(jùn zhí):搜集，采取。 **8** 张苍著《终始五德传》，事详《张丞相列传》。董仲舒作《春秋繁露》，事见《儒林列传》。

太史公曰:儒者断其义，驰说者骋其辞，不务综其终始;历人取其年月，数家隆于神运，谱谍独记世谥，其辞略，欲一观诸要难。[1] 于是谱十二诸侯，自共和讫孔子，表见《春秋》《国语》学者所讥盛衰大指著于篇，为成学治古文者要删焉。[2]

太史公说:儒家的学者断章取义，纵横驰说的人骋辩他们的言辞，不致力于综合考察事情的终始;研究历法的人只注意集取世事的年月，阴阳术数家特别关注于神运，撰述谱牒的只记载世系谥号，他们的文辞都很简略，想总体观察一下各方面的要领就非常难。于是我谱列十二个诸侯国的大事，从共和元年到孔子去世，用表的形式把研究《春秋》《国语》的学者们所探究的政治盛衰的要旨著述在篇中，替那些想成就学问而研习古文的人删取其要。

注释 **1** 断其义:指在阐发学说主张时常对历史事实断章取义。 驰说者:纵横家。 骋其辞:指只顾极力发挥口辩才能而于历史事实常常夸大或形成虚妄。 历人:指研究历法的人。 数家:指阴阳术数家。 隆:特别关注，尊崇。 神运:指以天人感应和五行学说对历史事实所作的神秘解释。 诸要:指正确认识和记述历史的诸多重要因素。 **2**《春秋》:指《春秋》及其传注，尤其是《左氏春秋》。 《国语》:我国最早的一部国别史，以记载春秋时期各国卿大夫有关政治言论为主，可与《左传》相参证，故有《春秋外传》之称。 讥:探究。 古文:指《春秋》《国语》等典籍。 要删:删取其要。

	前841	前840	前839	前838	前837	前836
	庚申				甲子	
周	共和[1]元年。厉王子居召公宫,是为宣王。王少,大臣共和行政。	二	三	四	五	六
鲁	真公[2]濞十五年	十六	十七	十八	十九	二十
齐	武公寿[3]十年	十一	十二	十三	十四	十五
晋	靖侯宜臼[4]十八年	晋釐侯司徒元年	二	三	四	五
秦	秦仲[5]四年	五	六	七	八	九
楚	熊勇[6]七年	八	九	十	楚熊严元年	二
宋	釐公[7]十八年	十九	二十	二十一	二十二	二十三
卫	釐侯[8]十四年	十五	十六	十七	十八	十九
陈	幽公宁[9]十四年	十五	十六	十七	十八	十九
蔡	武侯[10]二十三年	二十四	二十五	二十六	蔡夷侯元年	二
曹	夷伯[11]二十四年	二十五	二十六	二十七	二十八	二十九
郑						
燕	惠侯[12]二十四年	二十五	二十六	二十七	二十八	二十九
吴						

注释 1 共和:《史记索隐》:"宣王少,周召二公共相王室,故曰共和。" 2 真公:《史记索隐》:"真公,伯禽之玄孙。" 3 武公寿:《史记索隐》:"太公五代孙,献公子也。" 4 宜臼:《史记索隐》:"唐叔五代孙,厉侯之子也。" 5 秦仲:《史记索隐》:"非子曾孙,公伯之子。宣王命为大夫,诛西戎也。" 6 熊勇:《史记索隐》:"楚,芈姓,粥熊之后,因氏熊。熊勇,熊延之子,熊绎十一代孙。" 7 釐公:《史记索隐》:"微仲六代孙,厉公之子也。" 8 釐侯:《史记索隐》:"康叔七代孙,顷侯之子。顷侯赂周,始命为侯。" 9 幽公宁:《史记索隐》:"胡公五代孙。" 10 武侯:《史记索隐》:"蔡仲五代孙也。" 11 夷伯:《史记索隐》:"名喜,振铎六代孙也。" 12 惠侯:《史记索隐》:"召公奭九世孙也。"

续表

	前 835	前 834	前 833	前 832	前 831	前 830	前 829	前 828
周	七	八	九	十	十一	十二	十三	十四　宣王即位,共和罢。
鲁	二十一	二十二	二十三	二十四	二十五	二十六	二十七	二十八
齐	十六	十七	十八	十九	二十	二十一	二十二	二十三
晋	六	七	八	九	十	十一	十二	十三
秦	十	十一	十二	十三	十四	十五	十六	十七
楚	三	四	五	六	七	八	九	十
宋	二十四	二十五	二十六	二十七	二十八	宋惠公覸[1]元年	二	三
卫	二十	二十一	二十二	二十三	二十四	二十五	二十六	二十七
陈	二十	二十一	二十二	二十三	陈釐公孝元年	二	三	四
蔡	三	四	五	六	七	八	九	十
曹	三十	曹幽伯彊元年	二	三	四	五	六	七
郑								
燕	三十	三十一	三十二	三十三	三十四	三十五	三十六	三十七
吴								

注释　1 覸:音 xián。

续表

	前827	前826	前825	前824	前823	前822	前821
	甲戌						
周	宣王元年	二	三	四	五	六	七
鲁	二十九	三十	鲁武公敖元年	二	三	四	五
齐	二十四	二十五	二十六	齐厉公无忌元年	二	三	四
晋	十四	十五	十六	十七	十八	晋献侯籍元年	二
秦	十八	十九	二十	二十一	二十二	二十三	秦庄公其[2]元年
楚	楚熊霜元年	二	三	四	五	六	楚熊徇元年
宋	四	五	六	七	八	九	十
卫	二十八	二十九	三十	三十一	三十二	三十三	三十四
陈	五	六	七	八	九	十	十一
蔡	十一	十二	十三	十四	十五	十六	十七
曹	八	九	曹戴伯鲜元年	二	三	四	五
郑							
燕	三十八	燕釐侯庄[1]元年	二	三	四	五	六
吴							

注释　**1** 庄:为衍字。　**2** 其:《史记索隐》:"其,名也。案:秦之先公并不记名,恐其非名。"

续表

	前 820	前 819	前 818	前 817	前 816	前 815	前 814	前 813	前 812
				甲申					
周	八	九	十	十一	十二	十三	十四	十五	十六
鲁	六	七	八	九	十	鲁懿公戏元年	二	三	四
齐	五	六	七	八	九	齐文公赤元年	二	三	四
晋	三	四	五	六	七	八	九	十	十一
秦	二	三	四	五	六	七	八	九	十
楚	二	三	四	五	六	七	八	九	十
宋	十一	十二	十三	十四	十五	十六	十七	十八	十九
卫	三十五	三十六	三十七	三十八	三十九	四十	四十一	四十二	卫武公和元年
陈	十二	十三	十四	十五	十六	十七	十八	十九	二十
蔡	十八	十九	二十	二十一	二十二	二十三	二十四	二十五	二十六
曹	六	七	八	九	十	十一	十二	十三	十四
郑									
燕	七	八	九	十	十一	十二	十三	十四	十五
吴									

续表

	前811	前810	前809	前808	前807	前806
					甲午	
周	十七	十八	十九	二十	二十一	二十二
鲁	五	六	七	八	九	鲁孝公称元年伯御立为君,称为诸公子云。伯御,武公孙。
齐	五	六	七	八	九	十
晋	穆侯弗生[1]元年	二	三	四　取齐女为夫人。	五	六
秦	十一	十二	十三	十四	十五	十六
楚	十一	十二	十三	十四	十五	十六
宋	二十	二十一	二十二	二十三	二十四	二十五
卫	二	三	四	五	六	七
陈	二十一	二十二	二十三	二十四	二十五	二十六
蔡	二十七	二十八	蔡釐侯所事元年	二	三	四
曹	十五	十六	十七	十八	十九	二十
郑						郑桓公友元年始封。周宣王母弟。
燕	十六	十七	十八	十九	二十	二十一
吴						

注释　1 弗生:《史记索隐》:"晋穆公生。案:《系家》名费生,或作'濆生'。《系本》名弗生,则生是穆公名。"

续表

	前 805	前 804	前 803	前 802	前 801	前 800
周	二十三	二十四	二十五	二十六	二十七	二十八
鲁	二	三	四	五	六	七
齐	十一	十二	齐成公说[1]元年	二	三	四
晋	七　以伐条生太子仇。	八	九	十　以千亩战生仇弟成师。二子名反，君子讥之。后乱。	十一	十二
秦	十七	十八	十九	二十	二十一	二十二
楚	十七	十八	十九	二十	二十一	二十二
宋	二十六	二十七	二十八	二十九	三十	三十一　宋惠公薨。
卫	八	九	十	十一	十二	十三
陈	二十七	二十八	二十九	三十	三十一	三十二
蔡	五	六	七	八	九	十
曹	二十一	二十二	二十三	二十四	二十五	二十六
郑	二	三	四	五	六	七
燕	二十二	二十三	二十四	二十五	二十六	二十七
吴						

注释　**1** 说：《史记索隐》："《系家》'说'作'脱'。"

续表

	前799	前798	前797	前796	前795	前794	前793
			甲辰				
周	二十九	三十	三十一	三十二	三十三	三十四	三十五
鲁	八	九	十	十一　周宣王诛伯御,立其弟称,是为孝公。	十二	十三	十四
齐	五	六	七	八	九	齐庄公赎[2]元年	二
晋	十三	十四	十五	十六	十七	十八	十九
秦	二十三	二十四	二十五	二十六	二十七	二十八	二十九
楚	楚熊鄂元年	二	三	四	五	六	七
宋	宋戴公立。元年。	二	三	四	五	六	七
卫	十四	十五	十六	十七	十八	十九	二十
陈	三十三	三十四	三十五	三十六	陈武公灵元年	二	三
蔡	十一	十二	十三	十四	十五	十六	十七
曹	二十七	二十八	二十九	三十	曹惠公伯雉[1]元年	二	三
郑	八	九	十	十一	十二	十三	十四
燕	二十八	二十九	三十	三十一	三十二	三十三	三十四
吴							

注释　1 雉:《史记索隐》:“一作‘兕’。” 2 赎:《史记索隐》:“《系家》及《系本》并作‘购’。”

续表

	前792	前791	前790	前789	前788	前787	前786	前785
						甲寅		
周	三十六	三十七	三十八	三十九	四十	四十一	四十二	四十三
鲁	十五	十六	十七	十八	十九	二十	二十一	二十二
齐	三	四	五	六	七	八	九	十
晋	二十	二十一	二十二	二十三	二十四	二十五	二十六	二十七　穆侯卒，弟殇叔自立，太子仇出奔。
秦	三十	三十一	三十二	三十三	三十四	三十五	三十六	三十七
楚	八	九	楚若敖[1]元年	二	三	四	五	六
宋	八	九	十	十一	十二	十三	十四	十五
卫	二十一	二十二	二十三	二十四	二十五	二十六	二十七	二十八
陈	四	五	六	七	八	九	十	十一
蔡	十八	十九	二十	二十一	二十二	二十三	二十四	二十五
曹	四	五	六	七	八	九	十	十一
郑	十五	十六	十七	十八	十九	二十	二十一	二十二
燕	三十五	三十六	燕顷侯元年	二	三	四	五	六
吴								

注释　1 若敖：熊鄂之子，名熊仪，号若敖。

续表

	前784	前783	前782	前781	前780	前779	前778	前777	前776
								甲子	
周	四十四	四十五	四十六	幽王元年	二　三川震。	三　王取褒姒。	四	五	六
鲁	二十三	二十四	二十五	二十六	二十七	二十八	二十九	三十	三十一
齐	十一	十二	十三	十四	十五	十六	十七	十八	十九
晋	晋殇叔元年	二	三	四　仇攻杀殇叔，立，为文侯。	晋文侯仇元年	二	三	四	五
秦	三十八	三十九	四十	四十一	四十二	四十三	四十四	秦襄公元年	二
楚	七	八	九	十	十一	十二	十三	十四	十五
宋	十六	十七	十八	十九	二十	二十一	二十二	二十三	二十四
卫	二十九	三十	三十一	三十二	三十三	三十四	三十五	三十六	三十七
陈	十二	十三	十四	十五	陈夷公说元年	二	三	陈平公燮元年	二
蔡	二十六	二十七	二十八	二十九	三十	三十一	三十二	三十三	三十四
曹	十二	十三	十四	十五	十六	十七	十八	十九	二十
郑	二十三	二十四	二十五	二十六	二十七	二十八	二十九	三十	三十一
燕	七	八	九	十	十一	十二	十三	十四	十五
吴									

续表

	前775	前774	前773	前772	前771	前770	前769	前768
周	七	八	九	十	十一　幽王为犬戎所杀。	平王元年[2]东徙雒邑。	二	三
鲁	三十二	三十三	三十四	三十五	三十六	三十七	三十八	鲁惠公弗湦[4]元年
齐	二十	二十一	二十二	二十三	二十四	二十五	二十六	二十七
晋	六	七	八	九	十	十一	十二	十三
秦	三	四	五	六	七　始列为诸侯。[1]	八　初立西畤,祠白帝。	九	十
楚	十六	十七	十八	十九	二十	二十一	二十二	二十三
宋	二十五	二十六	二十七	二十八	二十九	三十	三十一	三十二
卫	三十八	三十九	四十	四十一	四十二	四十三	四十四	四十五
陈	三	四	五	六	七	八	九	十
蔡	三十五	三十六	三十七	三十八	三十九	四十	四十一	四十二
曹	二十一	二十二	二十三	二十四	二十五	二十六	二十七	二十八
郑	三十二	三十三	三十四	三十五	三十六　以幽王故,为犬戎所杀。	郑武公滑突[3]元年。	二	三
燕	十六	十七	十八	十九	二十	二十一	二十二	二十三
吴								

注释　1 襄公始列为诸侯,为秦之发展的一大重要转折。　2 平王元年(前770):现代学术以此年为春秋时期之开端。　3 滑突:一作“掘突”。　4 弗湦:《史记索隐》:“《系家》作‘弗湟’,《系本》作‘弗皇’。”

续表

	前767	前766	前765	前764	前763	前762	前761	前760
	甲戌							
周	四	五	六	七	八	九	十	十一
鲁	二	三	四	五	六	七	八	九
齐	二十八	二十九	三十	三十一	三十二	三十三	三十四	三十五
晋	十四	十五	十六	十七	十八	十九	二十	二十一
秦	十一	十二　伐戎至岐而死。	秦文公元年	二	三	四	五	六
楚	二十四	二十五	二十六	二十七	楚霄敖[1]元年	二	三	四
宋	三十三	三十四	宋武公司空元年	二	三	四	五	六
卫	四十六	四十七	四十八	四十九	五十	五十一	五十二	五十三
陈	十一	十二	十三	十四	十五	十六	十七	十八
蔡	四十三	四十四	四十五	四十六	四十七	四十八	蔡共侯兴元年	二
曹	二十九	三十	三十一	三十二	三十三	三十四	三十五	三十六
郑	四	五	六	七	八	九	十　娶申侯女武姜。	十一
燕	二十四	燕哀侯元年	二	燕郑侯元年	二	三	四	五
吴								

注释　1 霄敖：若敖之子，名熊坎。

续表

	前759	前758	前757	前756	前755	前754
			甲申			
周	十二	十三	十四	十五	十六	十七
鲁	十	十一	十二	十三	十四	十五
齐	三十六	三十七	三十八	三十九	四十	四十一
晋	二十二	二十三	二十四	二十五	二十六	二十七
秦	七	八	九	十　作鄜畤。	十一	十二
楚	五	六	楚蚡[1]冒元年	二	三	四
宋	七	八	九	十	十一	十二
卫	五十四	五十五	卫庄公杨元年	二	三	四
陈	十九	二十	二十一	二十二	二十三	陈文公圉元年　生桓公鲍、厉公他。他母蔡女。
蔡	蔡戴侯元年	二	三	四	五	六
曹	曹穆公元年	二	三	曹桓公终生元年	二	三
郑	十二	十三	十四　生庄公寤生。	十五	十六	十七　生大叔段。
燕	六	七	八	九	十	十一
吴						

注释　1 蚡：一作“粉”，音愤(fèn)。

续表

	前753	前752	前751	前750	前749	前748	前747	前746
							甲午	
周	十八	十九	二十	二十一	二十二	二十三	二十四	二十五
鲁	十六	十七	十八	十九	二十	二十一	二十二	二十三
齐	四十二	四十三	四十四	四十五	四十六	四十七	四十八	四十九
晋	二十八	二十九	三十	三十一	三十二	三十三	三十四	三十五
秦	十三	十四	十五	十六	十七	十八	十九　作祠陈宝。	二十
楚	五	六	七	八	九	十	十一	十二
宋	十三	十四	十五	十六	十七	十八　生鲁桓公母。	宋宣公力元年	二
卫	五	六	七	八	九	十	十一	十二
陈	二	三	四	五	六	七	八	九
蔡	七	八	九	十	蔡宣侯楷论元年	二	三	四
曹	四	五	六	七	八	九	十	十一
郑	十八	十九	二十	二十一	二十二	二十三	二十四	二十五
燕	十二	十三	十四	十五	十六	十七	十八	十九
吴								

续表

	前 745	前 744	前 743	前 742	前 741
周	二十六	二十七	二十八	二十九	三十
鲁	二十四	二十五	二十六	二十七	二十八
齐	五十	五十一	五十二	五十三	五十四
晋	晋昭侯元年　封季弟成师于曲沃。曲沃大于国,君子讥曰:“晋人乱自曲沃治矣。”	二	三	四	五
秦	二十一	二十二	二十三	二十四	二十五
楚	十三	十四	十五	十六	十七
宋	三	四	五	六	七
卫	十三	十四	十五	十六	十七　爱妾子州吁,州吁好兵。
陈	十　文公卒。	陈桓公元年	二	三	四
蔡	五	六	七	八	九
曹	十二	十三	十四	十五	十六
郑	二十六	二十七	郑庄公寤生元年　祭仲相。	二	三
燕	二十	二十一	二十二	二十三	二十四
吴					

续表

	前740	前739	前738	前737	前736	前735	前734	前733
				甲辰				
周	三十一	三十二	三十三	三十四	三十五	三十六	三十七	三十八
鲁	二十九	三十	三十一	三十二	三十三	三十四	三十五	三十六
齐	五十五	五十六	五十七	五十八	五十九	六十	六十一	六十二
晋	六	潘父杀昭侯，纳成师，不克。昭侯子立，是为孝侯[1]。	二	三	四	五	六	七
秦	二十六	二十七	二十八	二十九	三十	三十一	三十二	三十三
楚	武王立。	二	三	四	五	六	七	八
宋	八	九	十	十一	十二	十三	十四	十五
卫	十八	十九	二十	二十一	二十二	二十三　夫人无子，桓公立。	卫桓公完元年	二　弟州吁骄，桓黜之，出奔。
陈	五	六	七	八	九	十	十一	十二
蔡	十	十一	十二	十三	十四	十五	十六	十七
曹	十七	十八	十九	二十	二十一	二十二	二十三	二十四
郑	四	五	六	七	八	九	十	十一
燕	二十五	二十六	二十七	二十八	二十九	三十	三十一	三十二
吴								

注释　**1** 孝侯：《史记索隐》："昭侯，文侯仇之子。《系家》云晋大臣潘父杀昭侯，迎曲沃桓叔，晋人攻之，立昭侯子平，是为孝侯也。"

续表

	前732	前731	前730	前729	前728	前727	前726
						甲寅	
周	三十九	四十	四十一	四十二	四十三	四十四	四十五
鲁	三十七	三十八	三十九	四十	四十一	四十二	四十三
齐	六十三	六十四	齐釐公禄父元年	二　同母弟夷仲年生公孙毋知也。	三	四	五
晋	八	九　曲沃桓叔成师卒,子代立,为庄伯。	十	十一	十二	十三	十四
秦	三十四	三十五	三十六	三十七	三十八	三十九	四十
楚	九	十	十一	十二	十三	十四	十五
宋	十六	十七	十八	十九　公卒,命立弟和,为穆公。	宋穆公和元年	二	三
卫	三	四	五	六	七	八	九
陈	十三	十四	十五	十六	十七	十八	十九
蔡	十八	十九	二十	二十一	二十二	二十三	二十四
曹	二十五	二十六	二十七	二十八	二十九	三十	三十一
郑	十二	十三	十四	十五	十六	十七	十八
燕	三十三	三十四	三十五	三十六	燕穆侯元年	二	三
吴							

续表

	前725	前724	前723	前722	前721
周	四十六	四十七	四十八	四十九	五十
鲁	四十四	四十五	四十六	鲁隐公息姑元年[1] 母声子。	二
齐	六	七	八	九	十
晋	十五	十六 曲沃庄伯杀孝侯,晋人立孝侯子郤,为鄂侯。	晋鄂侯郤元年 曲沃强于晋。	二	三
秦	四十一	四十二	四十三	四十四	四十五
楚	十六	十七	十八	十九	二十
宋	四	五	六	七	八
卫	十	十一	十二	十三	十四
陈	二十	二十一	二十二	二十三	二十四
蔡	二十五	二十六	二十七	二十八	二十九
曹	三十二	三十三	三十四	三十五	三十六
郑	十九	二十	二十一	二十二 段作乱,奔。	二十三 公悔,思母不见,穿地相见。
燕	四	五	六	七	八
吴					

注释 **1** 鲁隐公元年(前722):孔子所作之《春秋》记事始于是年。岁在己未。鲁隐公名息姑,《世家》作“息”。

续表

	前720	前719	前718	前717
				甲子
周	五十一	桓王元年	二　使虢公伐晋之曲沃。	三
鲁	三　二月,日蚀[1]。	四	五　公观鱼于棠,君子讥之。	六　郑人来渝平[2]。
齐	十一	十二	十三	十四
晋	四	五	六　鄂侯卒。曲沃庄伯复攻晋。立鄂侯子光,为哀侯。	晋哀侯光元年
秦	四十六	四十七	四十八	四十九
楚	二十一	二十二	二十三	二十四
宋	九　公属孔父立殇公。冯奔郑。	宋殇公与夷元年	二　郑伐我。我伐郑。	三
卫	十五	十六　州吁弑公自立。	卫宣公晋元年　共立之。讨州吁。	二
陈	二十五	二十六　卫石碏来告,故执州吁。	二十七	二十八
蔡	三十	三十一	三十二	三十三
曹	三十七	三十八	三十九	四十
郑	二十四　侵周,取禾。	二十五	二十六	二十七　始朝王,王不礼。
燕	九	十	十一	十二
吴				

注释　1 日蚀:《史记》之《表》记载重要的自然天象变异。于日蚀,或书月,或书月及日,或书月与朔,或皆不书月日朔。且不尽载,亦间有舛错。参见《史记志疑》。　2 渝平:谓弃旧怨而修新好。渝,更也。此盖郑庄公见上年鲁公拒绝宋使之求援,因而派使来,约弃前嫌而修新好。参见杨伯峻《春秋左传注》。

续表

	前716	前715	前714	前713	前712
周	四	五	六	七	八
鲁	七	八　易许田，君子讥之。	九　三月，大雨雹，电。	十	十一　大夫翚请杀桓公，求为相，公不听，即杀公。
齐	十五	十六	十七	十八	十九
晋	二　庄伯卒，子称立，为武公。	三	四	五	六
秦	五十	秦宁公元年	二	三	四
楚	二十五	二十六	二十七	二十八	二十九
宋	四	五	六	七　诸侯败我。我师与卫人伐郑。	八
卫	三	四	五	六	七
陈	二十九	三十	三十一	三十二	三十三
蔡	三十四	三十五	蔡桓侯封人元年	二	三
曹	四十一	四十二	四十三	四十四	四十五
郑	二十八	二十九　与鲁祊，易许田。	三十	三十一	三十二
燕	十三	十四	十五	十六	十七
吴					

续表

	前711	前710	前709	前708
周	九	十	十一	十二
鲁	鲁桓公允元年　母宋武公女,生手文为鲁夫人。	二　宋赂以鼎,入于太庙,君子讥之。	三　翚迎女,齐侯送女,君子讥之。	四
齐	二十	二十一	二十二	二十三
晋	七	八	晋小子元年	二
秦	五	六	七	八
楚	三十	三十一	三十二	三十三
宋	九	华督见孔父妻好,悦之。华督杀孔父,及杀殇公。 宋公冯元年　华督为相。	二	三
卫	八	九	十	十一
陈	三十四	三十五	三十六	三十七
蔡	四	五	六	七
曹	四十六	四十七	四十八	四十九
郑	三十三　以璧加鲁,易许田。	三十四	三十五	三十六
燕	十八	燕宣侯元年	二	三
吴				

续表

	前707	前706	前705	前704
	甲戌			
周	十三　伐郑。	十四	十五	十六
鲁	五	六	七	八
齐	二十四	二十五　山戎伐我。	二十六	二十七
晋	三	曲沃武公杀小子。周伐曲沃,立晋哀侯弟湣为晋侯。晋侯湣元年	二	三
秦	九	十	十一	十二
楚	三十四	三十五　侵随,随为善政,得止。	三十六	三十七　伐随,弗拔,但盟,罢兵。
宋	四	五	六	七
卫	十二	十三	十四	十五
陈	三十八　弟他杀太子免。代立,国乱,再赴。	陈厉公他元年	二　生敬仲完。周史卜完后世王齐。	三
蔡	八	九	十	十一
曹	五十	五十一	五十二	五十三
郑	三十七　伐周,伤王。	三十八　太子忽救齐,齐将妻之。	三十九	四十
燕	四	五	六	七
吴				

续表

	前 703	前 702	前 701	前 700	前 699	前 698
周	十七	十八	十九	二十	二十一	二十二
鲁	九	十	十一	十二	十三	十四
齐	二十八	二十九	三十	三十一	三十二　鳌公令毋知秩服如太子。	三十三
晋	四	五	六	七	八	九
秦	秦出公元年	二	三	四	五	六　三父杀出公，立其兄武公。
楚	三十八	三十九	四十	四十一	四十二	四十三
宋	八	九	十　执祭仲。	十一	十二	十三
卫	十六	十七	十八　太子伋弟寿争死。	十九	卫惠公朔元年	二
陈	四	五	六	七　公淫蔡，蔡杀公。	陈庄公林元年　桓公子。	二
蔡	十二	十三	十四	十五	十六	十七
曹	五十四	五十五	曹庄公射姑元年	二	三	四
郑	四十一	四十二	四十三	郑厉公突元年	二	三　诸侯伐我，报宋故。
燕	八	九	十	十一	十二	十三
吴						

续表

	前697	前696	前695	前694
	甲申			
周	二十三	庄王元年　生子穨。	二　有弟克。	三
鲁	十五　天王求车，非礼。	十六　公会曹，谋伐郑。	十七　日食，不书日，官失之。	十八　公与夫人如齐，齐侯通焉，使彭生杀公于车上。
齐	齐襄公诸儿元年　贬毋知秩服，毋知怨。	二	三	四　杀鲁桓公，诛彭生。
晋	十	十一	十二	十三
秦	秦武公元年　伐彭，至华山。	二	三	四
楚	四十四	四十五	四十六	四十七
宋	十四	十五	十六	十七
卫	三　朔奔齐，立黔牟。	卫黔牟元年	二	三
陈	三	四	五	六
蔡	十八	十九	二十	蔡哀侯献舞元年
曹	五	六	七	八
郑	四　祭仲立忽，公出居栎。	郑昭公忽元年　忽母邓女，祭仲取之。	二　渠弥杀昭公。	郑子亹元年　齐杀子亹[1]，昭公弟。
燕	燕桓侯元年	二	三	四
吴				

注释　1 亹：音 wěi。

续表

	前 693	前 692	前 691	前 690
周	四　周公欲杀王而立子克,王诛周公,克奔燕。	五	六	七
鲁	鲁庄公同元年	二	三	四
齐	五	六	七	八　伐纪,去其都邑。
晋	十四	十五	十六	十七
秦	五	六	七	八
楚	四十八	四十九	五十	五十一　王伐随,告夫人心动,王卒军中。
宋	十八	十九	宋湣公捷元年	二
卫	四	五	六	七
陈	七	陈宣公杵臼元年　杵臼,庄公弟。	二	三
蔡	二	三	四	五
曹	九	十	十一	十二
郑	郑子婴元年　子亹之弟。	二	三	四
燕	五	六	七	燕庄公元年
吴				

续表

	前689	前688	前687	前686	前685
			甲午		
周	八	九	十	十一	十二
鲁	五　与齐伐卫,纳惠公。	六	七　星陨如雨,与雨偕。	八　子纠来奔,与管仲俱避毋知乱。	九　鲁欲与纠入,后小白,齐距鲁,使生致管仲。
齐	九	十	十一	十二　毋知杀君自立。	齐桓公小白元年春,齐杀毋知。
晋	十八	十九	二十	二十一	二十二
秦	九	十	十一	十二	十三
楚	楚文王赀元年　始都郢。	二　伐申,过邓,邓甥曰楚可取,邓侯不许。	三	四	五
宋	三	四	五	六	七
卫	八	九	十　齐立惠公,黔牟奔周。	卫惠公朔复入。十四年	十五
陈	四	五	六	七	八
蔡	六	七	八	九	十
曹	十三	十四	十五	十六	十七
郑	五	六	七	八	九
燕	二	三	四	五	六
吴					

续表

	前684	前683	前682	前681	前680
周	十三	十四	十五	釐王元年	二
鲁	十　齐伐我，为纠故。	十一　臧文仲吊宋水。	十二	十三　曹沫劫桓公。反所亡地。	十四
齐	二	三	四	五　与鲁人会柯。	六
晋	二十三	二十四	二十五	二十六	二十七
秦	十四	十五	十六	十七	十八
楚	六　息夫人，陈女，过蔡，蔡不礼，恶之。楚伐蔡，获哀侯以归。	七	八	九	十
宋	八	九　宋大水，公自罪。鲁使臧文仲来吊。	十　万杀君，仇牧有义。	宋桓公御说元年庄公子。	二
卫	十六	十七	十八	十九	二十
陈	九	十	十一	十二	十三
蔡	十一　楚虏我侯。	十二	十三	十四	十五
曹	十八	十九	二十	二十一	二十二
郑	十	十一	十二	十三	十四
燕	七	八	九	十	十一
吴					

续表

	前679	前678	前677	前676
			甲辰	
周	三	四	五	惠王元年　取陈后。
鲁	十五	十六	十七	十八
齐	七　始霸[1]，会诸侯于鄄。	八	九	十
晋	二十八　曲沃武公灭晋侯湣，以宝献周，周命武公为晋君，并其地。	晋武公称并晋，已立三十八年，不更元，因其元年。	三十九　武公卒，子诡诸立，为献公。	晋献公诡诸元年
秦	十九	二十　葬雍，初以人从死。	秦德公元年　武公弟。	二　初作伏，祠社，磔狗邑四门。
楚	十一	十二　伐邓，灭之。	十三	楚堵敖囏[2]元年
宋	三	四	五	六
卫	二十一	二十二	二十三	二十四
陈	十四	十五	十六	十七
蔡	十六	十七	十八	十九
曹	二十三	二十四	二十五	二十六
郑	郑厉公元年　厉公亡后十七岁复入。	二　诸侯伐我。	三	四
燕	十二	十三	十四	十五
吴				

注释　1 始霸：齐桓公于其七年（前679）称霸，为春秋时期重大历史变化。　2 囏：音 jiān。

续表

	前675	前674	前673	前672
周	二　燕、卫伐王，王奔温，立子穨。	三	四　诛穨，入惠王。	五　太子母早死。惠后生叔带。
鲁	十九	二十	二十一	二十二
齐	十一	十二	十三	十四　陈完自陈来奔，田常始此也。[1]
晋	二	三	四	五　伐骊戎，得姬。
秦	秦宣公元年	二	三	四　作密畤。
楚	二	三	四	五　弟恽杀堵敖自立。
宋	七　取卫女。文公弟。	八	九	十
卫	二十五	二十六	二十七	二十八
陈	十八	十九	二十	二十一　厉公子完奔齐。
蔡	二十	蔡穆侯肸元年	二	三
曹	二十七	二十八	二十九	三十
郑	五	六	七　救周乱，入王。	郑文公捷元年
燕	十六　伐王，王奔温，立子穨。	十七　郑执我仲父。	十八	十九
吴				

注释　1 田常始此：《史记正义》强调这一年（前672）的重要，因此特言“齐桓公十四年，陈宣公二十一年，周惠王之五年”。

续表

	前671	前670	前669	前668	前667	前666
					甲寅	
周	六	七	八	九	十　赐齐侯命。	十一
鲁	二十三　公如齐观社。	二十四	二十五	二十六	二十七	二十八
齐	十五	十六	十七	十八	十九	二十
晋	六	七	八　尽杀故晋侯群公子。	九　始城绛都。	十	十一
秦	五	六	七	八	九	十
楚	楚成王恽元年	二	三	四	五	六
宋	十一	十二	十三	十四	十五	十六
卫	二十九	三十	三十一	卫懿公赤元年	二	三
陈	二十二	二十三	二十四	二十五	二十六	二十七
蔡	四	五	六	七	八	九
曹	三十一	曹釐公夷元年	二	三	四	五
郑	二	三	四	五	六	七
燕	二十	二十一	二十二	二十三	二十四	二十五
吴						

续表

	前665	前664	前663	前662	前661
周	十二	十三	十四	十五	十六
鲁	二十九	三十	三十一	三十二　庄公弟叔牙鸩死。庆父弑子般。季友奔陈，立湣公。	鲁湣公开元年
齐	二十一	二十二	二十三　伐山戎，为燕也。	二十四	二十五
晋	十二　太子申生居曲沃，重耳居蒲城，夷吾居屈。骊姬故。	十三	十四	十五	十六　灭魏、耿、霍。始封赵夙耿，毕万魏，始此。
秦	十一	十二	秦成公元年	二	三
楚	七	八	九	十	十一
宋	十七	十八	十九	二十	二十一
卫	四	五	六	七	八
陈	二十八	二十九	三十	三十一	三十二
蔡	十	十一	十二	十三	十四
曹	六	七	八	九	曹昭公元年
郑	八	九	十	十一	十二
燕	二十六	二十七	二十八	二十九	三十
吴					

续表

	前660	前659	前658
周	十七	十八	十九
鲁	二　庆父杀湣公。季友自陈立申，为釐公。杀庆父。	鲁釐公申元年　哀姜丧自齐至。	二
齐	二十六	二十七　杀女弟鲁庄公夫人，淫故。	二十八　为卫筑楚丘。救戎狄伐。
晋	十七　申生将军，君子知其废。	十八	十九　荀息以币假道于虞以伐虢，灭下阳。
秦	四	秦穆公任好元年	二
楚	十二	十三	十四
宋	二十二	二十三	二十四
卫	翟伐我。公好鹤，士不战，灭我国。国怨惠公乱，灭其后，更立黔牟弟。 卫戴公元年	卫文公燬元年　戴公弟也。	二　齐桓公率诸侯为我城楚丘。
陈	三十三	三十四	三十五
蔡	十五	十六	十七
曹	二	三	四
郑	十三	十四	十五
燕	三十一	三十二	三十三
吴			

续表

	前657	前656	前655	前654	前653
	甲子				
周	二十	二十一	二十二	二十三	二十四
鲁	三	四	五	六	七
齐	二十九　与蔡姬共舟,荡公,公怒,归蔡姬。	三十　率诸侯伐蔡,蔡溃,遂伐楚,责包茅贡。	三十一	三十二　率诸侯伐郑。	三十三
晋	二十	二十一　申生以骊姬谗自杀。重耳奔蒲,夷吾奔屈。	二十二　灭虞、虢。重耳奔狄。	二十三　夷吾奔梁。	二十四
秦	三	四　迎妇于晋。	五	六	七
楚	十五	十六　齐伐我,至陉,使屈完盟。	十七	十八　伐许,许君肉袒谢,楚从之。	十九
宋	二十五	二十六	二十七	二十八	二十九
卫	三	四	五	六	七
陈	三十六	三十七	三十八	三十九	四十
蔡	十八　以女故,齐伐我。	十九	二十	二十一	二十二
曹	五	六	七	八	九
郑	十六	十七	十八	十九	二十
燕	燕襄公元年	二	三	四	五
吴					

续表

	前652	前651	前650
周	二十五　襄王立，畏太叔。	襄王元年　诸侯立王。	二
鲁	八	九　齐率我伐晋乱，至高梁还。	十
齐	三十四	三十五　夏，会诸侯于葵丘。天子使宰孔赐胙，命无拜。	三十六　使隰朋立晋惠公。
晋	二十五　伐翟，以重耳故。	二十六　公卒，立奚齐，里克杀之。及卓子。立夷吾。	晋惠公夷吾元年　诛里克，倍秦约。
秦	八	九　夷吾使郤芮赂，求入。	十　丕郑子豹亡来。
楚	二十	二十一	二十二
宋	三十　公疾，太子兹父让兄目夷贤，公不听。	三十一　公薨，未葬，齐桓会葵丘。	宋襄公兹父元年　目夷相。
卫	八	九	十
陈	四十一	四十二	四十三
蔡	二十三	二十四	二十五
曹	曹共公元年	二	三
郑	二十一	二十二	二十三
燕	六	七	八
吴			

续表

	前649	前648	前647
			甲戌
周	三　戎伐我，太叔带召之。欲诛叔带，叔带奔齐。	四	五
鲁	十一	十二	十三
齐	三十七	三十八　使管仲平戎于周，欲以上卿礼，让，受下卿。	三十九　使仲孙请王，言叔带，王怒。
晋	二	三	四　饥，请粟，秦与我。
秦	十一　救王伐戎，戎去。	十二	十三　丕豹欲无与，公不听，输晋粟，起雍至绛。
楚	二十三　伐黄。	二十四	二十五
宋	二	三	四
卫	十一	十二	十三
陈	四十四	四十五	陈穆公款元年
蔡	二十六	二十七	二十八
曹	四	五	六
郑	二十四　有妾梦天与之兰，生穆公兰。	二十五	二十六
燕	九	十	十一
吴			

续表

	前646	前645	前644	前643	前642
周	六	七	八	九	十
鲁	十四	十五　五月,日有食之。不书,史官失之。	十六	十七	十八
齐	四十	四十一	四十二　王以戎寇告齐,齐征诸侯戍周。	四十三	齐孝公昭元年
晋	五　秦饥,请粟,晋倍之。	六　秦虏惠公,复立之。	七　重耳闻管仲死,去翟之齐。	八	九
秦	十四	十五　以盗食善马士得破晋。	十六　为河东置官司。	十七	十八
楚	二十六　灭六、英。	二十七	二十八	二十九	三十
宋	五	六	七　陨五石。六鹢退飞,过我都。	八	九
卫	十四	十五	十六	十七	十八
陈	二	三	四	五	六
蔡	二十九	蔡庄侯甲午元年	二	三	四
曹	七	八	九	十	十一
郑	二十七	二十八	二十九	三十	三十一
燕	十二	十三	十四	十五	十六
吴					

续表

	前 641	前 640	前 639	前 638
周	十一	十二	十三	十四　叔带复归于周。
鲁	十九	二十	二十一	二十二
齐	二	三	四	五　归王弟带。
晋	十	十一	十二	十三　太子圉质秦亡归。
秦	十九　灭梁。梁好城，不居，民罢[1]，相惊，故亡。	二十	二十一	二十二
楚	三十一	三十二	三十三　执宋襄公，复归之。	三十四
宋	十	十一	十二　召楚盟。	十三　泓之战，楚败公。
卫	十九	二十	二十一	二十二
陈	七	八	九	十
蔡	五	六	七	八
曹	十二	十三	十四	十五
郑	三十二	三十三	三十四	三十五　君如楚，宋伐我。
燕	十七	十八	十九	二十
吴				

注释　1 罢：通“疲”。

续表

	前 637	前 636	前 635
	甲申		
周	十五	十六　王奔汜。汜，郑地也。	十七　晋纳王。
鲁	二十三	二十四	二十五
齐	六　伐宋，以其不同盟。	七	八
晋	十四　圉立，为怀公。	晋文公元年　诛子圉。魏武子为魏大夫，赵衰为原大夫。咎犯曰："求霸莫如内王。"	二
秦	二十三　迎重耳于楚，厚礼之，妻之女。重耳愿归。	二十四　以兵送重耳。	二十五　欲内王，军河上。
楚	三十五　重耳过，厚礼之。	三十六	三十七
宋	十四　公疾死泓战。	宋成公王臣元年	二
卫	二十三　重耳从齐过，无礼。	二十四	二十五
陈	十一	十二	十三
蔡	九	十	十一
曹	十六　重耳过，无礼，僖负羁私善。	十七	十八
郑	三十六　重耳过，无礼，叔詹谏。	三十七	三十八
燕	二十一	二十二	二十三
吴			

续表

	前634	前633	前632
周	十八	十九	二十　王狩河阳。[1]
鲁	二十六	二十七	二十八　公如践土会朝。
齐	九	十　孝公薨,弟潘因卫公子开方杀孝公子,立潘。	齐昭公潘元年　会晋败楚,朝周王。
晋	三　宋服。	四　救宋,报曹、卫耻。	五　侵曹伐卫,取五鹿,执曹伯。诸侯败楚而朝河阳,周命赐公土地。
秦	二十六	二十七	二十八　会晋伐楚朝周。
楚	三十八	三十九　使子玉伐宋。	四十　晋败子玉于城濮。
宋	三　倍楚亲晋。	四　楚伐我,我告急于晋。	五　晋救我,楚兵去。
卫	卫成公郑元年	二	三　晋伐我,取五鹿。公出奔,立公子瑕。会晋朝,复归卫。
陈	十四	十五	十六　　会晋伐楚,朝周王。
蔡	十二	十三	十四　会晋伐楚,朝周王。
曹	十九	二十	二十一　晋伐我,执公,复归之。
郑	三十九	四十	四十一
燕	二十四	二十五	二十六
吴			

注释　**1** 周襄王二十年,即公元前632年,发生晋楚城濮之战。战争因楚围宋,晋救宋而起。表列可见齐、秦两国支持晋,支持楚者仅曹、卫小国,陈、蔡本亦从楚,楚败而后从晋,故力量对比,晋强于楚。楚败,晋召周襄王,讳言之,故称"王狩河阳",周天子权力明显下降。晋文公会诸侯,以此称霸,史表展现形势,此年最为典型,故特记之。表列陈、蔡"会晋伐楚",《史记志疑》考为不确。

续表

	前631	前630	前629	前628	前627
					甲午
周	二十一	二十二	二十三	二十四	二十五
鲁	二十九	三十	三十一	三十二	三十三　僖公薨。
齐	二	三	四	五	六　狄侵我。
晋	六	七　听周归卫成公。与秦围郑。	八	九　文公薨。	晋襄公驩元年　破秦于殽。
秦	二十九	三十　围郑，有言即去。	三十一	三十二　将袭郑，蹇叔曰不可。	三十三　袭郑，晋败我殽。
楚	四十一	四十二	四十三	四十四	四十五
宋	六	七	八	九	十
卫	四　晋以卫与宋。	五　周入成公，复卫。	六	七	八
陈	陈共公朔元年	二	三	四	五
蔡	十五	十六	十七	十八	十九
曹	二十二	二十三	二十四	二十五	二十六
郑	四十二	四十三　秦、晋围我，以晋故。	四十四	四十五　文公薨。	郑穆公兰元年 秦袭我，弦高诈之。
燕	二十七	二十八	二十九	三十	三十一
吴					

续表

	前626	前625	前624	前623
周	二十六	二十七	二十八	二十九
鲁	鲁文公兴元年	二	三　公如晋。	四
齐	七	八	九	十
晋	二　伐卫,卫伐我。	三　秦报我殽,败于汪。	四　秦伐我,取王官,我不出。	五　伐秦,围邧、新城。
秦	三十四　败殽将亡归,公复其官。	三十五　伐晋报殽,败我于汪。	三十六　以孟明等伐晋,晋不敢出。	三十七　晋伐我,围邧、新城。
楚	四十六　王欲杀太子立职,太子恐,与傅潘崇杀王。王欲食熊蹯死,不听。自立为王。	楚穆王商臣元年　以其太子宅赐崇,为相。	二　晋伐我。	三　灭江。
宋	十一	十二	十三	十四
卫	九　晋伐我,我伐晋。	十	十一	十二　公如晋。
陈	六	七	八	九
蔡	二十	二十一	二十二	二十三
曹	二十七	二十八	二十九	三十
郑	二	三	四	五
燕	三十二	三十三	三十四	三十五
吴				

续表

	前622	前621	前620	前619
周	三十	三十一	三十二	三十三　襄王崩。
鲁	五	六	七	八　王使卫来求金以葬,非礼。
齐	十一	十二	十三	十四
晋	六　赵成子、栾贞子、霍伯、臼季皆卒。[1]	七　公卒。赵盾为太子少,欲更立君,恐诛,遂立太子为灵公。	晋灵公夷皋元年　赵盾专政。	二　秦伐我,取武城,报令狐之战。
秦	三十八	三十九　缪公薨。葬殉以人,从死者百七十人,君子讥之,故不言卒。	秦康公罃元年	二
楚	四　灭六、蓼。	五	六	七
宋	十五	十六	十七　公孙固杀成公。	宋昭公杵臼元年　襄公之子。
卫	十三	十四	十五	十六
陈	十	十一	十二	十三
蔡	二十四	二十五	二十六	二十七
曹	三十一	三十二	三十三	三十四
郑	六	七	八	九
燕	三十六	三十七	三十八	三十九
吴				

注释　1 皆卒:《史记索隐》:"赵成子,名衰。栾贞子,名枝。霍伯,先且居也,封之霍。臼季,胥臣也。四大夫皆此年卒。"

续表

	前618	前617	前616	前615
		甲辰		
周	顷王元年	二	三	四
鲁	九	十	十一　败长翟于咸而归,得长翟。	十二
齐	十五	十六	十七	十八
晋	三　率诸侯救郑。	四　伐秦,拔少梁。秦取我北徵[1]。	五	六　秦取我羁马。与秦战河曲,秦师遁。
秦	三	四　晋伐我,取少梁。我伐晋,取北徵。	五	六　伐晋,取羁马。怒,与我大战河曲。
楚	八　伐郑,以其服晋。	九	十	十一
宋	二	三	四　败长翟长丘。	五
卫	十七	十八	十九	二十
陈	十四	十五	十六	十七
蔡	二十八	二十九	三十	三十一
曹	三十五	曹文公寿元年	二	三
郑	十　楚伐我。	十一	十二	十三
燕	四十	燕桓公元年	二	三
吴				

注释　1 北徵(chéng):邑名,后秦置县,汉为徵县。在今陕西澄城西南。徵、澄同音。

续表

	前614	前613	前612	前611
周	五	六　顷王崩。公卿争政,故不赴。	匡王元年	二
鲁	十三	十四　彗星入北斗,周史曰:“七年,宋、齐、晋君死。”	十五　六月辛丑,日蚀。齐伐我。	十六
齐	十九	二十　昭公卒。弟商人杀太子自立,是为懿公。	齐懿公商人元年	二　不得民心。
晋	七　得随会。	八　赵盾以车八百乘纳捷菑,平王室。	九　我入蔡。	十
秦	七　晋诈得随会。	八	九	十
楚	十二	楚庄王侣元年	二	三　灭庸。
宋	六	七	八	九　襄夫人使卫伯杀昭公。弟鲍立。
卫	二十一	二十二	二十三	二十四
陈	十八	陈灵公平国元年	二	三
蔡	三十二	三十三	三十四　晋伐我。庄侯甍。	蔡文侯申元年
曹	四	五	六　齐入我郛。	七
郑	十四	十五	十六	十七
燕	四	五	六	七
吴				

续表

	前610	前609	前608
周	三	四	五
鲁	十七　齐伐我。	十八　襄仲杀嫡，立庶子，为宣公。	鲁宣公倭元年　鲁立宣公，不正，公室卑。
齐	三　伐鲁。	四　公刖邴歜父而夺阎职妻，二人共杀公，立桓公子惠公。	齐惠公元元年　取鲁济西之田。
晋	十一　率诸侯平宋。	十二	十三　赵盾救陈、宋，伐郑。
秦	十一	十二	秦共公和元年
楚	四	五	六　伐宋、陈，以倍我服晋故。
宋	宋文公鲍元年　昭公弟。晋率诸侯平我。	二	三　楚、郑伐我，以我倍楚故也。
卫	二十五	二十六	二十七
陈	四	五	六
蔡	二	三	四
曹	八	九	十
郑	十八	十九	二十　与楚侵陈，遂侵宋。晋使赵盾伐我，以倍晋故。
燕	八	九	十
吴			

续表

	前 607	前 606	前 605
	甲寅		
周	六　匡王崩。	定王元年	二
鲁	二	三	四
齐	二　王子成父败长翟。	三	四
晋	十四　赵穿杀灵公，赵盾使穿迎公子黑臀于周，立之。赵氏赐公族。	晋成公黑臀元年　伐郑。	二
秦	二	三	四
楚	七	八　伐陆浑，至雒，问鼎轻重。	九　若敖氏为乱，灭之。伐郑。
宋	四　华元以羊羹故陷于郑。	五　赎华元，亡归。围曹。	六
卫	二十八	二十九	三十
陈	七	八	九
蔡	五	六	七
曹	十一	十二　宋围我。	十三
郑	二十一　与宋师战，获华元。	二十二　华元亡归。	郑灵公夷元年　公子归生以鼋故杀灵公。
燕	十一	十二	十三
吴			

续表

	前604	前603	前602	前601
周	三	四	五	六
鲁	五	六	七	八　七月，日蚀。
齐	五	六	七	八
晋	三　中行桓子荀林父救郑，伐陈。	四　与卫侵陈。	五	六　与鲁伐秦，获秦谍，杀之绛市，六日而苏。
秦	五	秦桓公元年	二	三　晋伐我，获谍。
楚	十	十一	十二	十三　伐陈。灭舒蓼。
宋	七	八	九	十
卫	三十一	三十二　与晋侵陈。	三十三	三十四
陈	十　楚伐郑，与我平。晋中行桓子距楚，救郑，伐我。	十一　晋、卫侵我。	十二	十三　楚伐我。
蔡	八	九	十	十一
曹	十四	十五	十六	十七
郑	郑襄公坚元年　灵公庶弟。楚伐我，晋来救。	二	三	四
燕	十四	十五	十六	燕宣公元年
吴				

续表

	前600	前599	前598
周	七	八	九
鲁	九	十　四月，日蚀。	十一
齐	九	十　公卒。崔杼有宠，高、国逐之，奔卫。	齐顷公无野元年
晋	七　使桓子伐楚。以诸侯师伐陈救郑。成公薨。	晋景公据元年　与宋伐郑。	二
秦	四	五	六
楚	十四　伐郑，晋郤缺救郑，败我。	十五	十六　率诸侯诛陈夏徵舒，立陈灵公子午。
宋	十一	十二	十三
卫	三十五	卫穆公遬元年　齐崔杼来奔。	二
陈	十四	十五　夏徵舒以其母辱，杀灵公。	陈成公午元年　灵公太子。
蔡	十二	十三	十四
曹	十八	十九	二十
郑	五　楚伐我，晋来救，败楚师。	六　晋、宋、楚伐我。	七
燕	二	三	四
吴			

续表

	前597	前596	前595	前594	前593
	甲子				
周	十	十一	十二	十三	十四
鲁	十二	十三	十四	十五　初税亩。	十六
齐	二	三	四	五	六
晋	三　救郑,为楚所败河上。	四	五　伐郑。	六　救宋,执解扬,有使节。秦伐我。	七　随会灭赤翟。
秦	七	八	九	十　伐晋。	十一
楚	十七　围郑,郑伯肉袒谢,释之。	十八	十九　围宋,为杀使者。	二十　围宋。五月,华元告子反以诚,楚罢。	二十一
宋	十四　伐陈。	十五	十六　杀楚使者,楚围我。	十七　华元告楚,楚去。	十八
卫	三	四	五	六	七
陈	二	三	四	五	六
蔡	十五	十六	十七	十八	十九
曹	二十一	二十二	二十三　文公薨。	曹宣公庐元年	二
郑	八　楚围我,我卑辞以解。	九	十　晋伐我。	十一　佐楚伐宋,执解扬。	十二
燕	五	六	七	八	九
吴					

续表

	前592	前591	前590	前589
周	十五	十六	十七	十八
鲁	十七　日蚀。	十八　宣公薨。	鲁成公黑肱元年　春,齐取我隆。	二　与晋伐齐,齐归我汶阳,窃与楚盟。
齐	七　晋使郤克来齐,妇人笑之,克怒,归去。	八　晋伐败我。	九	十　晋郤克败公于鞍,虏逢丑父。
晋	八　使郤克使齐,妇人笑之,克怒归。	九　伐齐,质子彊,兵罢。	十	十一　与鲁、曹败齐。
秦	十二	十三	十四	十五
楚	二十二	二十三　庄王薨。	楚共王审元年	二　秋,申公巫臣窃徵舒母奔晋,以为邢大夫。冬,伐卫、鲁,救齐。
宋	十九	二十	二十一	二十二
卫	八	九	十	十一　穆公薨。与诸侯败齐,反侵地。楚伐我。
陈	七	八	九	十
蔡	二十　文侯薨。	蔡景侯固元年	二	三
曹	三	四	五	六
郑	十三	十四	十五	十六
燕	十	十一	十二	十三
吴				

续表

	前588	前587	前586
		甲戌	
周	十九	二十	二十一　定王崩。
鲁	三　会晋、宋、卫、曹伐郑。	四　公如晋，晋不敬，公欲倍晋合于楚。	五
齐	十一　顷公如晋，欲王晋，晋不敢受。	十二	十三
晋	十二　始置六卿。[1]率诸侯伐郑。	十三　鲁公来，不敬。	十四　梁山崩。伯宗隐其人而用其言。
秦	十六	十七	十八
楚	三	四　子反救郑。	五　伐郑，倍我故也。郑悼公来讼。
宋	宋共公瑕元年	二	三
卫	卫定公臧元年	二	三
陈	十一	十二	十三
蔡	四	五	六
曹	七　伐郑。	八	九
郑	十七　晋率诸侯伐我。	十八　晋栾书取我汜。襄公薨。	郑悼公费元年　公如楚讼。
燕	十四	十五	燕昭公元年
吴			

注释　1　时置韩厥、赵括、巩朔、韩穿、荀骓、赵旃为六卿。六卿之设，对后来晋国政治之影响颇大。

续表

	前585	前584	前583	前582
周	简王元年	二	三	四
鲁	六	七	八	九
齐	十四	十五	十六	十七　顷公薨。
晋	十五　使栾书救郑，遂侵蔡。	十六　以巫臣始通于吴而谋楚。	十七　复赵武田邑。侵蔡。	十八　执郑成公，伐郑。秦伐我。
秦	十九	二十	二十一	二十二　伐晋。
楚	六	七　伐郑。	八	九　救郑。冬，与晋成。
宋	四	五	六	七
卫	四	五	六	七
陈	十四	十五	十六	十七
蔡	七　晋侵我。	八	九　晋伐我。	十
曹	十	十一	十二	十三
郑	二　悼公薨。楚伐我，晋使栾书来救。	郑成公睔元年　悼公弟也。楚伐我。	二	三　与楚盟。公如晋，执公伐我。
燕	二	三	四	五
吴	吴寿梦元年[1]	二　巫臣来，谋伐楚。	三	四

注释　1 吴寿梦元年：吴国自此始强大。寿梦，太伯的十九世孙。

续表

	前581	前580	前579	前578
周	五	六	七	八
鲁	十　公如晋送葬,讳之。	十一	十二	十三　会晋伐秦。
齐	齐灵公环元年	二	三	四　伐秦。
晋	十九	晋厉公寿曼元年	二	三　伐秦至泾,败之,获其将成差。
秦	二十三	二十四　与晋侯夹河盟,归,倍盟。	二十五	二十六　晋率诸侯伐我。
楚	十	十一	十二	十三
宋	八	九	十	十一　晋率我伐秦。
卫	八	九	十	十一
陈	十八	十九	二十	二十一
蔡	十一	十二	十三	十四
曹	十四	十五	十六	十七　晋率我伐秦。
郑	四　晋率诸侯伐我。	五	六	七　晋率我伐秦。
燕	六	七	八	九
吴	五	六	七	八

续表

	前577	前576	前575
	甲申		
周	九	十	十一
鲁	十四	十五　始与吴通,会钟离。	十六　宣伯告晋,欲杀季文子,文子得以义脱。
齐	五	六	七
晋	四	五　三郤谗伯宗,杀之,伯宗好直谏。	六　败楚鄢陵。
秦	二十七	秦景公元年	二
楚	十四	十五　许畏郑,请徙叶。	十六　救郑,不利。子反醉,军败,杀子反归。
宋	十二	十三　华元奔晋,复还。	宋平公成元年
卫	十二　定公薨。	卫献公衎元年	二
陈	二十二	二十三	二十四
蔡	十五	十六	十七
曹	曹成公负刍元年	二　晋执我公以归。	三
郑	八	九	十　倍晋盟楚,晋伐我,楚来救。
燕	十	十一	十二
吴	九	十　与鲁会钟离。	十一

续表

	前574	前573	前572
周	十二	十三	十四　简王崩。
鲁	十七	十八　成公薨。	鲁襄公午元年　围宋彭城。
齐	八	九	十　晋伐我,使太子光质于晋。
晋	七	八　栾书、中行偃杀厉公,立襄公孙,为悼公。	晋悼公元年　围宋彭城。
秦	三	四	五
楚	十七	十八　为鱼石伐宋彭城。	十九　侵宋,救郑。
宋	二	三　楚伐彭城,封鱼石。	四　楚侵我,取犬丘。晋诛鱼石,归我彭城。
卫	三	四	五　围宋彭城。
陈	二十五	二十六	二十七
蔡	十八	十九	二十
曹	四	五	六
郑	十一	十二　与楚伐宋。	十三　晋伐败我兵于洧上,楚来救。
燕	十三　昭公薨。	燕武公元年	二
吴	十二	十三	十四

续表

	前571	前570	前569	前568
周	灵王元年　生有髭。	二	三	四
鲁	二　会晋城虎牢。	三	四　公如晋。	五　季文子卒。
齐	十一	十二	十三	十四
晋	二　率诸侯伐郑，城虎牢。	三　魏绛辱杨干。	四　魏绛说和戎、狄，狄朝晋。	五
秦	六	七	八	九
楚	二十	二十一　使子重伐吴，至衡山。使何忌侵陈。	二十二　伐陈。	二十三　伐陈。
宋	五	六	七	八
卫	六	七	八	九
陈	二十八	二十九　倍楚盟，楚侵我。	三十　楚伐我。成公薨。	陈哀公弱元年
蔡	二十一	二十二	二十三	二十四
曹	七	八	九	十
郑	十四　成公薨。晋率诸侯伐我。	郑釐公恽元年	二	三
燕	三	四	五	六
吴	十五	十六　楚伐我。	十七	十八

续表

	前567	前566	前565
	甲午		
周	五	六	七
鲁	六	七	八　公如晋。
齐	十五	十六	十七
晋	六	七	八
秦	十	十一	十二
楚	二十四	二十五　围陈。	二十六　伐郑。
宋	九	十	十一
卫	十	十一	十二
陈	二	三　楚围我,为公亡归。	四
蔡	二十五	二十六	二十七　郑侵我。
曹	十一	十二	十三
郑	四	五　子驷使贼夜杀釐公,诈以病卒赴诸侯。	郑简公嘉元年　釐公子。
燕	七	八	九
吴	十九	二十	二十一

续表

	前564	前563
周	八	九　王叔奔晋。
鲁	九　与晋伐郑，会河上，问公年十二，可冠，冠于卫。	十　楚、郑侵我西鄙。
齐	十八　与晋伐郑。	十九　令太子光、高厚会诸侯钟离。
晋	九　率齐、鲁、宋、卫、曹伐郑。秦伐我。	十　率诸侯伐郑。荀䓨伐秦。
秦	十三　伐晋，楚为我援。	十四　晋伐我。
楚	二十七　伐郑，师于武城，为秦。	二十八　使子囊救郑。
宋	十二　晋率我伐郑。	十三　郑伐我，卫来救。
卫	十三　晋率我伐郑。师曹鞭公幸妾。	十四　救宋。
陈	五	六
蔡	二十八	二十九
曹	十四　晋率我伐郑。	十五
郑	二　诛子驷。晋率诸侯伐我，我与盟。楚怒，伐我。	三　晋率诸侯伐我，楚来救。子孔作乱，子产攻之。
燕	十	十一
吴	二十二	二十三

续表

	前562	前561	前560
周	十	十一	十二
鲁	十一　三桓分为三军,各将军。	十二　公如晋。	十三
齐	二十	二十一	二十二
晋	十一　率诸侯伐郑,秦败我栎。公曰"吾用魏绛,九合诸侯",赐之乐。	十二	十三
秦	十五　我使庶长鲍伐晋救郑,败之栎。	十六	十七
楚	二十九　与郑伐宋。	三十	三十一　吴伐我,败之。共王薨。
宋	十四　楚、郑伐我。	十五	十六
卫	十五　伐郑。	十六	十七
陈	七	八	九
蔡	三十	三十一	三十二
曹	十六	十七	十八
郑	四　与楚伐宋,晋率诸侯伐我,秦来救。	五	六
燕	十二	十三	十四
吴	二十四	二十五　寿梦卒。	吴诸樊元年　楚败我。

续表

	前559	前558	前557
			甲辰
周	十三	十四	十五
鲁	十四　日蚀。	十五　日蚀。齐伐我。	十六　齐伐我。地震。齐复伐我北鄙。
齐	二十三　卫献公来奔。	二十四　伐鲁。	二十五　伐鲁。
晋	十四　率诸侯大夫伐秦,败棫林。	十五　悼公薨。	晋平公彪元年　伐败楚于湛坂。
秦	十八　晋诸侯大夫伐我,败棫林。	十九	二十
楚	楚康王昭元年　共王太子出奔吴。	二	三　晋伐我,败湛坂。
宋	十七	十八	十九
卫	十八　孙文子攻公,公奔齐,立定公弟狄。	卫殇公狄元年　定公弟。	二
陈	十	十一	十二
蔡	三十三	三十四	三十五
曹	十九	二十	二十一
郑	七	八	九
燕	十五	十六	十七
吴	二　季子让位。楚伐我。	三	四

续表

	前556	前555	前554
周	十六	十七	十八
鲁	十七　齐伐我北鄙。	十八　与晋伐齐。	十九
齐	二十六　伐鲁。	二十七　晋围临淄。晏婴。	二十八　废光,立子牙为太子。光与崔杼杀牙自立。晋、卫伐我。
晋	二	三　率鲁、宋、郑、卫围齐,大破之。	四　与卫伐齐。
秦	二十一	二十二	二十三
楚	四	五　伐郑。	六
宋	二十　伐陈。	二十一　晋率我伐齐。	二十二
卫	三　伐曹。	四	五　晋率我伐齐。
陈	十三　宋伐我。	十四	十五
蔡	三十六	三十七	三十八
曹	二十二　卫伐我。	二十三　成公薨。	曹武公胜元年
郑	十	十一　晋率我围齐。楚伐我。	十二　子产为卿。
燕	十八	十九　武公薨。	燕文公元年
吴	五	六	七

续表

	前553	前552	前551	前550
周	十九	二十	二十一	二十二
鲁	二十　日蚀。	二十一　公如晋。日再蚀。	二十二　孔子生。	二十三
齐	齐庄公元年	二	三　晋栾逞来奔，晏婴曰“不如归之”。	四　欲遣栾逞入曲沃伐晋，取朝歌。
晋	五	六　鲁襄公来。杀羊舌虎。	七　栾逞奔齐。	八
秦	二十四	二十五	二十六	二十七
楚	七	八	九	十
宋	二十三	二十四	二十五	二十六
卫	六	七	八	九　齐伐我。
陈	十六	十七	十八	十九
蔡	三十九	四十	四十一	四十二
曹	二	三	四	五
郑	十三	十四	十五	十六
燕	二	三	四	五
吴	八	九	十	十一

续表

	前 549	前 548
周	二十三	二十四
鲁	二十四　侵齐。日再蚀。	二十五　齐伐我北鄙，以报孝伯之师。
齐	五　畏晋通楚，晏子谋。	六　晋伐我，报朝歌。崔杼以庄公通其妻，杀之，立其弟，为景公。
晋	九	十　伐齐至高唐，报太行之役。
秦	二十八	二十九　公如晋，盟不结。
楚	十一　与齐通。率陈、蔡伐郑救齐。	十二　吴伐我，以报舟师之役，射杀吴王。
宋	二十七	二十八
卫	十	十一
陈	二十　楚率我伐郑。	二十一　郑伐我。
蔡	四十三　楚率我伐郑。	四十四
曹	六	七
郑	十七　子产曰范宣子为政。我请伐陈。	十八　伐陈，入陈。
燕	六	燕懿公元年
吴	十二	十三　诸樊伐楚，迫巢门，伤射以薨。

续表

	前547	前546	前545
	甲寅		
周	二十五	二十六	二十七
鲁	二十六	二十七　日蚀。	二十八　公如楚。葬康王。
齐	齐景公杵臼元年　如晋，请归卫献公。	二　庆封欲专，诛崔氏，杼自杀。	三　冬，鲍、高、栾氏谋庆封，发兵攻庆封，庆封奔吴。
晋	十一　诛卫殇公，复入献公。	十二	十三
秦	三十	三十一	三十二
楚	十三　率陈、蔡伐郑。	十四	十五　康王薨。
宋	二十九	三十	三十一
卫	十二　齐、晋杀殇公，复内献公。	卫献公衎后元年	二
陈	二十二　楚率我伐郑。	二十三	二十四
蔡	四十五	四十六	四十七
曹	八	九	十
郑	十九　楚率陈、蔡伐我。	二十	二十一
燕	二	三	四　懿公薨。
吴	吴余祭元年	二	三　齐庆封来奔。

续表

	前544	前543
周	景王元年	二
鲁	二十九　吴季札来观周乐,尽知乐所为。	三十
齐	四　吴季札来使,与晏婴欢。	五
晋	十四　吴季札来,曰:“晋政卒归韩、魏、赵。”	十五
秦	三十三	三十四
楚	楚熊郏敖元年	二
宋	三十二	三十三
卫	三	卫襄公恶元年
陈	二十五	二十六
蔡	四十八	四十九　为太子取楚女,公通焉,太子杀公自立。
曹	十一	十二
郑	二十二　吴季札谓子产曰:“政将归子,子以礼,幸脱于厄矣。”	二十三　诸公子争宠相杀,又欲杀子产,子皮止之。
燕	燕惠公元年　齐高止来奔。	二
吴	四　守门阍杀余祭。季札使诸侯。	五

续表

	前542	前541	前540
周	三	四	五
鲁	三十一　襄公薨。昭公年十九,有童心。	鲁昭公稠元年	二　公如晋,至河,晋谢还之。
齐	六	七	八　田无宇送女。
晋	十六	十七　秦后子来奔。	十八　齐田无宇来送女。
秦	三十五	三十六　公弟后子奔晋,车千乘。	三十七
楚	三　王季父围为令尹。	四　令尹围杀郏敖,自立,为灵王。	楚灵王围元年　共王子,肘玉。
宋	三十四	三十五	三十六
卫	二	三	四
陈	二十七	二十八	二十九
蔡	蔡灵侯班元年	二	三
曹	十三	十四	十五
郑	二十四	二十五	二十六
燕	三	四	五
吴	六	七	八

续表

	前 539	前 538
周	六	七
鲁	三	四　称病不会楚。
齐	九　晏婴使晋,见叔向,曰:“齐政归田氏。”叔向曰:“晋公室卑。”	十
晋	十九	二十
秦	三十八	三十九
楚	二	三　夏,合诸侯宋地,盟。伐吴朱方,诛庆封。冬,报我,取三城。
宋	三十七	三十八
卫	五	六　称病不会楚。
陈	三十	三十一
蔡	四	五
曹	十六	十七　称病不会楚。
郑	二十七　夏,如晋。冬,如楚。	二十八　子产曰:“三国不会。”
燕	六　公欲杀公卿立幸臣,公卿诛幸臣,公恐,出奔齐。	七
吴	九	十　楚诛庆封。

续表

	前537	前536	前535
	甲子		
周	八	九	十
鲁	五	六	七　季武子卒。日蚀。
齐	十一	十二　公如晋,请伐燕,入其君。	十三　入燕君。
晋	二十一　秦后子归秦。	二十二　齐景公来,请伐燕,入其君。	二十三　入燕君。
秦	四十　公卒。后子自晋归。	秦哀公元年	二
楚	四　率诸侯伐吴。	五　伐吴,次乾溪。	六　执芋尹亡人入章华。
宋	三十九	四十	四十一
卫	七	八	九　夫人姜氏无子。
陈	三十二	三十三	三十四
蔡	六	七	八
曹	十八	十九	二十
郑	二十九	三十	三十一
燕	八	九　齐伐我。	燕悼公元年　惠公归至卒。
吴	十一　楚率诸侯伐我。	十二　楚伐我,次乾溪。	十三

续表

	前534	前533	前532
周	十一	十二	十三
鲁	八　公如楚,楚留之。贺章华台。	九	十
齐	十四	十五	十六
晋	二十四	二十五	二十六　春,有星出婺女。七月,公薨。
秦	三	四	五
楚	七　就章华台,内亡人实之。灭陈。	八　弟弃疾将兵定陈。	九
宋	四十二	四十三	四十四　平公薨。
卫	卫灵公元年	二	三
陈	三十五　弟招作乱,哀公自杀。	陈惠公吴元年　哀公孙也。楚来定我。	二
蔡	九	十	十一
曹	二十一	二十二	二十三
郑	三十二	三十三	三十四
燕	二	三	四
吴	十四	十五	十六

续表

	前 531	前 530	前 529
周	十四	十五	十六
鲁	十一	十二　朝晋至河，晋谢之归。	十三
齐	十七	十八　公如晋。	十九
晋	晋昭公夷元年	二	三
秦	六	七	八
楚	十　醉杀蔡侯，使弃疾围之。弃疾居之，为蔡侯。	十一　王伐徐以恐吴，次乾溪。民罢[1]于役，怨王。	十二　弃疾作乱自立，灵王自杀。复陈、蔡。
宋	宋元公佐元年	二	三
卫	四	五　公如晋，朝嗣君。	六
陈	三	四	五　楚平王复陈，立惠公。
蔡	十二　灵侯如楚，楚杀之，使弃疾居之，为蔡侯。	蔡侯庐元年　景侯子。	二　楚平王复我，立景侯子庐。
曹	二十四	二十五	二十六
郑	三十五	三十六　公如晋。	郑定公宁元年
燕	五	六	七
吴	十七	吴余昧[2]元年	二

注释　1 罢：通“疲”。　2 昧：音秣(mò)。

续表

	前 528	前 527	前 526	前 525
		甲戌		
周	十七	十八　后、太子卒。	十九	二十
鲁	十四	十五　日蚀。公如晋，晋留之葬，公耻之。	十六	十七　五月朔，日蚀。彗星见辰。
齐	二十	二十一	二十二	二十三
晋	四	五	六　公卒。六卿强，公室卑矣。	晋顷公去疾元年
秦	九	十	十一	十二
楚	楚平王居元年　共王子，抱玉。	二　王为太子取秦女，好，自取之。	三	四　与吴战。
宋	四	五	六	七
卫	七	八	九	十
陈	六	七	八	九
蔡	三	四	五	六
曹	二十七	曹平公须元年	二	三
郑	二	三	四	五　火，欲禳之，子产曰："不如修德。"
燕	燕共公元年	二	三	四
吴	三	四	吴僚元年	二　与楚战。

续表

	前524	前523	前522
周	二十一	二十二	二十三
鲁	十八	十九　地震。	二十　齐景公与晏子狩,入鲁问礼。
齐	二十四	二十五	二十六　猎鲁界,因入鲁。
晋	二	三	四
秦	十三	十四	十五
楚	五	六	七　诛伍奢、尚,太子建奔宋,伍胥奔吴。
宋	八　火。	九	十　公毋信。诈杀诸公子。楚太子建来奔,见乱,之郑。
卫	十一　火。	十二	十三
陈	十　火。	十一	十二
蔡	七	八	九　平侯薨。灵侯孙东国杀平侯子而自立。
曹	四　平公薨。	曹悼公午元年	二
郑	六　火。	七	八　楚太子建从宋来奔。
燕	五　共公薨。	燕平公元年	二
吴	三	四	五　伍员来奔。

续表

	前 521	前 520	前 519
周	二十四	二十五	敬王元年
鲁	二十一　公如晋至河，晋谢之，归。日蚀。	二十二　日蚀。	二十三　地震。
齐	二十七	二十八	二十九
晋	五	六　周室乱，公平乱，立敬王。	七
秦	十六	十七	十八
楚	八　蔡侯来奔。	九	十　吴伐败我。
宋	十一	十二	十三
卫	十四	十五	十六
陈	十三	十四	十五　吴败我兵，取胡、沈。
蔡	蔡悼侯东国元年　奔楚。	二	三
曹	三	四	五
郑	九	十	十一　楚建作乱，杀之。
燕	三	四	五
吴	六	七	八　公子光败楚。

续表

	前518	前517	前516
		甲申	
周	二	三	四
鲁	二十四　鸜鹆来巢。	二十五　公欲诛季氏，三桓氏攻公，公出居郓。	二十六　齐取我郓以处公。
齐	三十	三十一	三十二　彗星见。晏子曰："田氏有德于齐，可畏。"
晋	八	九	十　知栎、赵鞅内王于王城。
秦	十九	二十	二十一
楚	十一　吴卑梁人争桑，伐取我钟离。	十二	十三　欲立子西，子西不肯。秦女子立，为昭王。
宋	十四	十五	宋景公头曼元年
卫	十七	十八	十九
陈	十六	十七	十八
蔡	蔡昭侯申元年　悼侯弟。	二	三
曹	六	七	八
郑	十二　公如晋，请内王。	十三	十四
燕	六	七	八
吴	九	十	十一

续表

	前515	前514	前513
周	五	六	七
鲁	二十七	二十八　公如晋,求入,晋弗听,处之乾侯。	二十九　公自乾侯如郓。齐侯曰“主君”,公耻之,复之乾侯。
齐	三十三	三十四	三十五
晋	十一	十二　六卿诛公族,分其邑。各使其子为大夫。	十三
秦	二十二	二十三	二十四
楚	楚昭王珍元年 诛无忌以说众。	二	三
宋	二	三	四
卫	二十	二十一	二十二
陈	十九	二十	二十一
蔡	四	五	六
曹	九	曹襄公[1]元年	二
郑	十五	十六	郑献公虿[2]元年
燕	九	十	十一
吴	十二　公子光使专诸杀僚,自立。	吴阖闾元年	二

注释　1 襄公:《世家》作“声公”。　2 虿:音 chài。

续表

	前512	前511	前510	前509
周	八	九	十[1] 晋使诸侯为我筑城。	十一
鲁	三十	三十一 日蚀。	三十二 公卒乾侯。	鲁定公宋元年 昭公丧自乾侯至。
齐	三十六	三十七	三十八	三十九
晋	十四 顷公薨。	晋定公午元年	二 率诸侯为周筑城。	三
秦	二十五	二十六	二十七	二十八
楚	四 吴三公子来奔,封以捍吴。	五 吴伐我六、潜。	六	七 囊瓦[2]伐吴,败我豫章。蔡侯来朝。
宋	五	六	七	八
卫	二十三	二十四	二十五	二十六
陈	二十二	二十三	二十四	二十五
蔡	七	八	九	十 朝楚,以裘故留。
曹	三	四	五 平公弟通杀襄公自立。	曹隐公元年
郑	二	三	四	五
燕	十二	十三	十四	十五
吴	三 三公子奔楚。	四 伐楚六、潜。	五	六 楚伐我,迎击,败之,取楚之居巢。

注释 1 周敬王十年,公元前510年,为越王允常元年。 2 囊瓦:《史记索隐》:"囊瓦,楚大夫子常也。子囊之孙。"

续表

	前508	前507	前506	前505
		甲午		
周	十二	十三	十四　与晋率诸侯侵楚。	十五
鲁	二	三	四	五　阳虎执季桓子，与盟，释之。日蚀。
齐	四十	四十一	四十二	四十三
晋	四	五	六　周与我率诸侯侵楚。	七
秦	二十九	三十	三十一　楚包胥请救。	三十二
楚	八	九　蔡昭侯留三岁，得裘，故归。	十　吴、蔡伐我，入郢，昭王亡。伍子胥鞭平王墓。	十一　秦救至，吴去，昭王复入。
宋	九	十	十一	十二
卫	二十七	二十八	二十九　与蔡争长。	三十
陈	二十六	二十七	二十八	陈怀公柳元年
蔡	十一	十二　与子常裘，得归，如晋，请伐楚。	十三　与卫争长。楚侵我，吴与我伐楚，入郢。	十四
曹	二	三	四	曹靖公路元年
郑	六	七	八	九
燕	十六	十七	十八	十九
吴	七	八	九　与蔡伐楚，入郢。	十

续表

	前504	前503	前502
周	十六　王子朝之徒作乱故,王奔晋。	十七　刘子迎王,晋入王。	十八
鲁	六	七　齐伐我。	八　阳虎欲伐三桓,三桓攻阳虎,虎奔阳关。
齐	四十四	四十五　侵卫。伐鲁。	四十六　鲁伐我。我伐鲁。
晋	八	九　入周敬王。	十　伐卫。
秦	三十三	三十四	三十五
楚	十二　吴伐我番,楚恐,徙鄀。[1]	十三	十四　子西为民泣,民亦泣,蔡昭侯恐。
宋	十三	十四	十五
卫	三十一	三十二　齐侵我。	三十三　晋、鲁侵伐我。
陈	二	三	四　公如吴,吴留之,因死吴。
蔡	十五	十六	十七
曹	二	三	四　靖公薨。
郑	十　鲁侵我。	十一	十二
燕	燕简公元年	二	三
吴	十一　伐楚,取番。	十二	十三　陈怀公来,留之,死于吴。

注释　1 番:音 pó。　鄀(ruò):此即“上都”,春秋后期为楚都。在今湖北宜城东南。

续表

	前 501	前 500	前 499
周	十九	二十	二十一
鲁	九　伐阳虎，虎奔齐。	十　公会齐侯于夹谷。孔子相。齐归我地。	十一
齐	四十七　囚阳虎，虎奔晋。	四十八	四十九
晋	十一　阳虎来奔。	十二	十三
秦	三十六　哀公薨。	秦惠公元年　彗星见。	二　生躁公、怀公、简公。
楚	十五	十六	十七
宋	十六　阳虎来奔。	十七	十八
卫	三十四	三十五	三十六
陈	陈滑公越元年	二	三
蔡	十八	十九	二十
曹	曹伯阳元年	二	三　国人有梦众君子立社宫，谋亡曹，振铎请待公孙彊，许之。
郑	十三　献公薨。	郑声公胜元年　郑益弱。	二
燕	四	五	六
吴	十四	十五	十六

续表

	前498	前497	前496
		甲辰	
周	二十二	二十三	二十四
鲁	十二　齐来归[1]女乐，季桓子受之，孔子行。	十三	十四
齐	五十　遗[2]鲁女乐。	五十一	五十二
晋	十四	十五　赵鞅伐范、中行。	十六
秦	三	四	五
楚	十八	十九	二十
宋	十九	二十	二十一
卫	三十七　伐曹。	三十八　孔子来，禄之如鲁。	三十九　太子蒯聩出奔。
陈	四	五	六　孔子来。
蔡	二十一	二十二	二十三
曹	四　卫伐我。	五	六　公孙彊好射，献雁，君使为司城，梦者子行。
郑	三	四	五　子产卒。
燕	七	八	九
吴	十七	十八	十九　伐越[3]，败我，伤阖闾指，以死。

注释　1 归(kuì)：通"馈"，赠送。　2 遗：读 wèi，赠予，致送。　3 越：周敬王二十四年，公元前496年，为越王句践元年。

续表

	前495	前494
周	二十五	二十六
鲁	十五　定公薨。日蚀。	鲁哀公将元年
齐	五十三	五十四　伐晋。
晋	十七	十八　赵鞅围范、中行朝歌。齐、卫伐我。
秦	六	七
楚	二十一　灭胡。以吴败我,倍之。	二十二　率诸侯围蔡。
宋	二十二　郑伐我。	二十三
卫	四十	四十一　伐晋。
陈	七	八　吴伐我。
蔡	二十四	二十五　楚伐我,以吴怨故。
曹	七	八
郑	六　伐宋。	七
燕	十	十一
吴	吴王夫差元年	二　伐越。

续表

	前493	前492	前491
周	二十七	二十八	二十九
鲁	二	三　地震。	四
齐	五十五　输范、中行氏粟。	五十六	五十七　乞救范氏。
晋	十九　赵鞅围范、中行，郑来救，我败之。	二十	二十一　赵鞅拔邯郸、柏人，有之。
秦	八	九	十　惠公薨。
楚	二十三	二十四	二十五
宋	二十四	二十五　孔子过宋，桓魋恶之。	二十六
卫	四十二　灵公薨。蒯聩子辄立。晋纳太子蒯聩于戚。	卫出公辄元年	二
陈	九	十	十一
蔡	二十六　畏楚，私召吴人，乞迁于州来，州来近吴。	二十七	二十八　大夫共诛昭侯。
曹	九	十　宋伐我。	十一
郑	八　救范、中行氏，与赵鞅战于铁，败我师。	九	十
燕	十二	燕献公元年	二
吴	三	四	五

续表

	前490	前489	前488
周	三十	三十一	三十二
鲁	五	六	七　公会吴王于缯。吴征百牢,季康子使子贡谢之。
齐	五十八　景公薨。立嬖姬子为太子。	齐晏孺子元年　田乞诈立阳生,杀孺子。	齐悼公阳生元年
晋	二十二　赵鞅败范、中行,中行奔齐。伐卫。	二十三	二十四　侵卫。
秦	秦悼公元年	二	三
楚	二十六	二十七　救陈,王死城父。	楚惠王章元年
宋	二十七	二十八　伐曹。	二十九　侵郑,围曹。
卫	三　晋伐我,救范氏故。	四	五　晋侵我。
陈	十二	十三　吴伐我,楚来救。	十四
蔡	蔡成侯朔元年	二	三
曹	十二	十三　宋伐我。	十四　宋围我,郑救我。
郑	十一	十二	十三
燕	三	四	五
吴	六	七　伐陈。	八　鲁会我缯。

续表

	前487	前486
	甲寅	
周	三十三	三十四
鲁	八　吴为邾伐我,至城下,盟而去。齐取我三邑。	九
齐	二　伐鲁,取三邑。	三
晋	二十五	二十六
秦	四	五
楚	二　子西召建子胜于吴,为白公。	三　伐陈,陈与吴故。
宋	三十　曹倍我,我灭之。	三十一　郑围我,败之于雍丘。
卫	六	七
陈	十五	十六　倍楚,与吴成。
蔡	四	五
曹	十五　宋灭曹[1],虏伯阳。	
郑	十四	十五　围宋,败我师雍丘,伐我。
燕	六	七
吴	九　伐鲁。	十

注释　1 宋灭曹:曹为宋所灭,故以后无曹之纪年。

续表

	前 485	前 484	前 483
周	三十五	三十六	三十七
鲁	十　与吴伐齐。	十一　齐伐我。冉有言，故迎孔子，孔子归。	十二　与吴会橐皋。用田赋。
齐	四　吴、鲁伐我。鲍子杀悼公，齐人立其子壬为简公。	齐简公元年　鲁与吴败我。	二
晋	二十七　使赵鞅伐齐。	二十八	二十九
秦	六	七	八
楚	四　伐陈。	五	六　白公胜数请子西伐郑，以父怨故。
宋	三十二　伐郑。	三十三	三十四
卫	八　孔子自陈来。	九　孔子归鲁。	十　公如晋，与吴会橐皋。
陈	十七	十八	十九
蔡	六	七	八
曹			
郑	十六	十七	十八　宋伐我。
燕	八	九	十
吴	十一　与鲁伐齐。救陈。诛五员。	十二　与鲁败齐。	十三　与鲁会橐皋。

续表

	前482	前481	前480
周	三十八	三十九	四十
鲁	十三　与吴会黄池。	十四　西狩获麟[1]。卫出公来奔。	十五　子服景伯使齐，子贡为介，齐归我侵地。
齐	三	四　田常杀简公，立其弟骜，为平公，常相之，专国权。	齐平公骜元年　景公孙也。齐自是称田氏[2]。
晋	三十　与吴会黄池，争长。	三十一	三十二
秦	九	十	十一
楚	七　伐陈。	八	九
宋	三十五　郑败我师。	三十六	三十七　荧惑守心，子韦曰“善”。
卫	十一	十二　父蒯聩入，辄出亡。	卫庄公蒯聩元年
陈	二十	二十一	二十二
蔡	九	十	十一
曹			
郑	十九　败宋师。	二十	二十一
燕	十一	十二	十三
吴	十四　与晋会黄池。	十五	十六

注释　**1** 西狩获麟：孔子所作之《春秋》纪事止于是年。　**2** 齐自是称田氏：姜齐变而为田齐，春秋事势的重要变化。

续表

	前479	前478	前477
			甲子
周	四十一	四十二	四十三　敬王崩[3]。
鲁	十六　孔子卒[1]。	十七	十八　二十七卒。
齐	二	三	四　二十五卒。
晋	三十三	三十四	三十五　三十七卒。
秦	十二	十三	十四　卒,子厉共公立。
楚	十　白公胜杀令尹子西,攻惠王。叶公攻白公,白公自杀。惠王复国。	十一	十二　五十七卒。
宋	三十八	三十九	四十　六十四卒。
卫	二	三　庄公辱戎州人,戎州人与赵简子攻庄公,出奔。	卫君起元年　石傅逐起出,辄复入。
陈	二十三　楚灭陈[2],杀湣公。		
蔡	十二	十三	十四　十九卒。
曹			
郑	二十二	二十三	二十四　三十八卒。
燕	十四	十五	十六　二十八卒。
吴	十七	十八　越败我。	十九　二十三卒[4]。

注释 **1** 孔子卒:孔子生于周灵王二十一年,公元前551年,至周敬王四十一年,公元前479年去世,享年七十三岁。 **2** 楚灭陈:陈为楚所灭,故以后无陈之纪年。 **3** 敬王崩:周敬王崩于四十四年,故此表缺一年。此年岁在乙丑,即周敬王之四十四年,公元前476年。以下依次是:鲁哀公十九年,齐平公五年,晋定公三十六年,秦厉共公元年,楚惠王十三年,宋景公四十一年;卫出公后元元年,蔡成侯十五年,郑声公二十五年,燕献公十七年,吴王夫差二十年。现在学术界以公元前476年为春秋时期的结束之年。 **4** 二十三卒:《史记索隐》:"二十三年灭。"《史记志疑》云:"而身亡国灭,亦不得但言卒,当依《索隐》言灭。"

史记卷十五

六国年表第三

原文

太史公读《秦记》，至犬戎败幽王，周东徙洛邑，秦襄公始封为诸侯，作西畤用事上帝，僭端见矣。[1]《礼》曰："天子祭天地，诸侯祭其域内名山大川。"[2]今秦杂戎翟之俗，先暴戾，后仁义，位在藩臣而胪于郊祀，君子惧焉。[3]及文公逾陇，攘夷狄，尊陈宝，营岐雍之间，而穆公修政，东竟至河，则与齐桓、晋文中国侯伯侔矣。[4]是

译文

太史公阅读《秦记》，读到其中记述犬戎打败周幽王，周朝的京都往东迁徙到洛邑，秦襄公因为护送周平王东迁开始被封为诸侯，建筑西畤用来祭祀上帝等内容的时候，就发觉秦国僭越的端倪已经显现出来了。《礼记》说："天子可以祭祀天地，诸侯只能够祭祀他们土地领域内名山大川。"现在秦国还杂糅着戎翟的习俗，尊崇暴戾的武力手段，贬黜仁义等道德教化，处在天子藩臣的地位却在祭祀礼仪的陈设上等同于天子的郊祀，有道德的君子们感到忧虑。等到秦文公跨越陇山，抗御着夷狄的侵犯，尊奉陈宝，在岐雍之间进行营建，又到秦穆公的时候修明政治，将东部边境扩展到黄河，就和中原的齐桓公、晋文公这样的诸侯首领的地位和影响都相齐同了。从这

后陪臣执政，大夫世禄，六卿擅晋权，征伐会盟，威重于诸侯。[5]及田常杀简公而相齐国，诸侯晏然弗讨，海内争于战攻矣。[6]三国终之卒分晋，田和亦灭齐[7]而有之，六国之盛自此始。务在强兵并敌，谋诈用而从衡短长之说起。[8]矫称蜂出，誓盟不信，虽置质剖符犹不能约束也。[9]秦始小国僻远，诸夏宾之，比于戎翟，至献公之后常雄诸侯。[10]论秦之德义不如鲁卫之暴戾者，量秦之兵不如三晋之强也，然卒并天下，非必险固便、形埶利也，盖若天[11]所助焉。

以后各个诸侯国家的臣子掌握了政权，大夫已经世世代代享受爵禄，六卿专断了晋国的权力，在征伐和会盟中，他们的威势已经比诸侯还要重。等到田常杀了简公，以相的身份独断于齐国，各个诸侯国都表现平静而没有人来出面讨伐，天下就已经在战功方面争强斗胜了。韩、赵、魏三国终于完全瓜分了晋国，田和也灭亡了姜姓齐国并专有了它，魏、韩、赵、楚、燕、齐(田齐)六国的兴盛从这个时候就开始了。各国都致力于加强军队兼并敌人，谋诈的主张被采用而纵横家有关短长的学说由此兴起。矫称君命的状况大量出现，誓词盟约彼此之间也不遵守，虽然是设置了质子(或质臣)、剖分了符节还是不能约束谁的行动。秦国开始的时候只是一个小国，僻处西方遥远的地带，各个中原诸侯国家都摈弃它，把它看作戎翟，到了秦献公以后它常常在诸侯国家中间称雄。就秦国的德义程度而论，它还不如鲁国、卫国的暴戾国君；衡量秦国的兵力，它也不如韩、赵、魏三国强大，然而秦国最终并吞了天下，其原因不一定就是险固的地理位置方便和形势条件对它有利，大概是上天对它有所帮助吧。

注释　1《秦记》：简略记载秦国历史的一部史书。《史记索隐》："即秦国之史记也，故下云‘秦烧《诗》《书》，诸侯史记尤甚。独有《秦记》，又不载日月’是也。” 周东徙洛邑：周幽王为犬戎所杀，子平王将都城往东迁到洛邑之王城。洛邑，武王灭殷后，周公在此修筑了王城和成周城，在此停放着传国九鼎。 秦襄公：公元前777年至前766年在位。因护送平王东迁而封为诸侯。《十二诸侯年表》公元前771年栏记“始列为诸侯”，即是。 西畤(zhì)：秦襄公在西垂所筑祭祀白帝的神祠。畤，神灵之所止也。 僭：超越本分。 端：端倪，苗头。 **2**《礼》：指《礼记·曲礼下》，原文为“天子祭天地，祭四方，祭山川……诸侯方祀，祭山川”。 **3** 杂：糅合，吸收。 先：指推重，崇尚。 后：指轻视，贬屈。 胪(lú)于郊祀：陈设着天子郊祀的礼仪。胪，陈列。《史记索隐》：“胪字训陈也，出《尔雅》文。以言秦是诸侯而陈天子郊祀，实僭也，犹季氏旅于泰山然。” **4** 文公：公元前765年至前716年在位。 逾：越过。 陇：陇山，在今陕西陇县与甘肃天水之间的陕西、甘肃交界地带。 攘(rǎng)：排斥，驱退。 陈宝：在陈仓(今陕西宝鸡东)北坡获得异石，因此筑祠祭祀，宣称秦当为帝王以示崇敬，谓之陈宝。 岐：山名，在今陕西岐山东北。 雍：山名，在今陕西凤翔南。 穆公：公元前659年至前621年在位。这个时期是秦国发展的重要时期，秦国已经称霸西戎。 竟：通“境”。 中国：指中原各国。 侯伯：古代五等爵位。《礼记·王制》：“王者之制禄爵，公、侯、伯、子、男，凡五等。”此指霸主。 侔(móu)：齐等。 **5** 陪臣：重(chóng)臣。诸侯之大夫，对天子自称陪臣。 六卿：晋原有的六家大族，范、中行、智、赵、韩、魏。后范、中行、智三家相继被灭，仅余韩、赵、魏，而形成如下所言之“三家分晋”。三家又合称“三晋”，如下文。 擅：专断，独揽。 **6** 田常杀简公：《十二诸侯年表》公元前481年栏记“田常杀简公，立其弟骜，为平公，常相之，专国权”是也。后一栏记“齐自是称田氏”。 晏然：平静，安逸。 **7** 田和亦灭齐：本表公元前386年栏记“田常曾孙田和始列为诸侯。迁康公海上，食一城”；公元前379年栏记“康公卒，田氏遂并齐而有之。太公望之后绝祀”是也。 **8** 务：致力于。 从衡：即纵横家。

衡,通“横”。其所事为长短之说,谓支持自己的意见为长,赞成别人的意见为短,故多载纵横家言论之《战国策》亦称“长短书”。 **9** 矫:假托,盗用。 蜂出:群蜂并出,比喻众多。 质:将人或物作抵押以取得别国的信任。 符:古代作为凭信,剖分左右,各执其一,可备勘验的一种工具。 **10** 诸夏:指中原各国。 宾:通“摈”,遗弃,排斥。 献公:公元前384年至前362年在位。之后其子为孝公。献、孝在位时为秦发展的关键时期。 雄:称雄,称霸。 **11** 天:依上文之论述,此“天”当指“时势”而言。《史记》中之“天”,其义有三:一指自然之天,如日月五星之类;一指有意志的人格神,常表述为天意、天命;一指时势发展的总的趋向,即今人们所谓的事物潜在的客观规律。这里所说的“天”,是第三层意思的典型表现。

或曰“东方物所始生,西方物之成孰”。[1] 夫作事者必于东南,收功实者常于西北。[2] 故禹兴于西羌,汤起于亳,周之王也以丰镐伐殷,秦之帝用雍州兴,汉之兴自蜀汉。[3]

有人说“东方预示着万物开始生长,西方标志着万物最后成熟”。兴起事业的人一定会出现在东南,收到事业实际功利的人常常出现在西北。所以夏禹兴起于西羌,商汤起事于亳地,周朝称王天下是由于用丰、镐做基地讨伐殷朝,秦国称帝是因为从雍州兴事,汉家是从蜀汉兴起的。

注释 **1** 或曰:此指五行家学说言论。武帝时的主导思想是天人感应与阴阳五行学说结合的公羊学,这里论争的对象意在《春秋》公羊学。 孰:古“熟”字。 **2** 此句是一种机械的比附。五行学说以木火金水土与东南西北中、春夏秋冬闰相配,则东南为春夏,耕作生长期;西北为秋冬,收获储藏期。 **3** 禹兴于西羌:《史记正义·夏本纪》引《帝王纪》言禹“本西夷人也”;又引扬雄《蜀王本纪》云“禹本汶山郡广柔县人也,生于石纽”。汶山郡治汶江,在今四川茂汶羌族自治县北,广柔县在此郡治西南，古氐、羌族所居。 汤起于亳(bó)：《史记集解》引徐广曰："京兆杜县有亳亭。"一说在今陕西西安东南。《殷本纪》言殷契"封于商"。《史记集解》皇甫谧曰："今上洛商是也。"上洛，即今陕西商洛，亦属关中。 丰：周文王伐崇侯虎后自岐迁此。 镐(hào)：周武王所都。 丰、镐均在今陕西西安长安区境。 蜀汉：刘邦初由项羽封为汉王，据巴蜀、汉中地带。

秦既得意，烧天下《诗》《书》，诸侯史记尤甚，为其有所刺讥也。[1]《诗》《书》所以复见者，多藏人家[2]，而史记独藏周室，以故灭。惜哉，惜哉！独有《秦记》，又不载日月，其文略不具[3]。然战国之权变亦有可颇采者，何必上古。秦取天下多暴，然世异变，成功大[4]。传曰"法后王"[5]，何也？以其近己而俗变相类，议卑而易行也。学者牵于所闻，见秦在帝位日浅，不察其终始，因举而笑之，不敢道，此与以耳食无异。[6]悲夫！

秦已经称心如意，烧掉天下的《诗》《书》，诸侯各国的历史记载烧得更加严重，这是因为它们对秦国有些讥刺的缘故。《诗》《书》能够重新出现的原因，是它们大多收藏在平常人家，而历史记载是唯独收藏在周朝史馆，所以被毁灭。可惜呀，可惜呀！只单独有《秦记》，又没有记载日月，它的文辞简略不完备。然而战国时代的权谋变化也有可以大加采录的，为什么一定需要上古的文献？秦取得天下的手段多用暴力，然而随着时代变迁而发生了政治上的异常变化，那么它事业取得的成功也就特别大。书传上说"要效法后代的王者"，这是为什么呢？因为他们的时代接近自己而且习俗的变化相类似，议论卑浅并且易于施行的缘故。儒家的学者们受到自己闻见的局限，看到秦建立朝廷时日浅短，不认真考察它发展的始终，从而拿出它的所有方面都来加以嘲笑，不敢于称道，这和那些用耳朵吃饭的人没有两样。真可悲呀！

注释 1 得意:即遂志,指如愿统一天下。 诸侯史记:战国时各国均有本国的史事记载文献。 2 人家:指平常人家。 3 具:完备。 4 世异变,成功大:此语显示司马迁积极评价秦国功绩的卓识。《史记索隐》:"以言人君制法,当随时代之异而变易其政,则其成功大。" 5 "法后王":此语原出《荀子·王制》"法后王而一制度"。何谓"后王",刘师培以为"荀子所言后王,均指守成之主言,非指文武言也"。梁启雄以为"后王,未详;似是指总汇'百王''圣王政教'之迹的'君师',是一位理想的、'德才兼备'的、有位或无位的圣人——王或素王。或者就是《解蔽》《劝学》中的'其人'。"司马迁是借荀子之语以"后王"特指秦。《史记正义》:"后王,近代之王。法与己连接世俗之变及相类也,故议卑浅而易识行耳。" 6 牵:局限,拘泥。 举:全,皆。 道:称道,赞同。 以耳食:用耳朵吃饭而不能辨识滋味。意谓误信传闻,不切实际。《史记索隐》:"言俗学浅识,举而笑秦,此犹耳食不能知味也。"

余于是因《秦记》,踵《春秋》之后,起周元王,表六国时事,讫二世,凡二百七十年,著诸所闻兴坏之端。[1]后有君子,以览观焉。

我于是根据《秦记》,接续在《春秋》后面,起自周元王元年,表列六国时代的史事,直到秦二世三年,总共二百七十年,著述各方面所知道的政治兴坏的端绪。以后有君子,可以用来浏览观察。

注释 1 踵:接续。 《春秋》:此指《十二诸侯年表》,因它主要表现了《春秋》的内容,故称。《史记索隐》言此为《左氏春秋》。 周元王:名姬仁,公元前475年至前469年在位。 讫二世:指《六国年表》下限止于秦二世之亡的公元前207年,实际只有二百六十九年,此举成数而言。 端:端绪,原由。

	前476	前475	前474	前473	前472
周	周元王元年[1]	二	三	四	五
秦	秦厉共公元年[2]	二 蜀人来赂。	三	四	五 楚人来赂。
魏	魏献子 卫出公辄后元年[3]。	晋定公[5]卒。	晋出公错[6]元年		
韩	韩宣子				
赵	赵简子[4]　四十二	四十三	四十四	四十五	四十六
楚	楚惠王章十三年 吴伐我。	十四 越围吴，吴怨。	十五	十六 越灭吴。	十七 蔡景侯[7]卒。
燕	燕献公十七年	十八	十九	二十	二十一
齐	齐平公骜五年	六	七 越人始来。	八	九 晋知伯瑶来伐我。

注释 1 周元王元年:前表周敬王四十三年,公元前477年,岁在甲子,则此年当为公元前475年,岁在丙寅。 2 此表之设计强调"六国",实为基于事势之最终发展。首周,以之为正朔;次秦,标明事势发展的决定力量;次魏、韩、赵,魏居晋都,先以代之,韩为秦最先灭亡,韩后虏赵王,"邯郸为秦",其后灭魏,因魏以代晋故置韩前;魏后灭楚,故次楚,楚后灭燕,又次燕;齐最后灭,故次于末。如此,既保持了与《十二诸侯年表》的紧密联系,又显示出立表的意图,诚为难得之绝构。梁玉绳于《史记志疑》中,以"何三家偏标名于晋存百年之前",而责司马迁为"乃骤夺其君而予其臣,褒篡效逆",且言表列赵简子、韩武子之纪年,为"增加其不臣之迹",都是约束于"君臣之义",而忽视其着眼于事势最终发展之远识。梁玉绳要求此表的排列顺序为"周表之下晋为首,燕次之,楚次之,齐次之,秦次之;晋、齐之灭,然后次韩、次赵、次魏于秦之下,次田氏于三晋之下",这样才算是"庶几得之"。梁玉绳牵于所闻,对史表创意的理解,若谓其犹未升堂,恐不为过。 3 辄后元年:《史记索隐》:"二十一年,季父黔逐出公而自立,曰悼公也。" 4 赵简子:《史记索隐》:"《系家》简子名鞅,文子武之孙,景叔成之子也。" 5 晋定公:《史记索隐》:"《系本》定公名午。" 6 晋出公错:《史记索隐》:"《系本》名凿。" 7 景侯:当作"成侯"。景侯为成侯之高祖父。

续表

	前471	前470	前469	前468	前467
周	六	七	八	定王元年[2]	二
秦	六 义渠来赂。绵诸乞援。	七 彗星见。	八	九	十 庶长将兵拔魏城。彗星见。
魏		卫出公饮,大夫不解袜,公怒,即攻公,公奔宋。			
韩					
赵	四十七	四十八	四十九	五十	五十一
楚	十八 蔡声侯[1]元年。	十九 王子英奔秦。	二十	二十一	二十二 鲁哀公[3]卒。
燕	二十二	二十三	二十四	二十五	二十六
齐	十	十一	十二	十三	十四

注释 1 蔡声侯:名产,成侯之子。 2 定王元年:岁在癸酉,公元前468年。《左传》记事止于是年。定王名介,《左传》作贞定王。 3 鲁哀公:《世本》名蒋。

续表

	前466	前465	前464	前463	前462	前461
周	三	四	五	六	七	八
秦	十一	十二	十三	十四 晋人、楚人来赂。	十五	十六 堑阿旁。伐大荔。补庞戏城。
魏						
韩			知伯伐郑，驷桓子如齐求救。	郑声公卒。	郑哀公元年	
赵	五十二	五十三	五十四 知伯谓简子，欲废太子襄子，襄子怨知伯。	五十五	五十六	五十七
楚	二十三 鲁悼公[1]元年。三桓胜，鲁如小侯。	二十四	二十五	二十六	二十七	二十八
燕	二十七	二十八	燕孝公元年	二	三	四
齐	十五	十六	十七 救郑，晋师去。中行文子谓田常："乃今知所以亡。"	十八	十九	二十

注释　1 鲁悼公：《世本》名宁。

续表

	前460	前459	前458	前457	前456	前455
周	九	十	十一	十二	十三	十四
秦	十七	十八	十九	二十 公将师与绵诸战。	二十一	二十二
魏					晋哀公[1]忌元年	卫悼公黔元年
韩						
赵	五十八	五十九	六十	襄子元年 未除服,登夏屋,诱代王,以金斗杀代王。封伯鲁子周为代成君。	二	三
楚	二十九	三十	三十一	三十二 蔡声侯卒。	三十三 蔡元侯元年。	三十四
燕	五	六	七	八	九	十
齐	二十一	二十二	二十三	二十四	二十五	齐宣公就匝元年

注释　**1** 晋哀公:依《晋世家》出公奔齐,道死,故智伯乃立昭公曾孙骄为晋君,是为哀公。哀公大父雍,晋昭公之少子,号戴子,生忌。忌善智伯,早死,故智伯欲并晋,未敢,乃立忌子骄为君。

续表

	前454	前453	前452	前451	前450
周	十五	十六	十七	十八	十九
秦	二十三	二十四	二十五 晋大夫智开率其邑人来奔。	二十六 左庶长城南郑。	二十七
魏		魏桓子[1]败智伯于晋阳。			卫敬公元年。
韩		韩康子[2]败智伯于晋阳。			
赵	四 与智伯分范、中行地。	五 襄子败智伯晋阳，与魏、韩三分其地。	六	七	八
楚	三十五	三十六	三十七	三十八	三十九 蔡侯齐元年。
燕	十一	十二	十三	十四	十五
齐	二	三	四	五 宋景公卒。	六 宋昭公元年。

注释　1 桓子：名驹，献子曾孙。　2 康子：名虎，宣子玄孙。

续表

	前 449	前 448	前 447	前 446	前 445	前 444
周	二十	二十一	二十二	二十三	二十四	二十五
秦	二十八 越人来迎女。	二十九 晋大夫智宽率其邑人来奔。	三十	三十一	三十二	三十三 伐义渠，虏其王。
魏						
韩						
赵	九	十	十一	十二	十三	十四
楚	四十	四十一	四十二 楚灭蔡。	四十三	四十四 灭杞。杞，夏之后。	四十五
燕	燕成公元年	二	三	四	五	六
齐	七	八	九	十	十一	十二

续表

	前 443	前 442	前 441	前 440	前 439	前 438
周	二十六	二十七	二十八	考王元年	二	三
秦	三十四 日蚀,昼晦。星见。	秦躁公元年	二 南郑反。	三	四	五
魏						
韩						
赵	十五	十六	十七	十八	十九	二十
楚	四十六	四十七	四十八	四十九	五十	五十一
燕	七	八	九	十	十一	十二
齐	十三	十四	十五	十六	十七	十八

续表

	前437	前436	前435	前434	前433	前432
周	四	五	六	七	八	九
秦	六	七	八 六月，雨雪。日、月蚀。	九	十	十一
魏	晋幽公柳元年。服韩、魏。					
韩						
赵	二十一	二十二	二十三	二十四	二十五	二十六
楚	五十二	五十三	五十四	五十五	五十六	五十七
燕	十三	十四	十五	十六	燕湣公元年	二
齐	十九	二十	二十一	二十二	二十三	二十四

续表

	前 431	前 430	前 429	前 428	前 427	前 426
周	十	十一	十二	十三	十四	十五
秦	十二	十三 义渠伐秦，侵至渭阳。	十四	秦怀公元年 生灵公。	二	三
魏	卫昭公元年。					
韩						
赵	二十七	二十八	二十九	三十	三十一	三十二
楚	楚简王仲元年 灭莒。	二	三 鲁悼公卒。	四 鲁元公元年。	五	六
燕	三	四	五	六	七	八
齐	二十五	二十六	二十七	二十八	二十九	三十

续表

	前425	前424	前423	前422	前421
周	威烈王元年	二	三	四	五
秦	四 庶长晁杀怀公。太子蚤死,大臣立太子之子,为灵公。	秦灵公元年 生献公。	二	三 作上、下畤。	四
魏	卫悼公亹元年。	魏文侯斯元年	二	三	四
韩		韩武子元年	二 郑幽公元年。韩杀之。	三 郑立幽公子,为繻公,元年。	四
赵	三十三 襄子卒。	赵桓子元年	赵献侯元年	二	三
楚	七	八	九	十	十一
燕	九	十	十一	十二	十三
齐	三十一	三十二	三十三	三十四	三十五

续表

	前420	前419	前418	前417	前416	前415
周	六	七	八	九	十	十一
秦	五	六	七 与魏战少梁。	八 城堑河濒。初以君主妻河[1]。	九	十 补庞，城籍姑。灵公卒，立其季父悼子，是为简公。
魏	五 魏诛晋幽公，立其弟止。	六 晋烈公止元年。魏城少梁。	七	八 复城少梁。	九	十
韩	五	六	七	八	九	十
赵	四	五	六	七	八	九
楚	十二	十三	十四	十五	十六	十七
燕	十四	十五	十六	十七	十八	十九
齐	三十六	三十七	三十八	三十九	四十	四十一

注释　1 初以君主妻河：《史记索隐》：“谓初以此年取他女为君主，君主犹公主也。妻河，谓嫁之河伯，故魏俗犹为河伯取妇，盖其遗风。殊异其事，故云‘初’。”

续表

	前414	前413	前412	前411	前410	前409
周	十二	十三	十四	十五	十六	十七
秦	秦简公元年	二 与晋战，败郑下。	三	四	五 日蚀。	六 初令吏带剑。
魏	十一 卫慎公元年。	十二	十三 公子击围繁、庞，出其民。	十四	十五	十六 伐秦，筑临晋、元里。
韩	十一	十二	十三	十四	十五	十六
赵	十 中山武公初立。[1]	十一	十二	十三 城平邑。	十四	十五
楚	十八	十九	二十	二十一	二十二	二十三
燕	二十	二十一	二十二	二十三	二十四	二十五
齐	四十二	四十三 伐晋，败黄城，围阳狐。	四十四 伐鲁、莒及安阳。	四十五 伐鲁，取都[2]。	四十六	四十七

注释　**1** 中山：国名。春秋时称鲜虞。其主要活动区在今河北石家庄至定县一带。　武公：周定王之孙，西周桓公之子。　**2** 取都：《齐世家》作“取一城”。

续表

	前408	前407	前406	前405	前404
周	十八	十九	二十	二十一	二十二
秦	七 堑洛，城重泉。初租禾。	八	九	十	十一
魏	十七 击守中山。伐秦，至郑还，筑洛阴、合阳。	十八 文侯受经子夏。过段干木之闾常式。	十九	二十 卜相李克，翟璜争。	二十一
韩	韩景侯虔元年 伐郑，取雍丘。郑城京。	二 郑败韩于负黍。	三	四	五
赵	赵烈侯籍元年 魏使太子伐中山。	二	三	四	五
楚	二十四 简王卒。	楚声王当元年 鲁穆公元年。	二	三	四
燕	二十六	二十七	二十八	二十九	三十
齐	四十八 取鲁郕。	四十九 与郑会于西城。伐卫，取毌丘[1]。	五十	五十一 田会以廪丘反。	齐康公贷元年

注释 1 毌(guàn)：邑名，指贯丘。在今山东曹县西南。

续表

	前403	前402	前401	前400	前399
周	二十三 九鼎震。	二十四	安王元年	二	三 王子定奔晋。
秦	十二	十三	十四 伐魏,至阳狐。	十五	秦惠公元年
魏	二十二 初为侯。	二十三	二十四 秦伐我,至阳狐。	二十五 太子罃生。	二十六 虢山崩,壅河。
韩	六 初为侯。	七	八	九 郑围阳翟。	韩烈侯元年
赵	六 初为侯。	七 烈侯好音,欲赐歌者田,徐越侍以仁义,乃止。	八	九	赵武公元年
楚	五 魏、韩、赵始列为诸侯[1]。	六 盗杀声王。	楚悼王类元年	二 三晋来伐我,至乘丘。	三 归榆关于郑。
燕	三十一	燕釐公元年	二	三	四
齐	二 宋悼公元年。	三	四	五	六

注释 **1** 魏、韩、赵始列为诸侯:此为战国时继春秋以来的重要时势变化。政权下移,象征着天子权力的削弱,周室受到威胁,故周栏记"九鼎震"。时楚国政治变化不大,旧势力仍强,魏、韩、赵始列为诸侯,将对它造成危害,故将此语特记于楚栏。

续表

	前 398	前 397	前 396	前 395	前 394
周	四	五	六	七	八
秦	二	三 日蚀。	四	五 伐绵诸。	六
魏	二十七	二十八	二十九	三十	三十一
韩	二 郑杀其相驷子阳。	三 三月,盗杀韩相侠累。	四 郑相子阳之徒杀其君繻公。	五 郑康公元年。	六 救鲁。郑负黍反。
赵	二	三	四	五	六
楚	四 败郑师,围郑。郑人杀子阳。	五	六	七	八
燕	五	六	七	八	九
齐	七	八	九	十 宋休公元年。	十一 伐鲁,取最。

续表

	前393	前392	前391	前390	前389	前388
周	九	十	十一	十二	十三	十四
秦	七	八	九 伐韩宜阳，取六邑。	十 与晋战武城。县陕。	十一 太子生。	十二
魏	三十二 伐郑，城酸枣。	三十三 晋孝公倾元年。	三十四	三十五 齐伐取襄陵。	三十六 秦侵阴晋。	三十七
韩	七	八	九 秦伐宜阳，取六邑。	十	十一	十二
赵	七	八	九	十	十一	十二
楚	九 伐韩，取负黍。	十	十一	十二	十三	十四
燕	十	十一	十二	十三	十四	十五
齐	十二	十三	十四	十五 鲁败我平陆。	十六 与晋、卫会浊泽。	十七

续表

	前387	前386	前385	前384	前383	前382
周	十五	十六	十七	十八	十九	二十
秦	十三 蜀取我南郑。	秦出公元年	二 庶长改迎灵公太子,立为献公。诛出公。	秦献公元年	二 城栎阳。	三 日蚀,昼晦。
魏	三十八	魏武侯元年 袭邯郸,败焉。	二 城安邑、王垣。	三	四	五
韩	十三	韩文侯元年	二 伐郑,取阳城。伐宋,到彭城,执宋君。	三	四	五
赵	十三	赵敬侯元年 武公子朝作乱,奔魏。	二	三	四 魏败我兔台。	五
楚	十五	十六	十七	十八	十九	二十
燕	十六	十七	十八	十九	二十	二十一
齐	十八	十九 田常曾孙田和始列为诸侯。迁康公海上[1],食一城。	二十 伐鲁,破之。田和卒。	二十一 田和子桓公午立。	二十二	二十三

注释　1 迁康公海上:《田敬仲完世家》记:康公"贷立十四年,淫于酒、妇人,不听政",田和"乃迁康公于海上,食一城,以奉其先祀"。事在周安王十一年,公元前391年。

续表

	前381	前380	前379	前378	前377
周	二十一	二十二	二十三	二十四	二十五
秦	四 孝公生。	五	六 初县蒲、蓝田、善明氏。	七	八
魏	六	七 伐齐，至桑丘。	八	九 翟败我浍。伐齐，至灵丘。	十 晋静公俱酒元年。
韩	六	七 伐齐，至桑丘。郑败晋。	八	九 伐齐，至灵丘。	十
赵	六	七 伐齐，至桑丘。	八 袭卫，不克。	九 伐齐，至灵丘。	十
楚	二十一	楚肃王臧元年	二	三	四 蜀伐我兹方。
燕	二十二	二十三	二十四	二十五	二十六
齐	二十四	二十五 伐燕，取桑丘。	二十六 康公卒，田氏遂并齐而有之。太公望之后绝祀。	齐威王因齐元年 自田常至威王，威王始以齐强天下。	二

续表

	前 376	前 375	前 374	前 373	前 372	前 371
周	二十六	烈王元年	二	三	四	五
秦	九	十 日蚀。	十一 县栎阳。	十二	十三	十四
魏	十一 魏、韩、赵灭晋,绝无后。	十二	十三	十四	十五 卫声公元年。败赵北蔺。	十六 伐楚,取鲁阳。
韩	韩哀侯元年 分晋国。	二 灭郑。康公二十年灭,无后。	三	四	五	六 韩严杀其君。
赵	十一 分晋国。	十二	赵成侯元年	二	三 伐卫,取都鄙七十三。魏败我蔺。	四
楚	五 鲁共公元年。	六	七	八	九	十 魏取我鲁阳。
燕	二十七	二十八	二十九	三十 败齐林孤。	燕桓公元年	二
齐	三 三晋灭其君。	四	五	六 鲁伐入阳关。晋伐到鱄陵。	七 宋辟公[1]元年。	八

注释 1 宋辟公:《史记索隐》:"辟公名辟兵,生剔成。案:宋后微弱,君薨未必有谥,辟兵其名也,犹剔成然也。"

续表

	前370	前369	前368	前367	前366	前365
周	六	七	显王元年	二	三	四
秦	十五	十六 民大疫。日蚀。	十七 栎阳雨金，四月至八月。	十八	十九 败韩、魏洛阴。	二十
魏	惠王元年	二 败韩马陵。	三 齐伐我观。	四	五 与韩会宅阳。城武都。	六 伐宋，取仪台。
韩	庄侯[1]元年	二 魏败我马陵。	三	四	五	六
赵	五 伐齐于甄。魏败我怀。	六 败魏涿泽，围惠王。	七 侵齐，至长城。	八	九	十
楚	十一	楚宣王良夫元年	二	三	四	五
燕	三	四	五	六	七	八
齐	九 赵伐我甄。	十 宋剔成元年。	十一 伐魏，取观。赵侵我长城。	十二	十三	十四

注释 1 庄侯：《韩世家》作“懿侯”。

续表

	前 364	前 363	前 362	前 361	前 360	前 359
周	五 贺秦。	六	七	八	九 致胙于秦。	十
秦	二十一 章蟜与晋战石门，斩首六万，天子贺。	二十二	二十三 与魏战少梁，虏其太子。	秦孝公元年 彗星见西方。	二 天子致胙。	三
魏	七	八	九 与秦战少梁，虏我太子。	十 取赵皮牢。 卫成侯元年。	十一	十二 星昼堕，有声。
韩	七	八	九 魏败我于浍。 大雨三月。	十	十一	十二
赵	十一	十二	十三 魏败我于浍。	十四	十五	十六
楚	六	七	八	九	十	十一
燕	九	十	十一	燕文公元年	二	三
齐	十五	十六	十七	十八	十九	二十

续表

	前358	前357	前356	前355	前354
周	十一	十二	十三	十四	十五
秦	四	五	六	七 与魏王会杜平。	八 与魏战元里,斩首七千,取少梁。
魏	十三	十四 与赵会鄗。	十五 鲁、卫、宋、郑侯来。	十六 与秦孝公会杜平。侵宋黄池,宋复取之。	十七 与秦战元里,秦取我少梁。
韩	韩昭侯元年 秦败我西山。	二 宋取我黄池。魏取我朱。	三	四	五
赵	十七	十八 赵孟如齐。	十九 与燕会阿。与齐、宋会平陆。	二十	二十一 魏围我邯郸。
楚	十二	十三 君尹黑迎女秦。	十四	十五	十六
燕	四	五	六	七	八
齐	二十一 邹忌以鼓琴见威王。	二十二 封邹忌为成侯。	二十三 与赵会平陆。	二十四 与魏会田于郊。	二十五

续表

	前353	前352	前351	前350	前349
周	十六	十七	十八	十九	二十
秦	九	十 卫公孙鞅为大良造,伐安邑,降之。	十一 城商塞。卫鞅围固阳,降之。	十二 初聚小邑为三十一县,令。为田开阡陌。	十三 初为县,有秩史。
魏	十八 邯郸降。齐败我桂陵。	十九 诸侯围我襄陵。筑长城,塞固阳。	二十 归赵邯郸。	二十一 与秦遇彤。	二十二
韩	六 伐东周,取陵观、廪丘。	七	八 申不害相。	九	十 韩姬弑其君悼公[1]。
赵	二十二 魏拔邯郸。	二十三	二十四 魏归邯郸,与魏盟漳水上。	二十五	赵肃侯元年
楚	十七	十八 鲁康公元年。	十九	二十	二十一
燕	九	十	十一	十二	十三
齐	二十六 败魏桂陵。	二十七	二十八	二十九	三十

注释 1 韩姬弑其君悼公:《史记索隐》:“姬,一作‘玘’,同音怡。韩之大夫姓名。案:韩无悼公,所未详也。”

续表

	前348	前347	前346	前345	前344	前343
周	二十一	二十二	二十三	二十四	二十五 诸侯会。	二十六 致伯秦。
秦	十四 初为赋。	十五	十六	十七	十八	十九 城武城。从东方牡丘来归。天子致伯。
魏	二十三	二十四	二十五	二十六	二十七 丹封名会[1]。丹，魏大臣。	二十八
韩	十一 昭侯如秦。	十二	十三	十四	十五	十六
赵	二	三 公子范袭邯郸，不胜，死。	四	五	六	七
楚	二十二	二十三	二十四	二十五	二十六	二十七 鲁景公偃元年。
燕	十四	十五	十六	十七	十八	十九
齐	三十一	三十二	三十三 杀其大夫牟辛。	三十四	三十五 田忌袭齐[2]，不胜。	三十六

注释　**1**　丹封名会:《史记志疑》:“余疑‘名会’乃‘于浍’之讹，浍为魏地，丹封于浍，犹齐封田婴于薛耳。”　**2**　田忌袭齐:《史记志疑》:“忌无袭齐事。”

续表

	前342	前341	前340	前339	前338
周	二十七	二十八	二十九	三十	三十一
秦	二十 诸侯毕贺。会诸侯于泽。朝天子。	二十一 马生人。	二十二 封大良造商鞅。	二十三 与晋战岸门。	二十四 大荔围合阳。孝公薨。商君反，死彤地。
魏	二十九 中山君为相。	三十 齐虏我太子申，杀将军庞涓。	三十一 秦商君伐我，虏我公子卬。	三十二 公子赫为太子。	三十三 卫鞅亡归我，我恐，弗内。
韩	十七	十八	十九	二十	二十一
赵	八	九	十	十一	十二
楚	二十八	二十九	三十	楚威王熊商元年	二
燕	二十	二十一	二十二	二十三	二十四
齐	齐宣王辟彊元年	二 败魏马陵。田忌、田婴、田肦将，孙子为师。[1]	三 与赵会，伐魏。	四	五

注释 **1** 田肦：《史记集解》引徐广曰："《楚世家》云田肦者，齐之将，而《齐世家》不说田肦，或者是时三人皆出征乎？" 孙子：指孙膑。

续表

	前 337	前 336	前 335	前 334	前 333
周	三十二	三十三 贺秦。	三十四	三十五	三十六
秦	秦惠文王元年 楚、韩、赵、蜀人来。	二 天子贺。行钱。宋太丘社亡。	三 王冠。拔韩宜阳。	四 天子致文武胙。魏夫人来。	五 阴晋人犀首为大良造。
魏	三十四	三十五 孟子来,王问利国,对曰:“君不可言利。”	三十六	魏襄王元年 与诸侯会徐州,以相王。	二 秦败我彫阴。
韩	二十二 申不害卒。	二十三	二十四 秦拔我宜阳。	二十五 旱。作高门,屈宜臼曰:“昭侯不出此门。”	二十六 高门成,昭侯卒,不出此门。
赵	十三	十四	十五	十六	十七
楚	三	四	五	六	七 围齐于徐州。
燕	二十五	二十六	二十七	二十八 苏秦说燕。	二十九
齐	六	七 与魏会平阿南。	八 与魏会于甄。	九 与魏会徐州,诸侯相王。	十 楚围我徐州。

续表

	前332	前331	前330	前329	前328
周	三十七	三十八	三十九	四十	四十一
秦	六 魏以阴晋为和，命曰宁秦。	七 义渠内乱，庶长操将兵定之。	八 魏入少梁河西地于秦。	九 度河，取汾阴、皮氏。围焦，降之。与魏会应。	十 张仪相。公子桑围蒲阳，降之。魏纳上郡。
魏	三 伐赵。 卫平侯元年	四	五 与秦河西地少梁。秦围我焦、曲沃。	六 与秦会应。秦取汾阴、皮氏。	七 入上郡于秦。
韩	韩宣惠王元年	二	三	四	五
赵	十八 齐、魏伐我，我决河水浸之。	十九	二十	二十一	二十二
楚	八	九	十	十一 魏败我陉山。	楚怀王槐元年
燕	燕易王元年	二	三	四	五
齐	十一 与魏伐赵。	十二	十三	十四	十五 宋君偃元年。

续表

	前327	前326	前325	前324	前323	前322
周	四十二	四十三	四十四	四十五	四十六	四十七
秦	十一 义渠君为臣。归魏焦、曲沃。	十二 初腊。会龙门。	十三 四月戊午，君为王。	相张仪将兵取陕。 初更元年	二 相张仪与齐楚会齧桑。	三 张仪免相，相魏。
魏	八 秦归我焦、曲沃。	九	十	十一 卫嗣君元年。	十二	十三 秦取曲沃、平周。女化为丈夫。
韩	六	七	八 魏败我韩举。	九	十 君为王。	十一
赵	二十三	二十四	赵武灵王元年 魏败我赵护。	二 城鄗。	三	四 与韩会区鼠。
楚	二	三	四	五	六 败魏襄陵。	七
燕	六	七	八	九	十 君为王。	十一
齐	十六	十七	十八	十九	齐湣王地元年	二

续表

	前321	前320	前319	前318	前317	前316
周	四十八	慎靓王元年	二	三	四	五
秦	四	五 王北游戎地，至河上。	六	七 五国共击秦，不胜而还。	八 与韩、赵战，斩首八万。张仪复相。	九 击蜀，灭之。取赵中都、西阳、安邑。
魏	十四	十五	十六	魏哀王[1]元年 击秦不胜。	二 齐败我观泽。	三
韩	十二	十三	十四 秦来击我，取鄢。	十五 击秦不胜。	十六 秦败我脩鱼，得韩将军申差。	十七
赵	五 取韩女为夫人。	六	七	八 击秦不胜。	九 与韩、魏击秦。齐败我观泽。	十 秦取我中都、西阳、安邑。
楚	八	九	十 城广陵。	十一 击秦不胜。	十二	十三
燕	十二	燕王哙元年	二	三 击秦不胜。	四	五 君让其臣子之国，顾为臣。
齐	三 封田婴于薛。	四 迎妇于秦。	五	六 宋自立为王。	七 败魏、赵观泽。	八

注释　1 哀王：当作“襄王”，惠王之子。

续表

	前315	前314	前313	前312	前311	前310
周	六	周赧王元年	二	三	四	五
秦	十	十一 侵义渠，得二十五城。	十二 樗里子击蔺阳，虏赵将。公子繇通封蜀。	十三 庶长章击楚，斩首八万。	十四 蜀相杀蜀侯。	秦武王元年 诛蜀相壮。张仪、魏章皆出之魏。
魏	四	五 秦拔我曲沃，归其人。走犀首岸门。	六 秦来立公子政为太子。与秦王会临晋。	七 击齐，虏声子于濮。与秦击燕。	八 围卫。	九 与秦会临晋。
韩	十八	十九	二十	二十一 秦助我攻楚，围景座。	韩襄王元年	二
赵	十一 秦败我将军英。	十二[1]	十三 秦拔我蔺，虏将赵庄。	十四	十五	十六 吴广入女，生子何，立为惠王后。
楚	十四	十五 鲁平公元年。	十六 张仪来相。	十七 秦败我将屈匄。	十八	十九
燕	六	七 君哙及太子、相子之皆死。	八	九 燕人共立公子平。	燕昭王元年	二
齐	九	十	十一	十二	十三	十四

注释　1《史记集解》引徐广曰:“《纪年》云立燕公子职。”

续表

	前309	前308	前307	前306	前305	前304
周	六	七	八	九	十	十一
秦	二 初置丞相，樗里子、甘茂为丞相。	三	四 拔宜阳城，斩首六万。涉河，城武遂。	秦昭王元年	二 彗星见。桑君为乱，诛。	三
魏	十 张仪死。	十一 与秦会应。	十二 太子往朝秦。	十三 秦击皮氏，未拔而解。	十四 秦武王后来归。	十五
韩	三	四 与秦会临晋。秦击我宜阳。	五 秦拔我宜阳，斩首六万。	六 秦复与我武遂。	七	八
赵	十七	十八	十九 初胡服。	二十	二十一	二十二
楚	二十	二十一	二十二	二十三	二十四 秦来迎妇。	二十五 与秦王会黄棘，秦复归我上庸。
燕	三	四	五	六	七	八
齐	十五	十六	十七	十八	十九	二十

续表

	前303	前302	前301	前300	前299
周	十二	十三	十四	十五	十六
秦	四 彗星见。	五 魏王来朝。	六 蜀反,司马错往诛蜀守煇,定蜀。日蚀,昼晦。伐楚。	七 樗里疾卒。击楚,斩首三万。魏冉为相。	八 楚王来,因留之。
魏	十六 秦拔我蒲坂、晋阳、封陵。	十七 与秦会临晋,复归我蒲坂。	十八 与秦击楚。	十九	二十 与齐王会于韩。
韩	九 秦取武遂。	十 太子婴与秦王会临晋,因至咸阳而归。	十一 秦取我穰。与秦击楚。	十二	十三 齐、魏王来。立咎为太子。
赵	二十三	二十四	二十五 赵攻中山。惠后卒。	二十六	二十七
楚	二十六 太子质秦。	二十七	二十八 秦、韩、魏、齐败我将军唐眛于重丘。	二十九 秦取我襄城,杀景缺。	三十 王入秦。秦取我八城。
燕	九	十	十一	十二	十三
齐	二十一	二十二	二十三 与秦击楚,使公子将,大有功。	二十四 秦使泾阳君来为质。	二十五 泾阳君复归秦。薛文入相秦。

续表

	前 298	前 297	前 296	前 295	前 294
周	十七	十八	十九	二十	二十一
秦	九	十 楚怀王亡之赵,赵弗内。	十一 彗星见。复与魏封陵。	十二 楼缓免。穰侯魏冉为丞相。	十三 任鄙为汉中守。
魏	二十一 与齐、韩共击秦于函谷。河、渭绝一日。	二十二	二十三	魏昭王元年 秦尉错来击我襄城。	二 与秦战,我不利。
韩	十四 与齐、魏共击秦。	十五	十六 与齐、魏击秦,秦与我武遂和。	韩釐王咎元年	二
赵	赵惠文王元年 以公子胜为相,封平原君。	二 楚怀王亡来,弗内。	三	四 围杀主父。与齐、燕共灭中山。	五
楚	楚顷襄王元年 秦取我十六城。	二	三 怀王卒于秦,来归葬。	四 鲁文公元年。	五
燕	十四	十五	十六	十七	十八
齐	二十六 与魏、韩共击秦。孟尝君归相齐。	二十七	二十八	二十九 佐赵灭中山。	三十 田甲劫王,相薛文走。

续表

	前293	前292	前291	前290	前289	前288
周	二十二	二十三	二十四	二十五	二十六	二十七
秦	十四 白起击伊阙,斩首二十四万。	十五 魏冉免相。	十六	十七 魏入河东四百里。	十八 客卿错击魏,至轵,取城大小六十一。	十九 十月,为帝;十二月,复为王。任鄙卒。
魏	三 佐韩击秦,秦败我兵伊阙。	四	五	六 芒卯以诈见重。	七 秦击我。取城大小六十一。	八
韩	三 秦败我伊阙二十四万,虏将喜。	四	五 秦拔我宛城。	六 与秦武遂地方二百里。	七	八
赵	六	七	八	九	十	十一 秦拔我桂阳[1]。
楚	六	七 迎妇秦。	八	九	十	十一
燕	十九	二十	二十一	二十二	二十三	二十四
齐	三十一	三十二	三十三	三十四	三十五	三十六 为东帝二月,复为王。

注释 1 桂阳:一作“梗阳”。邑名,在今山西清徐。

续表

	前287	前286	前285	前284	前283
周	二十八	二十九	三十	三十一	三十二
秦	二十	二十一 魏纳安邑及河内。	二十二 蒙武[1]击齐。	二十三 尉斯离与韩、魏、燕、赵共击齐,破之。[2]	二十四 与楚会穰。
魏	九 秦拔我新垣、曲阳之城。	十 宋王死我温。	十一	十二 与秦击齐济西。与秦王会西周。	十三 秦拔我安城,兵至大梁而还。
韩	九	十 秦败我兵夏山。	十一	十二 与秦击齐济西。与秦王会西周。	十三
赵	十二	十三	十四 与秦会中阳。	十五 取齐昔阳。	十六
楚	十二	十三	十四 与秦会宛。	十五 取齐淮北。	十六 与秦王会穰。
燕	二十五	二十六	二十七	二十八 与秦、三晋击齐,燕独入至临菑,取其宝器。	二十九
齐	三十七	三十八 齐灭宋。	三十九 秦拔我列城九。	四十 五国共击湣王,王走莒。	齐襄王法章元年

注释

1 蒙武:《史记志疑》:"'蒙武'必'蒙骜'之误。" 2《史记志疑》:"击齐之役,实秦、魏、韩、赵、楚、燕六国也。秦、燕二表失书楚,魏、韩二表误书独与秦,齐表误书五国。"

续表

	前282	前281	前280	前279	前278	前277
周	三十三	三十四	三十五	三十六	三十七	三十八
秦	二十五	二十六 魏冉复为丞相。	二十七 击赵，斩首三万。地动，坏城。	二十八	二十九 白起击楚，拔郢，更东至竟陵，以为南郡。	三十 白起封为武安君。
魏	十四 大水。 卫怀君元年。	十五	十六	十七	十八	十九
韩	十四 与秦会两周间。	十五	十六	十七	十八	十九
赵	十七 秦拔我两城。	十八 秦拔我石城。	十九 秦败我军，斩首三万。	二十 与秦会黾池，蔺相如从。	二十一	二十二
楚	十七	十八	十九 秦击我，与秦汉北及上庸地。	二十 秦拔隔、西陵。	二十一 秦拔我郢，烧夷陵，王亡走陈。	二十二 秦拔我巫、黔中。
燕	三十	三十一	三十二	三十三	燕惠王元年	二
齐	二	三	四	五 杀燕骑劫。	六	七

续表

	前276	前275	前274	前273	前272
周	三十九	四十	四十一	四十二	四十三
秦	三十一	三十二	三十三	三十四 白起击魏华阳军,芒卯走,得三晋将,斩首十五万。	三十五
魏	魏安釐王元年 秦拔我两城。封弟公子无忌为信陵君。	二 秦拔我两城,军大梁城,韩来救,与秦温以和。	三 秦拔我四城,斩首四万。	四 与秦南阳以和。	五 击燕。
韩	二十	二十一 暴鸢救魏,为秦所败,走开封。	二十二	二十三	韩桓惠王元年
赵	二十三	二十四	二十五	二十六	二十七
楚	二十三 秦所拔我江旁反秦。	二十四	二十五	二十六	二十七 击燕。 鲁顷公元年。
燕	三	四	五	六	七
齐	八	九	十	十一	十二

续表

	前271	前270	前269	前268	前267	前266
周	四十四	四十五	四十六	四十七	四十八	四十九
秦	三十六	三十七	三十八	三十九	四十 太子质于魏者死,归葬芷阳。	四十一
魏	六	七	八	九 秦拔我怀城。	十	十一 秦拔我廪丘[1]。
韩	二	三 秦击我阏与城,不拔。	四	五	六	七
赵	二十八 蔺相如攻齐,至平邑。	二十九 秦拔我阏与。赵奢将击秦,大败之,赐号曰马服。	三十	三十一	三十二	三十三
楚	二十八	二十九	三十	三十一	三十二	三十三
燕	燕武成王元年	二	三	四	五	六
齐	十三	十四 秦、楚击我刚、寿。	十五	十六	十七	十八

注释 1 廪丘:一作"鄄丘",又作"邢丘",在今河南温县东。

续表

	前 265	前 264	前 263	前 262	前 261
周	五十	五十一	五十二	五十三	五十四
秦	四十二 宣太后薨。安国君为太子。	四十三	四十四 攻韩,取南阳。	四十五 攻韩,取十城。	四十六 王之南郑。
魏	十二	十三	十四	十五	十六
韩	八	九 秦拔我陉。城汾旁。	十 秦击我太行。	十一	十二
赵	赵孝成王元年 秦拔我三城。平原君相。	二	三	四	五 使廉颇拒秦于长平。
楚	三十四	三十五	三十六	楚考烈王元年 秦取我州。黄歇为相。	二
燕	七 齐田单拔中阳[1]。	八	九	十	十一
齐	十九	齐王建元年	二	三	四

注释 1 中阳:《史记志疑》:“当作‘中人’,表与燕、赵两《世家》并误作‘中阳’。”中人,在今河北唐县西南。

续表

	前260	前259	前258	前257	前256
周	五十五	五十六	五十七	五十八	五十九 赧王卒。
秦	四十七 白起破赵长平，杀卒四十五万。	四十八	四十九	五十 王龁、郑安平围邯郸，及龁还军，拔新中。	五十一
魏	十七	十八	十九	二十 公子无忌救邯郸，秦兵解去。	二十一 韩、魏、楚救赵新中，秦兵罢。
韩	十三	十四	十五	十六	十七 秦击我阳城。救赵新中。
赵	六 使赵括代廉颇将。白起破括四十五万。	七	八	九 秦围我邯郸，楚、魏救我。	十
楚	三	四	五	六 春申君救赵。	七 救赵新中。
燕	十二	十三	十四	燕孝王元年	二
齐	五	六	七	八	九

续表

	前255	前254	前253	前252	前251
周					
秦	五十二 取西周。王稽弃市。	五十三	五十四	五十五	五十六
魏	二十二	二十三	二十四	二十五 卫元君元年。	二十六
韩	十八	十九	二十	二十一	二十二
赵	十一	十二	十三	十四	十五 平原君卒。
楚	八 取鲁，鲁君封于莒。	九	十 徙于钜阳。	十一	十二 柱国景伯死。
燕	三	燕王喜元年	二	三	四 伐赵，赵破我军，杀栗腹。
齐	十	十一	十二	十三	十四

续表

	前250	前249	前248	前247
周				
秦	秦孝文王元年	秦庄襄王楚元年 蒙骜取成皋、荥阳。初置三川郡。吕不韦相。取东周。	二 蒙骜击赵榆次、新城、狼孟,得三十七城。日蚀。	三 王龁击上党。初置太原郡。魏公子无忌率五国却我军河外,蒙骜解去。
魏	二十七	二十八	二十九	三十 无忌率五国兵败秦军河外。
韩	二十三	二十四 秦拔我成皋、荥阳。	二十五	二十六 秦拔我上党。
赵	十六	十七	十八	十九
楚	十三	十四 楚灭鲁,顷公迁卞,为家人,绝祀。	十五 春申君徙封于吴。	十六
燕	五	六	七	八
齐	十五	十六	十七	十八

续表

	前246	前245	前244	前243	前242	前241
秦	始皇帝元年[1] 击取晋阳。作郑国渠。	二	三 蒙骜击韩，取十三城。王齮死。	四 七月，蝗蔽天下。百姓纳粟千石，拜爵一级。	五 蒙骜取魏酸枣二十城。初置东郡。	六 五国共击秦。
魏	三十一	三十二	三十三	三十四 信陵君死。	魏景湣王元年 秦拔我二十城。	二 秦拔我朝歌。卫从濮阳徙野王。
韩	二十七	二十八	二十九 秦拔我十三城。	三十	三十一	三十二
赵	二十 秦拔我晋阳。	二十一	赵悼襄王偃元年	二 太子从质秦归。	三 赵相、魏相会柯，盟。	四
楚	十七	十八	十九	二十	二十一	二十二 王东徙寿春，命曰郢。
燕	九	十	十一	十二 赵拔我武遂、方城。	十三 剧辛死于赵。	十四
齐	十九	二十	二十一	二十二	二十三	二十四

注释　1　自秦始皇元年起，周、秦并作一栏，始以秦代周为正朔，并表现始皇最终吞灭六国的事势发展。

续表

	前240	前239	前238	前237	前236
秦	七 彗星见北方西方。夏太后薨。蒙骜死。	八 嫪毐封长信侯。	九 彗星见，竟天。嫪毐为乱，迁其舍人于蜀。彗星复见。	十 相国吕不韦免。齐、赵来，置酒。太后入咸阳。大索。	十一 吕不韦之河南。王翦击邺、阏与，取九城。
魏	三 秦拔我汲。	四	五 秦拔我垣、蒲阳、衍。	六	七
韩	三十三	三十四	韩王安元年	二	三
赵	五	六	七	八 入秦，置酒。	九 秦拔我阏与、邺，取九城。
楚	二十三	二十四	二十五 李园杀春申君。	楚幽王悼元年	二
燕	十五	十六	十七	十八	十九
齐	二十五	二十六	二十七	二十八 入秦，置酒。	二十九

续表

	前235	前234	前233	前232	前231
秦	十二 发四郡兵助魏击楚。吕不韦卒。复嫪毐舍人迁蜀者。	十三 桓 齮 击 平 阳，杀赵扈辄，斩首十万，因东击赵。王之河南。彗星见。	十四 桓齮定平阳、武城、宜安。韩使非来，我杀非。韩王请为臣。	十五 兴军至邺。军至太原。取狼孟。	十六 置丽邑。发卒受韩南阳地。
魏	八 秦助我击楚。	九	十	十一	十二 献城秦。
韩	四	五	六	七	八 秦来受地。
赵	赵王迁元年	二 秦拔我平阳，败扈辄，斩首十万。	三 秦拔我宜安。	四 秦拔我狼孟、鄱吾，军邺。	五 地大动。
楚	三 秦、魏击我。	四	五	六	七
燕	二十	二十一	二十二	二十三 太子丹质于秦，亡来归。	二十四
齐	三十	三十一	三十二	三十三	三十四

续表

	前 230	前 229	前 228	前 227	前 226
秦	十七 内史胜击得韩王安,尽取其地,置颍川郡。华阳太后薨。	十八	十九 王翦拔赵,虏王迁之邯郸。帝太后薨。	二十 燕太子使荆轲刺王,觉之。王翦将击燕。	二十一 王贲击楚。
魏	十三	十四 卫君角元年。	十五	魏王假元年	二
韩	九 秦虏王安,秦灭韩。				
赵	六	七	八 秦王翦虏王迁邯郸。公子嘉自立为代王。	代王嘉元年	二
楚	八	九	十 幽王卒,弟郝立,为哀王。三月,负刍杀哀王。	楚王负刍元年 负刍,哀王庶兄。	二 秦大破我,取十城。
燕	二十五	二十六	二十七	二十八 太子丹使荆轲刺秦王,秦伐我。	二十九 秦拔我蓟,得太子丹。王徙辽东。
齐	三十五	三十六	三十七	三十八	三十九

续表

	前225	前224	前223	前222	前221
秦	二十二 王贲击魏，得其王假，尽取其地。	二十三 王翦、蒙武击破楚军，杀其将项燕。	二十四 王翦、蒙武破楚，虏其王负刍。	二十五 王贲击燕，虏王喜。又击得代王嘉。五月，天下大酺。	二十六 王贲击齐，虏王建。初并天下，立为皇帝。
魏	三 秦虏王假。				
韩					
赵	三	四	五	六 秦将王贲虏王嘉，秦灭赵。	
楚	三	四 秦破我将项燕。	五 秦虏王负刍。秦灭楚。		
燕	三十	三十一	三十二	三十三 秦虏王喜，拔辽东，秦灭燕。	
齐	四十	四十一	四十二	四十三	四十四 秦虏王建。秦灭齐。

续表

前220	二十七[1]	更命河为“德水”。为金人十二。命民曰“黔首”。同天下书。分为三十六郡。
前219	二十八	为阿房宫。之衡山。治驰道。帝之琅邪,道南郡入。为天极庙。赐户三十,爵一级。
前218	二十九	郡县大索十日。帝之琅邪,道上党入。
前217	三十	
前216	三十一	更命腊曰“嘉平”。赐黔首里六石米二羊,以嘉平。大索二十日。
前215	三十二	帝之碣石,道上郡入。
前214	三十三	遣诸逋亡及贾人赘婿略取陆梁,为桂林、南海、象郡,以適戍。西北取戎为四十四县。筑长城河上,蒙恬将三十万。
前213	三十四	適治狱不直覆狱故失者筑长城。及南方越地。
前212	三十五	为直道,道九原,通甘泉。
前211	三十六	徙民于北河、榆中,耐徙三处,拜爵一级。石昼下东郡,有文言“地分”。
前210	三十七	十月,帝之会稽、琅邪,还至沙丘崩。子胡亥立,为二世皇帝。杀蒙恬。道九原入。复行钱。
前209	二世元年	十月戊寅,大赦罪人。十一月,为兔园。十二月,就阿房宫。其九月,郡县皆反。楚兵至戏,章邯击却之。出卫君角为庶人。
前208	二	将军章邯、长史司马欣、都尉董翳追楚兵至河。诛丞相斯、去疾,将军冯劫。
前207	三	赵高反,二世自杀,高立二世兄子婴。子婴立,刺杀高,夷三族。诸侯入秦,婴降,为项羽所杀。寻诛羽,天下属汉。

注释 1 六国均亡，秦统一天下，故通体为一栏。参证《秦始皇本纪》，表现秦朝建立及其败亡的事势发展。

史记卷十六

秦楚之际月表第四

原文

太史公读秦楚之际[1],曰:初作难,发于陈涉;虐戾灭秦,自项氏;拨乱诛暴,平定海内,卒践帝祚,成于汉家。[2]五年之间,号令三嬗,自生民以来,未始有受命若斯之亟也。[3]

译文

太史公阅读秦、楚之际的历史文献的时候,说:最初作难,是由陈涉所发动;用虐戾的手段灭亡秦朝,是出自项羽;拨除纷乱诛杀残暴,平定了天下,最后登上帝王尊位,是由汉朝完成的。五年(应是八年)的时间内,发号施令的人更换了三次,自从有生民以来,不曾有过接受天命而变化得像这样急剧的。

注释 **1** 读秦楚之际:此指查阅到秦楚之际有关的文献资料。 **2** 初作难:指最先发动起义。 虐戾灭秦:明确指出项羽是采用了残暴的手段灭亡秦朝的。虐戾,残暴、凶狠。指项羽坑秦降兵,杀子婴,烧咸阳等举动。 践:登。 帝祚:帝位。祚,福。 **3** 五年之间:指公元前207年至前202年。秦楚之际,由陈涉称王(前209)起计,应是八年。 嬗:更换。 亟(jí):急,快。

昔虞、夏之兴，积善累功数十年，德洽百姓，摄行政事，考之于天，然后在位。[1] 汤、武之王，乃由契、后稷修仁行义十余世，不期而会孟津八百诸侯，犹以为未可，其后乃放弑。[2] 秦起襄公，章于文、缪，献、孝之后，稍以蚕食六国，百有余载，至始皇乃能并冠带之伦。[3] 以德若彼，用力如此，盖一统若斯之难也。[4]

从前虞、夏的兴起，积累善德和功劳要经过几十年，德行洽和了百官贵族，代理政治事务，受到上天的考察，这样以后才能登临王位。商汤、周武王能够称王天下，是由于从他们的先祖契、后稷开始修行仁义经过了十多代，到了像周武王的时候不需要约定时期而自然会聚到孟津来的就有八百个诸侯，即使德行的影响到了这种程度，周武王还认为不可以讨伐商纣王，最后才收到了流放和诛杀的效果。秦国兴起在襄公受封的时候，文公、穆公的时候势力已经强大彰显，献公、孝公的时代以后，逐渐开始蚕食六国，经过一百多年，到了始皇的时候才能够兼并讲究冠带礼仪一类的东方国家。凭借德行兴起像虞、夏、汤、武那样，依靠武力兴起像秦国这样，大概完成统一事业是很艰难的。

注释　1 虞、夏之兴：据《五帝本纪》，尧举用舜二十年，又让代行天子事八年，凡试用二十八年才践帝位；禹预先被舜荐举，试用十七年，又经过三年丧期，凡二十三年才践天子位。舜、禹均被考察“数十年”。　洽：和洽。　摄：代理。　2 汤、武之王：殷由契经昭明、相土、昌若、曹圉、冥、振、微、报乙、报丙、报丁、主壬、主癸至成汤，凡十四世；周由后稷经不窋、鞠、公刘、庆节、皇仆、差弗、毁隃、公非、高圉、亚圉、公叔祖类、古公亶父、季历、昌（文王）至发（武王），凡十六世。殷、周均为“修仁行义十余世”。　孟津：黄河古渡口，在今河南孟津西南。传说中武王会盟诸侯处，故又名盟津。　放弑：指汤放桀，武王伐纣事。　3 章：显扬。此指势力的重大发展。 稍:逐渐。 冠带之伦:指东方六国的礼仪之邦,与披发左衽的夷狄民族相对而言。冠,帽子。带,腰带。系官吏与士大夫的装束。伦,类,辈。 **4** 若彼:指像虞、夏、汤、武那样。 如此:指像秦国这样。

秦既称帝,患兵革不休,以有诸侯也,于是无尺土之封,堕坏名城,销锋镝,锄豪桀,维万世之安。[1]然王迹之兴,起于闾巷,合从讨伐,轶于三代,乡秦之禁,适足以资贤者为驱除难耳。[2]故愤发其所为天下雄,安在无土不王?[3]此乃传之所谓大圣[4]乎?岂非天哉,岂非天哉!非大圣孰能当此受命而帝者乎?[5]

秦已经称帝号,担心战争之所以不断,是因为有了诸侯封国,于是没有施行分封之制,还毁坏了一些有名的城池,销毁锋镝等武器,铲除了地方豪强,采取这些措施希望维护万世的安全。然而帝王形迹的兴起,却是从一般民众的闾巷间发动的,联合起来进行讨伐的军事行动规模,超过了三代,从前秦朝的禁令,恰好能够帮助刘邦这位贤者驱除困难。所以他奋发有为而成为天下的雄强,哪里还像过去那样没有封土就不能称王天下呢?这就是书传中所说的大圣人吗?难道不是天意吗?难道不是天意吗?不是大圣人谁能够承当这种接受天命而成为帝王的现实呢?

注释 **1** 无尺土之封:指秦废血缘、世袭、分封之制而推行郡县,为历史上一大变革。 堕(huī):通"隳",毁坏。 销锋镝(dí):销毁兵器。销,镕化。锋,刀口。镝,箭头。 锄豪桀:铲除豪强势力。桀,通"杰"。 维:希望。 **2** 闾巷:闾阎街巷,指民间。陈涉、项羽、刘邦,均起于民间。 轶(yì):本义为后车超越前车,引申为超越。 乡:通"向",从前,过去。 适:正好。 贤者:指刘邦。 **3** 无土不王:土指封地。汉代兴起,正是中国由“无土不王”走向“无土亦王”的历史变化期。 **4** 大圣:指刘邦。《史记索隐》:“言高祖起布衣,卒传之天位,实所谓大圣。” **5** 岂非天哉:此句究其实并非宣传刘邦为得天命而成天子。综合全篇而言,正是分析了秦楚之际的变化,秦朝之所为正替刘邦扫除了称帝的障碍,刘邦得其利,拣了个便宜才登天子之位的。“天”,仍是指事势。“非大圣孰能”云云,微寓讥刺之意,绝无绝对颂扬天命之旨。

	前209				前208	
秦	二世元年[1]	七月	八月	九月 楚兵至戏。	二年十月	十一月
楚		楚隐王陈涉起兵入秦。[2]	二 葛婴为涉徇九江,立襄彊为楚王。	三 周文兵至戏,败。而葛婴闻涉王,即杀彊。	四 诛葛婴。	五 周文死。
项				项梁[4]号武信君。	二	三
赵			武臣始至邯郸,自立为赵王,始。[3]	二	三	四 李良杀武臣,张耳、陈余走。
齐				齐王田儋[5]始。儋,狄人。诸田宗强。从弟荣,荣弟横。	二 儋之起,杀狄令自王。	三
汉				沛公初起。[6]	二 击胡陵、方与,破秦监军。	三 杀泗水守。拔薛西。周市东略地丰沛间。
燕				韩广为赵略地至蓟,自立为燕王始。[7]	二	三
魏				魏王咎[8]始。咎在陈,不得归国。	二	三 齐、赵共立周市,市不肯,曰“必立魏咎”云。
韩						

注释 1 二世元年：岁在壬辰。表体首栏列秦，时主正朔；其纬属以起事先后为序，唯项氏后续陈涉主天下，故在赵前。《史记正义》："七月，陈涉起陈，八月，武臣起赵。九月，项梁起吴，田儋起齐，沛公初起，韩广起燕。十二月，魏咎起魏，陈王立之。二年六月，韩成起韩，项梁立之也。" 2 楚隐王陈涉：隐王，谥号；陈胜，字涉。《史记索隐》："二月，葛婴立襄彊，涉之二月也。至戏，葛婴杀彊。五月，周文死。六月，陈涉死。然涉起兵凡六月，尽二世元年十二月也。" 3 武臣为赵王：《史记索隐》："凡四月，为李良所杀，当二世元年八月也。" 4 项梁：《史记索隐》："二世元年九月立，至二年九月，章邯杀梁于定陶。" 5 齐王田儋：《史记索隐》："二世二年六月，章邯杀儋。儋立十月死。齐立田假。二世二年八月，田荣立儋子市为王。项羽又立市为胶东王，封田都为临淄王，安为济北王。田荣杀田市、田安，自立为王。羽击荣，平原人杀之。田横立荣子广为王也。" 6 沛公初起：《史记索隐》："凡十四月，怀王封沛公为武安侯，将砀郡兵。" 7 韩广为燕王：《史记索隐》："二世三年十月，使臧荼救赵，封荼为燕王，徙广封辽东王，后臧荼杀韩广。" 8 魏王咎：《史记索隐》："四月，咎自陈归，立。二年六月，咎自杀。九月，弟豹自立，都平阳。后豹归汉，寻叛，韩信虏豹。"

续表

秦	十二月	端月[1]	二月	三月	四月
楚	六 陈涉死。	楚王景驹始，秦嘉立之。	二 嘉为上将军。	三	四
项	四	五 涉将召平矫拜项梁为楚柱国，急西击秦。	六 梁渡江，陈婴、黥布皆属。	七	八 梁击杀景驹、秦嘉，遂入薛，兵十余万众。
赵		赵王歇始，张耳、陈余立之。	二	三	四
齐	四	五 让景驹以擅自王不请我。	六 景驹使公孙庆让齐，诛庆。	七	八
汉	四 雍齿叛沛公，以丰降魏。沛公还攻丰，不能下。	五 沛公闻景驹王在留，往从，与击秦军砀西。	六 攻下砀，收得兵六千，与故凡九千人。	七 攻拔下邑，遂击丰，丰不拔。闻项梁兵众，往请击丰。	八 沛公如薛见项梁，梁益沛公卒五千，击丰，拔之。雍齿奔魏。
燕	四	五	六	七	八
魏	四 咎自陈归，立。	五 章邯已破涉，围咎临济。	六	七	八 临济急，周市如齐、楚请救。
韩					

注释　1　端月：即正月。秦避始皇嬴政讳，故称正月为端月。《史记志疑》："然秦臣秉笔，容或畏于当时，后代所称，理宜刊革，乃史公亦因仍书之，是汉避秦讳矣。"

续表

秦	五月	六月	七月	八月	九月
楚		楚怀王[1]始，都盱台，故怀王孙，梁立之。	二 陈婴为柱国。	三	四 徙都彭城。
项	九	十 梁求楚怀王孙，得之民间，立为楚王。	十一 天大雨，三月不见星。	十二 救东阿，破秦军，乘胜至定陶，项梁有骄色。	十三 章邯破杀项梁于定陶，项羽恐，还军彭城。
赵	五	六	七	八	九
齐	九	十 儋救临济，章邯杀田儋。荣走东阿。	齐立田假为王，秦急围荣东阿。	楚救荣，得解归，逐田假，立儋子市为齐王，始。	二 田假走楚，楚趋齐救赵。田荣以假故，不肯，谓“楚杀假乃出兵”。项羽怒田荣。
汉	九	十 沛公如薛，共立楚怀王。	十一 沛公与项羽北救东阿，破秦军濮阳，东屠城阳。	十二 沛公与项羽西略地，斩三川守李由于雍丘。	十三 沛公闻项梁死，还军，从怀王，军于砀。
燕	九	十	十一	十二	十三
魏	九	十 咎自杀，临济降秦。	咎弟豹走东阿。		魏豹自立为魏王，都平阳，始。
韩		韩王成[2]始。	二	三	四[3]

注释　1　楚怀王：《史记索隐》：“故怀王之孙名心也。项梁之起，诸侯尊为义帝，项羽徙而杀之。”　2　韩王成：《史记索隐》：“韩王成立，项羽更王之，不使就封，数月杀之，立郑昌为韩王，降汉。汉封韩信为王。”　3　四：《史记志疑》引《史诠》曰“缺韩成奔怀王”。

续表

前207

秦	后九月[1]	三年十月[2]	十一月	十二月	端月	二月
楚	五 拜宋义为上将军。	六	七 拜籍上将军。	八	九	十
项	怀王封项羽于鲁,为次将,属宋义,北救赵。	二	三 羽矫杀宋义,将其兵渡河救钜鹿。	四 大破秦军钜鹿下,诸侯将皆属项羽。	五 虏秦将王离。	六 攻破章邯,章邯军却。
赵	十 秦军围歇钜鹿,陈余出救兵。	十一 章邯破邯郸,徙其民于河内。	十二	十三 楚救至,秦围解。	十四 张耳怒陈余,弃将印去。	十五
齐	三	四 齐将田都叛荣,往助项羽救赵。	五	六 故齐王建孙田安下济北,从项羽救赵。	七	八
汉	十四 怀王封沛公为武安侯,将砀郡兵西,约先至咸阳王之。	十五 攻破东郡尉及王离军于成武南。	十六	十七 至栗,得皇䜣、武蒲军。与秦军战,破之。	十八	十九 得彭越军昌邑,袭陈留。用郦食其策军得积粟。
燕	十四	十五 使将臧荼救赵。	十六	十七	十八	十九
魏	二	三	四	五 豹救赵。	六	七
韩	五	六	七	八	九	十

注释　1 后九月:《史记集解》引徐广曰:“应闰建酉。” 2 十月:《史记集解》引徐广曰:“岁在乙未。”

续表

秦	三月	四月	五月	六月	七月
楚	十一	十二	二年一月	二	三
项	七	八 楚急攻章邯，章邯恐，使长史欣归秦请兵，赵高让之。	九 赵高欲诛欣，欣恐，亡走告章邯，谋叛秦。	十 章邯与楚约降，未定，项羽许而击之。	十一 项羽与章邯期殷虚，章邯等已降，与盟，以邯为雍王。
赵	十六	十七	十八	十九	二十
齐	九	十	十一	十二	十三
汉	二十 攻开封，破秦将杨熊，熊走荥阳，秦斩熊以徇。	二十一 攻颍阳，略韩地，北绝河津。	二十二	二十三 攻南阳守齮，破之阳城郭东。	二十四 降下南阳，封其守齮。
燕	二十	二十一	二十二	二十三	二十四
魏	八	九	十	十一	十二
韩	十一	十二	十三	十四	十五 申阳下河南，降楚。

续表

前 206

秦	八月 赵高杀二世。	九月 子婴为王。	十月	十一月	十二月
楚	四	五	六	七	八 分楚为四。[2]
项	十二 以秦降都尉翳、长史欣为上将，将秦降军。	十三	十四 项羽将诸侯兵四十余万，行略地，西至于河南。	十五 羽诈坑杀秦降卒二十万人于新安。	十六 至关中，诛秦王子婴，屠烧咸阳。分天下，立诸侯。[3]
赵	二十一 赵王歇留国。陈余亡居南皮。	二十二	二十三 张耳从楚西入秦。	二十四	二十五 分赵为代国。
齐	十四	十五	十六	十七	十八 项羽怨荣，分齐为三国。
汉	二十五 攻武关，破之。	二十六 攻下峣及蓝田，以留侯策，不战皆降。	二十七 汉元年[1]，秦王子婴降。沛公入破咸阳，平秦，还军霸上，待诸侯约。	二十八 沛公出令三章，秦民大悦。	二十九 与项羽有郄，见之戏下，讲解。羽倍约，分关中为四国。
燕	二十五	二十六	二十七	二十八	二十九 臧荼从入，分燕为二国。
魏	十三	十四	十五 从项羽略地，遂入关。	十六	十七 分魏为殷国。
韩	十六	十七	十八	十九	二十 分韩为河南国。

注释　**1** 汉元年：此记“元年”，实示事势发展中汉代正朔之始。故西汉立国起于是年，公元前 206 年。　**2** 分楚为四：即西楚、衡山、临江，九江。　**3** 分天下，立诸侯：指项羽分封十八王。此示其时项羽实掌握天下大势，故下栏称“为天下主命”。事详《项羽本纪》。

续表

楚	九　义帝[1]元年 诸侯尊怀王为义帝。	二 徙都江南郴。	三	四
项	十七 项籍自立为西楚霸王。	西楚伯王项籍始，为天下主命，立十八王。	二 都彭城。	三 诸侯罢戏下兵，皆之国。
	分为衡山。	王吴芮始，故番君。	二 都邾。	三
	分为临江。	王共敖始，故楚柱国。	二 都江陵。	三
	分为九江。	王英布始，故楚将。	二 都六。	三
赵	二十六 更名为常山。	王张耳始，故楚将。	二 都襄国。	三
	分为代。	二十七[3] 王赵歇始，故赵王。	二十八 都代。	二十九
齐	十九 更名为临菑。	王田都始，故齐将。	二 都临菑。	三
	分为济北。	王田安始，故齐将。	二 都博阳。	三
	分为胶东。	二十 王田市始，故齐王。	二十一 都即墨。	二十二
汉	正月[2] 分关中为汉。	二月[4] 汉王始，故沛公。	三月 都南郑。	四月
	分关中为雍。	王章邯始，故秦将。	二 都废丘。	三
	分关中为塞。	王司马欣始，故秦将。	二 都栎阳。	三
	分关中为翟。	王董翳始，故秦将。	二 都高奴。	三
燕	三十 燕	王臧荼始，故燕将。	二 都蓟。	三
	分为辽东。	三十一 王韩广始，故燕王。	三十二 都无终。	三十三
魏	十八 更为西魏。	十九 王魏豹始，故魏王。	二十 都平阳。[6]	二十一
	分为殷。	王司马卬始，故赵将。	二 都朝歌。	三
韩	二十一 韩	二十二 王韩成始，故韩将。	二十三 都阳翟。[7]	二十四
	分为河南。	王申阳[5]始，故楚将。	二 都洛阳。	三

注释 1 义帝:《史记索隐》:“项羽徙之于郴,至十月,项籍使九江王布杀义帝,汉王为举哀也。” 2 正月:《史记索隐》:“高祖及十二诸侯受封之月,《汉书·异姓王表》云一月,故应劭云:‘诸侯王始受封之月,十三王同时称一月。’以非元正,故云一月。高祖十月至霸上改元,至此月汉四月。” 3 二十七:《史记索隐》:“赵歇前为赵王已二十六月,今徙王代之二月,故云二十七月。其胶东王市之前为齐王十九月,韩广、魏豹、韩成五人并先为王已经多月,故因旧月而数也。” 4 二月:《史记索隐》引应劭云:“诸王始都国之月,十三王同时称二月。” 5 申阳:故赵将。
6 都平阳:《史记索隐》:“豹从汉又叛,韩信虏之。汉四年,周苛杀豹也。” 7 都阳翟:《史记索隐》:“姚氏云:‘韩成是项梁所立,不与十七国封。此云十八王,并项羽所命,不细区别。’又《高纪》云项羽与成至彭城,废为侯,又杀之。是不令就国,当以阳翟为都而不之国。”

续表

	五	六	七	八
西楚	四	五	六	七
衡山	四	五	六	七
临江	四	五	六	七
九江	四	五	六	七
常山	四	五	六	七
代	三十	三十一	三十二	三十三
临菑	四 田荣击都,都降楚。	齐王田荣始,故齐相。	二	三
济北	四	五	六 田荣击杀安。	属齐。
胶东	二十三	二十四 田荣击杀市。	属齐。	
汉	五月	六月	七月	八月
雍	四	五	六	七 邯守废丘,汉围之。
塞	四	五	六	七 欣降汉,国除。
翟	四	五	六	七 翳降汉,国除。
燕	四	五	六	七
辽东	三十四	三十五	三十六	三十七 臧荼击广无终,灭之。
西魏	二十二	二十三	二十四	二十五
殷	四	五	六	七
韩	二十五	二十六	二十七 项羽诛成。	韩王郑昌始,项羽立之。
河南	四	五	六	七

续表

前205

	九	十 项羽灭义帝。		
西楚	八	九	十	十一
衡山	八	九	十	十一
临江	八	九	十	十一
九江	八	九	十	十一
常山	八	九 耳降汉。		歇以陈余为代王，故成安君。
代	三十四	三十五 歇复王赵。	三十六	三十七
临菑	四	五	六	七
汉	九月	十月 王至陕[1]。	十一月	十二月
雍	八	九	十 汉拔我陇西。	十一
塞	属汉，为渭南、河上郡。			
翟	属汉，为上郡。			
燕	八	九	十	十一
辽东	属燕。			
西魏	二十六	二十七	二十八	二十九
殷	八	九	十	十一
韩	二	三	韩王信始，汉立之。	二
河南	八	九	属汉，为河南郡。	

注释　1 陕：县名，在今河南三门峡陕州区。

续表

西楚	十二	二年一月	二
衡山	十二	二年一月	二
临江	十二	十三	十四
九江	十二	二年一月	二
代	二	三	四
赵	三十八	三十九	四十
临菑	八 项籍击荣,走平原,平原民杀之。	项籍立故齐王田假为齐王。	二 田荣弟横反城阳,击假,走楚,楚杀假。
汉	正月	二月	三月 王击殷。
雍	十二 汉拔我北地。	二年一月	二
燕	十二	二年一月	二
西魏	三十	三十一	三十二 降汉。
殷	十二	十三	十四 降汉,印废。
韩	三	四	五

续表

西楚	三 项羽以兵三万破汉兵五十六万。	四	五	六
衡山	三	四	五	六
临江	十五	十六	十七	十八
九江	三	四	五	六
代	五	六	七	八
赵	四十一	四十二	四十三	四十四
齐	齐王田广始,广,荣子,横立之。	二	三	四
汉	四月 王伐楚至彭城,坏走。	五月 王走荥阳。	六月 王入关,立太子。复如荥阳。	七月
雍	三	四	五 汉杀邯废丘。	属汉,为陇西、北地、中地郡。
燕	三	四	五	六
西魏	三十三 从汉伐楚。	三十四 豹归,叛汉。	三十五	三十六
殷	为河内郡,属汉。			
韩	六 从汉伐楚。	七	八	九

续表

前 204

西楚	七	八	九	十	十一
衡山	七	八	九	十	十一
临江	十九	二十	二十一	二十二	二十三
九江	七	八	九	十	十一
代	九	十	十一	十二 汉将韩信斩陈余。	属汉，为太原郡。
赵	四十五	四十六	四十七	四十八 汉灭歇。	属汉，为郡。
齐	五	六	七	八	九
汉	八月	九月	后九月[1]	三年十月	十一月
燕	七	八	九	十	十一
西魏	三十七	三十八 汉将韩信虏豹。	属汉，为河东、上党郡。		
韩	十	十一	十二	二年一月	二

注释 1 后九月：《史记集解》引徐广曰："应闰建巳。"

续表

西楚	十二	三年一月	二	三	四	五
衡山	十二	三年一月	二	三	四	五
临江	二十四	二十五	二十六	二十七	二十八	二十九
九江	十二 布身降汉，地属项籍。					
齐	十	十一	十二	十三	十四	十五
汉	十二月	正月	二月	三月	四月 楚围王荥阳。	五月
燕	十二	三年一月	二	三	四	五
韩	三	四	五	六	七	八

续表

前203

西楚	六	七	八	九	十	十一 汉将韩信破杀龙且。
衡山	六	七	八	九	十	十一
临江	三十	三十一 王敖薨。	临江王驩始，敖子。	二	三	四
赵						赵王张耳始,汉立之。
齐	十六	十七	十八	十九	二十	二十一 汉将韩信击杀广。
汉	六月	七月 王出荥阳。	八月 周苛、枞公杀魏豹。	九月	四年十月	十一月
燕	六	七	八	九	十	十一
韩	九	十	十一	十二	三年一月	二

续表

西楚	十二	四年一月	二	三 汉御史周苛入楚。	四
衡山	十二	四年一月	二	三	四
临江	五	六	七	八	九
赵	二	三	四	五	六
齐	属汉，为郡。		齐王韩信始，汉立之。	二	三
汉	十二月	正月	二月 立信王齐。	三月 周苛入楚。	四月 王出荥阳。[1] 豹死。
燕	十二	四年一月	二	三	四
韩	三	四	五	六	七

注释　1 王出荥阳：《项羽本纪》作“王出成皋”。

续表

前 202

西楚	五	六	七	八	九	十	十一
衡山	五	六	七	八	九	十	十一
临江	十	十一	十二	十三	十四	十五	十六
淮南			淮南王英布始,汉立之。	二	三	四	五
赵	七	八	九	十	十一	十二	二年一月
齐	四	五	六	七	八	九	十
汉	五月	六月	七月 立布为淮南王。	八月	九月 太公、吕后归自楚。	五年十月	十一月
燕	五	六	七	八	九	十	十一
韩	八	九	十	十一	十二	四年一月	二

续表

楚	十二 诛籍。	齐王韩信徙楚王。	二	三	四	五
衡山	十二	十三 徙王长沙。	属淮南国。			
临江	十七 汉虏驩。	属汉，为南郡。				
淮南	六	七 淮南国	八	九	十	十一
赵	二	三 赵国	四	五	六	七
齐	十一	十二 徙王楚，属汉，为四郡[1]。				
汉	十二月	正月[2] 杀项籍，天下平，诸侯臣属汉。	二月 甲午，王更号，即皇帝位于定陶。	三月	四月	五月
燕	十二	五年一月 燕国	二	三	四	五
梁		复置梁国。	梁王彭越始。	二	三	四
韩	三	四 韩王信徙王代，都马邑。	五	六	七	八
长沙		分临江为长沙国。	衡山王吴芮为长沙王[3]。	二	三	四

注释 1 四郡：指齐、千乘、平原、东莱。 2 正月：《史记索隐》："汉王更号皇帝，即位于定陶也。" 3 长沙王：《史记索隐》："吴芮始，改封也。"

续表

楚	六	七	八	九 王得故项羽将钟离昧,斩之以闻。	十
淮南	十二	二年一月	二	三	四
赵	八	九 耳薨,谥景王。	赵王张敖始,耳子。	二	三
汉	六月 帝入关。	七月	八月 帝自将诛燕。	九月	后九月[2]
燕	六	七	八	九 反汉,虏荼。[1]	燕王卢绾始,汉太尉。
梁	五	六	七	八	九
韩	九	十	十一	十二	五年一月
长沙	五	六 薨,谥文王。	长沙成王臣始,芮子。	二	三

注释　1 反汉:据《韩信卢绾列传》及《汉书·高帝纪》,臧荼反汉在七月,虏荼在九月。　2 后九月:《史记集解》引徐广曰:"应闰建寅。"

史记卷十七

汉兴以来诸侯王年表第五

原文

太史公曰:殷以前尚矣。周封五等:公、侯、伯、子、男。然封伯禽、康叔于鲁、卫,地各四百里,亲亲之义,褒有德也;太公于齐,兼五侯地,尊勤劳也。[1]武王、成、康所封数百,而同姓五十五,地上不过百里,下三十里,以辅卫王室。[2]管、蔡、康叔、曹、郑,或过或损。[3]厉、幽之后,王室缺,侯伯强国兴焉,天子微,弗能正[4]。非德

译文

太史公说:殷代以前的事已经很久远了。周代分封诸侯分成五种等级:公、侯、伯、子、男。然而分封伯禽、康叔在鲁、卫,他们的封地各有四百里,这是表示了爱护自己亲属的意思,也是为褒奖有德行的人物;太公被封在齐地,包括有五个侯国那么大的土地,这是为了尊崇勤劳王室的人物。武王、成王、康王所封的诸侯有几百个,其中同是姬姓的有五十五个,他们的封地最多的不超过一百里,最少的只有三十里,这样做是要用他们辅助护卫周王室。管叔、蔡叔、康叔、曹叔、郑伯,他们的封地有的超过了一百里,有的又少于三十里。厉王、幽王以后,周王室亏缺,接受分封的诸侯中间的强国兴盛起来了,天子力量微薄,不能匡正他们的僭越行为。不是周天子的德行不纯一,

不纯[5],形势弱也。

而是因为形势衰弱了。

注释 1 伯禽:周公之子。武王封周公旦于曲阜,是为鲁公;周公因留佐武王,不能就国,而使其子伯禽代就封于鲁,为鲁公。 康叔:武王同母少弟姬封。成王时,周公平定纣与武庚禄父作乱后,以河、淇间故商墟封康叔为卫君。 太公:太公望吕尚,本姓姜,从其先祖之封姓,故称吕尚。因与周公共同辅佐武王建周有功而被封于齐,故亦称齐太公。 2 所封数百:下篇《高祖功臣侯者年表》及《汉书·诸侯王表》均言周封八百,然不可详。 同姓五十五:《左传·昭公二十八年》载成鱄对魏子言周初封兄弟之国十五,姬姓之国四十。盖同姓五十五为合兄弟之国与姬姓之国而言。又《左传·僖公二十四年》载周公封建亲戚,其中文王之子有管、蔡、郕、霍、鲁、卫、毛、聃、郜、雍、曹、滕、毕、原、酆、郇,此盖武王兄弟之国,其数乃约略言之。 3 管:武王弟叔鲜封地,地在今河南郑州。 蔡:武王弟叔度封地,地在今河南上蔡西南。 曹:武王弟叔振铎封地,地在今山东菏泽定陶区西南。 郑:周宣王弟桓公友封地,地在今陕西渭南华州区东。 4 正:匡正。一说作“征”,征伐。 5 纯:纯一。《史记索隐》:“纯,善也,亦云纯一。”

汉兴,序二等。[1]高祖末年,非刘氏而王者,若无功上所不置而侯者,天下共诛之。高祖子弟同姓为王者九国,唯独长沙异姓,而功臣侯者百有余人。[2]自雁门、太原以东至辽阳,为

汉家兴起,分封功臣的序列是两个等级。高祖的晚年规定,不是刘氏而称王的,假若没有功劳又不是天子所封而称侯的,天下的人应该共同去诛伐他。高祖的子弟同是刘姓成为诸侯王的有九个封国,唯独只有长沙王是异姓封国,而有功之臣被封为侯的有一百多人。从雁门、太原以东直到辽阳,是燕国、代国的封地;常山以南,

燕、代国；[3]常山以南，大行左转，度河、济，阿、甄以东薄海，为齐、赵国；[4]自陈以西，南至九疑，东带江、淮、谷、泗，薄会稽，为梁、楚、吴、淮南、长沙国：[5]皆外接于胡、越[6]。而内地北距山以东[7]尽诸侯地，大者或五六郡，连城数十，置百官宫观，僭于天子。汉独有三河、东郡、颍川、南阳，自江陵以西至蜀，北自云中至陇西，与内史凡十五郡，而公主列侯颇食邑其中。[8]何者？天下初定，骨肉同姓少，故广强庶孽[9]，以镇抚四海，用承卫天子也。

太行山向左边转去，渡过黄河、济水，东阿、甄城以东一直迫近大海，是齐国、赵国的封地；从陈以西，南到九疑山，东边带过长江、淮河、谷水、泗水，迫近会稽，是梁国、楚国、吴国、淮南国、长沙国的封地：它们封国的境界都是外面和匈奴、越族相连接。而内地比及崤山以东全部都是诸侯国的封地，大的封国有的占有五六个郡，兼有的城池达几十座，设置百官建立宫观，所用礼仪僭越到了天子的规格。汉朝仅直接占有三河、东郡、颍川、南阳，从江陵以西到蜀地，北边从云中起到陇西，加上内史，总共才十五个郡，而且公主和列侯有颇多的食邑在这当中。为什么会出现这样的情况呢？天下刚刚平定，至亲骨肉的同姓非常少，所以广泛地增强宗室子弟的力量，用他们来镇定抚慰天下，以便秉承天子的命令并捍卫天子的权位尊严。

注释　**1** 序：序列，即封爵的类别系列。　二等：指王、侯两个等级。**2** 同姓为王者九国：刘邦灭异姓王后所封同姓九王，即子刘肥为齐王，弟刘交为楚王，侄刘濞为吴王，子刘长为淮南王，子刘建为燕王，子刘如意为赵王，子刘恢为梁王，子刘恒为代王，子刘友为淮阳王。　长沙异姓：吴芮封长沙王，因他国小忠诚又界于南越，故得以单独保存而未被诛灭。　功臣侯者百有余人：下篇载高祖功臣封侯者143人。**3** 雁门：郡名,治所善无,在今山西右玉南。辖今山西北部朔州至大同以北一带地区。　太原:郡名,治所晋阳,在今山西太原西南。辖今山西中部靠东一带地区。　辽阳:县名,在今辽宁沈阳西南。　燕:封国名,都蓟,在今北京西南。　代:封国名,初都代县,在今河北蔚县东北。　**4** 常山:即恒山,在今河北曲阳西北。　大行:即太行山,在今山西河北交界线上。　河:指黄河。　济:指济水。　阿:指东阿,在今山东东阿西南。时在黄河以东,今在黄河西岸。　甄:即汉置鄄(juàn)城县。在今山东鄄城北。　齐:封国名,都临淄,在今山东淄博东北。　赵:封国名,都邯郸,在今河北邯郸。**5** 陈:县名,在今河南淮阳。时为淮阳国都所在地。　九疑:山名,在今湖南宁远南。　江:指长江。　淮:指淮河。　谷:指谷水。流入泗水。　泗:指泗水。流入淮河。　薄:临近,连接。　会稽:山名,在今浙江绍兴南。　梁:封国名,都睢阳,在今河南商丘南。　楚:封国名,都彭城,在今江苏徐州。　淮南:封国名,都寿春,在今安徽寿县。　长沙:封国名,都临湘,在今湖南长沙。　**6** 胡、越:胡一般泛指北方或西北方的游牧民族,有时专指匈奴;越指"百越"或"百粤",此即南越、东越。燕、代边胡,长沙接南越,吴接东越。　**7** 内地北距山以东:《史记志疑》引方氏《补正》曰"北当作'比',其外接胡、越,而内地比次距山以东也,与下'汉郡八九十,形错诸侯间,犬牙相临'对"。距,至。　**8** 三河:指河内、河东、河南三郡,河内郡治怀县,在今河南武陟西南;河东郡治安邑,在今山西夏县西北;河南郡治雒阳,在今河南洛阳东北。　东郡:郡名,治所濮阳,在今河南濮阳西南。　颍川:郡名,治所阳翟,在今河南禹州。　南阳:郡名,治所宛县,在今河南南阳。　江陵:南郡治所,在今湖北江陵。　蜀:郡名,治所成都,在今四川成都。　云中:郡名,治所云中,在今内蒙古呼和浩特西南。　陇西:郡名,治所狄道,在今甘肃临洮。　内史:即京兆尹,治所在长安。　十五郡:即河东、河南、河内、东郡、颍川、南阳、南郡、汉中、巴郡、蜀郡、陇西、北地、上郡、云中、内史等。汉初六十二郡,诸侯占地达四十七郡。　**9** 庶孽:指宗室子弟。

汉定百年之间，亲属益疏，诸侯或骄奢，忕邪臣计谋为淫乱，大者叛逆，小者不轨于法，以危其命，殒身亡国。[1]天子观于上古，然后加惠，使诸侯得推恩分子弟国邑，故齐分为七，赵分为六，梁分为五，淮南分三，及天子支庶子为王，王子支庶为侯，百有余焉。[2]吴楚时，前后诸侯或以適削地，是以燕、代无北边郡，吴、淮南、长沙无南边郡，齐、赵、梁、楚支郡名山陂海咸纳于汉。[3]诸侯稍微，大国不过十余城，小侯不过数十里，上足以奉贡职，下足以供养祭祀，以蕃辅京师。而汉郡八九十，形错诸侯间，犬牙相临，秉其阸塞地

汉朝安定百年以来，原来自己的亲属更加疏远了，诸侯们有的骄纵奢侈，习惯于邪恶之臣的计谋形成淫乱，情况严重的出现背叛，轻微的行为也脱离了法律规范，因此危害了他们的命运，造成自身死亡且封国被废。天子观察上古的教训，然后施加德惠，让诸侯们能够推行恩义把国土普遍地分给他们的子弟，所以齐国分成了七个小封地，赵国分成了六个小封地，梁国分成了五个小封地，淮南国分成了三个小封地，以及天子的支庶子封作王，王子的支庶又封作侯，加起来有一百多个了。吴、楚等七国反叛的时候，前前后后有诸侯因为有罪过被分削了土地，所以燕国、代国就没有了北界边境上的郡，吴国、淮南国、长沙国就没有了南界边境上的郡，齐国、赵国、梁国、楚国自己设置的支郡和名山陂海全都被纳入了汉王朝管辖。诸侯们的势力逐渐微弱，大封国占有的城池不超过十几个，小封侯的土地不超过几十里，对上来说就足以奉行其进贡的职责，对下来说也足以供奉自家的祭祀，因而能够藩卫辅助天子。而汉王朝控制的郡达到八九十个，它们形制错落在诸侯国封地之间，犬牙交错，互相依临，把持着天下的险固要塞地饶之利，强固朝廷本干，削弱诸侯枝叶的

利，强本干，弱枝叶之势，尊卑明而万事各得其所矣。[4]

臣迁谨记高祖以来至太初[5]诸侯，谱其下益损之时，令后世得览。形势虽强，要之以仁义为本。

形势已经出现，地位的尊卑明确了，各种事物的处置也就各得其所了。

臣下司马迁谨敬记述高祖以来到武帝太初年间的所有诸侯，在他们的名下谱列增益减损时候的有关内容，以便后世的人能够观览。整个朝廷的势力即使很强大，还是要用仁义作为建立政治的根本。

注释 **1** 百年之间：汉建国于公元前 206 年，刘邦即位于五年正月，即公元前 202 年，此表截止于武帝太初四年，即公元前 101 年，前后百年有余。 忕(shì)：习惯，惯于。 **2** 推恩分子弟国邑：元朔二年，公元前 127 年，武帝用主父偃的建议而下推恩之令，在继承王位的嫡长子之外，分割王国土地给其他子弟，使之成为列侯而归汉郡统辖，由此诸侯王势力日益缩小，不足以威胁中央。 齐分为七：即城阳、济北、济南、菑川、胶西、胶东，与齐为七国。 赵分为六：即河间、广川、中山、常山、清河，与赵为六国。 梁分为五：即济阴、济川、济东、山阳，与梁为五国。 淮南分三：即庐江、衡山，与淮南为三国。 **3** 吴楚时：指吴、楚、赵、胶西、胶东、菑川、济南七国叛乱之时。吴，封国名，都吴，在今江苏苏州。 適：通“谪”，贬谪。 无北边郡……无南边郡：叛乱平定后，边郡被收归中央，南、北诸侯国由此无边郡。《史记集解》：“如淳曰：‘长沙之南更置郡，燕、代以北更置缘边郡，其所有饶利兵马器械，三国皆失之也。’” 支郡：诸侯王自置之郡。 **4** 形错诸侯间：武帝行推恩令后，郡国总计一百零三，汉郡八十三，王国二十，汉郡交错于王国之间。《史记索隐》：“错谓交错。相衔如犬牙，故云犬牙相制，言犬牙参差也。” 秉：把持，控制。 阸：同“阨(ài)”，“阨”又通“隘”，狭隘，险要。 **5** 太初：汉武帝的年号，为公元前 104 年至公元前 101 年。

前206	前205	前204	前203	前202
高祖元年	二	三	四	五
楚[1]	都彭城。			齐王信徙为楚王元年。反,废。
齐[2]	都临菑。		初王信元年。故相国。	二　徙楚。
荆[3]	都吴。			
淮南[4]	都寿春。		十月乙丑,初王武王英布元年。	二
燕[5]	都蓟。			后九月壬子,初王卢绾元年。
赵[6]	都邯郸。		初王张耳元年。薨。	王敖元年。敖,耳子。
梁[7]	都淮阳[11]。			初王彭越元年。
淮阳[8]	都陈。			
代[9]	十一月,初王韩信[12]元年。都马邑。	二	三	四　降匈奴,国除为郡。
长沙[10]				二月乙未,初王文王吴芮元年。薨。

注释 1 楚:高祖五年,封韩信为楚王。六年,以弟刘交为楚王。 2 齐:高祖四年,封韩信为齐王。六年,以子刘肥为齐王。 3 荆:高祖六年,封刘贾为荆王。十一年,贾为英布所杀。其年以其地为吴国,封兄子刘濞为王。 4 淮南:高祖四年,封英布为淮南王。十一年布反,被诛,立子刘长为淮南王。 5 燕:高祖五年,封卢绾为燕王。十一年卢绾亡入匈奴。十二年,立子刘建为燕王。 6 赵:高祖四年,封张耳为赵王。其年耳死。五年,耳子敖立为赵王。八年,敖废为宣平侯。九年,立子刘如意为赵王。 7 梁:高祖五年,封彭越为梁王。十一年,彭越反,被诛。十二年,立子刘恢为梁王。 8 淮阳:史记索隐:"十一年,封子友。后二年,为郡。高后元年,复为国,封惠帝子刘彊。" 9 代:高祖二年,封韩王信为代王。五年,信降匈奴。十一年,立子刘恒为代王。 10 长沙:高祖五年,吴芮死。六年,其子成王臣立为王。 11 淮阳:应为"睢阳"。 12 韩信:汉初常见二"韩信"名。其一王齐、王楚,为"汉初三杰"之一的韩信,后被贬为淮阴侯;其一为韩襄王仓庶孙之韩信,一般书写为"韩王信"。

续表

	前201	前200	前199	前198	前197
	六	七	八	九	十
楚	正月丙午，初王交元年。交，高祖弟。	二	三	四　来朝。	五　来朝。
齐	正月甲子，初王悼惠王肥元年。肥，高祖子。	二	三	四　来朝。	五　来朝。
荆	正月丙午，初王刘贾元年。	二	三	四	五　来朝。
淮南	三	四	五	六　来朝。	七　来朝。反，诛。
燕	二	三	四	五	六　来朝。
赵	二	三	四　废。	初王隐王如意元年。如意，高祖子。	二
梁	二	三	四	五　来朝。	六　来朝。反，诛。
淮阳					
代					复置代，都中都。
长沙	成王臣元年	二	三	四	五　来朝。

续表

	前196 十一	前195 十二
楚	六	七
齐	六	七
荆	六　为英布所杀,国除为郡。	更为吴国。十月辛丑,初王濞元年。濞,高祖兄仲子,故沛侯。
淮南	十二月庚午,厉王长元年。长,高祖子。	二
燕	七	二月甲午,初王灵王建元年。建,高祖子。
赵	三	四　死。
梁	二月丙午,初王恢元年。恢,高祖子。	二
淮阳	三月丙寅,初王友元年。友,高祖子。	二
代	正月丙子,初王元年。	二
长沙	六	七

续表

	前 194	前 193	前 192	前 191	前 190	前 189
	孝惠元年	二	三	四	五	六
楚	八	九　来朝。	十	十一　来朝。	十二	十三
齐	八	九　来朝。	十	十一　来朝。	十二	十三　薨。
吴	二	三	四	五	六　来朝。	七
淮南	三	四	五	六　来朝。	七	八
燕	二	三	四	五	六　来朝。	七
赵	淮阳王徙于赵,名友,元年。是为幽王。	二	三	四　来朝。	五	六
梁	三	四	五	六	七	八
淮阳	为郡。					
代	三	四	五	六	七	八
长沙	八	哀王回[1]元年	二	三	四	五

注释　1 哀王回:成王吴臣之子。

续表

	前 188	前 187
	七	高后元年
楚	十四　来朝。	十五
鲁	初置鲁国。	四月元王张偃元年。偃,高后外孙,故赵王敖子。
齐	哀王襄[1]元年	二
吴	八　来朝。	九
淮南	九　来朝。	十
燕	八　来朝。	九
赵	七　来朝。	八
常山	初置常山国。	四月辛卯,哀王不疑元年。薨。
梁	九　来朝。	十
吕	初置吕国。	四月辛卯,吕王台元年。薨。
淮阳	复置淮阳国。	四月辛卯,初王怀王强元年。强,惠帝子。
代	九	十
长沙	六	七

注释　1 哀王襄:悼惠王刘肥之子。

续表

	前186	前185	前184
	二	三	四
楚	十六	十七	十八
鲁	二	三	四
齐	三	四　来朝。	五
吴	十	十一	十二
淮南	十一	十二	十三
燕	十	十一	十二
赵	九	十	十一
常山	七月癸巳，初王义元年。哀王弟。义，孝惠子，故襄城侯，立为帝。	二	五月丙辰，初王朝元年。朝，惠帝子，故轵侯。[1]
梁	十一	十二	十三
吕	十一月癸亥，王吕嘉元年。嘉，肃王子。	二	三
淮阳	二	三	四
代	十一	十二	十三
长沙	恭王右元年	二　来朝。	三

注释　1 轵(zhǐ)：县名，在今河南济源东南。《史记索隐》："轵县在河内。后文帝以封舅薄昭。"

续表

	前183	前182	前181
	五	六	七
楚	十九	二十	二十一
鲁	五	六	七
齐	六	七	八
琅琊		初置琅邪国。	王泽元年。故营陵侯。
吴	十三	十四	十五
淮南	十四　来朝。	十五	十六
燕	十三	十四	十五　绝。
赵	十二	十三	十四　幽死。
常山	二	三	四
梁	十四	十五	徙王赵，自杀。王吕产元年。
吕	四	嘉废。七月丙辰，吕产元年。产，肃王弟，故洨侯。	吕产徙王梁。二月丁巳，王太元年。惠帝子。
淮阳	五　无嗣。	初王武元年。武，孝惠帝子，故壶关侯。	二
代	十四	十五	十六
长沙	四	五	六

续表

	前180	前179
	八	孝文前元年
楚	二十二	二十三
鲁	八	九　废为侯。
齐	九	十　薨。
城阳		初置城阳郡。
济北		初置济北。
琅琊	二	三　徙燕。
吴	十六	十七
淮南	十七	十八
燕	十月辛丑,初王吕通元年。肃王子,故东平侯。九月诛,国除。	十月庚戌,琅邪王泽徙燕元年。是为敬王。
赵	初王吕禄元年。吕后兄子,胡陵侯。诛,国除。	十月庚戌,赵王遂元年。幽王子。
河间		分为河间,都乐成[1]。
常山	五　非子,诛,国除为郡。	
太原		初置太原,都晋阳[2]。
梁	二　有罪,诛,为郡。	复置梁国。
吕	二	
淮阳	三　武诛,国除。	
代	十七	十八　为文帝。
长沙	七	八

注释　1 乐成:在今河北献县东南。　2 晋阳:在今山西太原西南。

续表

	前178	前177	前176
	二	三	四
楚	夷王郢元年	二	三
齐	文王则元年	二	三
城阳	二月乙卯，景王章元年。章，悼惠王子，故朱虚侯。	二	共王喜元年
济北	二月乙卯，王兴居元年。兴居，悼惠王子，故东牟侯。	为郡。	
琅琊	国除为郡。		
吴	十八	十九　来朝。	二十
淮南	十九	二十　来朝。	二十一
燕	二　薨。	康王嘉元年	二
赵	二	三	四
河间	二月乙卯，初王文王辟强元年。辟强，赵幽王子。	二	三
太原	二月乙卯，初王参元年。参，文帝子。	二	三　更为代王。
梁	二月乙卯，初王怀王胜元年。胜，文帝子。	二	三
淮阳		复置淮阳国。	代王武徙淮阳三年。
代	二月乙卯，初王武元年。武，文帝子。	二　徙淮阳。	三　太原王参更号为代王三年，实居太原，是为孝王。
长沙	九	靖王著元年	二

续表

	前175	前174	前173	前172	前171	前170
	五	六	七	八	九	十
楚	四　薨。	王戊元年	二	三	四	五
齐	四	五	六	七　来朝。	八	九
城阳	二	三	四	五	六　来朝。	七
吴	二十一	二十二	二十三	二十四	二十五	二十六
淮南	二十二	二十三　王无道,迁蜀,死雍,为郡。				
燕	三	四	五	六　来朝。	七	八
赵	五	六	七　来朝。	八	九	十
河间	四	五	六	七　来朝。	八	九
梁	四	五	六　来朝。	七	八	九
淮阳	四	五	六　来朝。	七	八　来朝。	九
代	四	五	六　来朝。	七	八	九
长沙	三	四	五	六	七	八　来朝。

续表

	前169	前168	前167	前166	前165
	十一	十二	十三	十四	十五
楚	六	七	八　来朝。	九	十
衡山					初置衡山。
齐	十	十一　来朝。	十二	十三	十四　薨。无后。
城阳	八　徙淮南。为郡,属齐。				复置城阳国。
济北					复置济北国。
济南					分为济南国。
菑川					分为菑川,都剧[1]。
胶西					分为胶西,都宛[2]。
胶东					分为胶东,都即墨[3]。
吴	二十七	二十八	二十九	三十	三十一
淮南		城阳王喜徙淮南元年	二	三	四　徙城阳。
燕	九	十	十一	十二　来朝。	十三　来朝。
赵	十一	十二　来朝。	十三	十四	十五
河间	十	十一　来朝。	十二	十三　薨。	哀王福元年。薨,无后,国除为郡。
庐江					初置庐江国[4]。
梁	十　来朝。薨,无后。	十一　淮阳王武徙梁年,是为孝王。	十二	十三	十四　来朝。
淮阳	十　来朝。徙梁。为郡。				
代	十　来朝。	十一	十二	十三	十四
长沙	九	十	十一	十二	十三

注释 1 剧:在今山东寿光南。 2 宛:《史记集解》引徐广曰:“乐安有宛县。”据《史记志疑》考证,宛,当作“高苑”或作“高宛”,宛与苑同。此脱一“高”字。地在今山东淄博西北。梁玉绳云:“宣帝改胶西为高密,安知不徙都。且胶西之都高宛,《水经注》凿凿言之,而《汉志》据最后平帝元始为说,统西汉二百年,其间郡县之割隶移属,不可指数,安得据宣帝时之高密以概文帝时之胶西。”《史记会注考证》认为宛当作高宛,《史记集解》同。 3 即墨:在今山东平度东南。 4 庐江国:都舒,在今安徽庐江西南。

续表

	前164	前163	前162	前161
	十六	后元年	二	三
楚	十一	十二	十三	十四
衡山	四月丙寅，王勃元年。淮南厉王子，故安阳侯。	二	三	四
齐	四月丙寅，孝王将闾元年。齐悼惠王子，故阳虚侯。	二	三	四　来朝。
城阳	淮南王喜徙城阳十三年。	十四	十五	十六
济北	四月丙寅，初王志元年。齐悼惠王子，故安都侯。	二	三	四　来朝。
济南	四月丙寅，初王辟光元年。齐悼惠王子，故朸侯。	二	三	四　来朝。
菑川	四月丙寅，初王贤元年。齐悼惠王子，故武城侯。	二	三	四
胶西	四月丙寅，初王卬元年。齐悼惠王子，故平昌侯。	二	三	四
胶东	四月丙寅，初王雄渠元年。齐悼惠王子，故白石侯。	二	三	四
吴	三十二	三十三	三十四	三十五
淮南	四月丙寅，王安元年。淮南厉王子，故阜陵侯。	二	三	四
燕	十四	十五	十六	十七
赵	十六	十七	十八	十九
河间				
庐江	四月丙寅，王赐元年。淮南厉王子，故阳周侯。	二	三	四
梁	十五	十六	十七	十八　来朝。
代	十五	十六	十七　薨。	恭王登元年
长沙	十四	十五	十六	十七

续表

	前160 四	前159 五	前158 六	前157 七	前156 孝景前元年
楚	十五	十六　来朝。	十七	十八	十九
鲁					
衡山	五	六	七	八	九
齐	五	六	七	八	九
城阳	十七	十八　来朝。	十九	二十	二十一
济北	五　来朝。	六	七	八	九
济南	五	六　来朝。	七	八	九
菑川	五	六	七	八	九
胶西	五	六　来朝。	七	八	九
胶东	五	六	七	八	九
吴	三十六	三十七	三十八	三十九	四十
淮南	五	六	七　来朝。	八	九
燕	十八　来朝。	十九	二十	二十一	二十二
赵	二十　来朝。	二十一	二十二	二十三	二十四
河间					复置河间国。
广川					初置广川，都信都[1]。
庐江	五	六	七	八	九
梁	十九	二十	二十一　来朝。	二十二	二十三
临江					初置临江，都江陵[2]。
汝南					初置汝南国。
淮阳					复置淮阳国。
代	二	三	四	五	六
长沙	十八	十九	二十　来朝。	二十一　来朝。薨，无后，国除。	复置长沙国。

注释　1 信都：在今河北衡水冀州区。　2 江陵：在今湖北江陵。

续表

	前 155	前 154
	二	三
楚	二十　来朝。	二十一　反,诛。
鲁	分楚复置鲁国。	六月乙亥淮阳王徙鲁元年。是为恭王。
衡山	十	十一
齐	十	十一
城阳	二十二	二十三
济北	十　来朝。	十一　徙菑川。
济南	十	十一　反,诛。为郡。
菑川	十	十一　反,诛。济北王志徙菑川十一年。是为懿王。
胶西	十	十一　反,诛。六月乙亥,于王[2]端元年。景帝子。
胶东	十	十一　反,诛。
吴	四十一	四十二　反,诛。
淮南	十	十一
燕	二十三	二十四
赵	二十五　来朝。	二十六　反,诛。为郡。
河间	三月甲寅,初王献王德元年。景帝子。	二　来朝。
广川	三月甲寅,王彭祖元年。景帝子。	二　来朝。
中山	初置中山,都卢奴。[1]	六月乙亥,靖王胜元年。景帝子。
庐江	十	十一
梁	二十四　来朝。	二十五　来朝。
临江	三月甲寅,初王阏于元年。景帝子。	二
汝南	三月甲寅,初王非元年。景帝子。	二
淮阳	三月甲寅,初王余元年。景帝子。	二　徙鲁。为郡。
代	七	八
长沙	三月甲寅,定王发元年。景帝子。	二

注释　**1** 卢奴:在今河北定州。　**2** 于王:《史记索隐》引《谥法》:“能优其德曰于。”

续表

	前153	前152	前151
	四　四月己巳立太子[1]	五	六
楚	文王礼元年。元王子，故平陆侯。	二	三　来朝。薨。
鲁	二　来朝。	三	四
衡山	十二　徙济北。庐江王赐徙衡山元年。	二	三
齐	懿王寿元年	二　来朝。	三
城阳	二十四	二十五	二十六
济北	衡山王勃徙济北十二年。是为贞王。	十三　薨。	武王胡元年
菑川	十二	十三	十四
胶西	二	三	四
胶东	四月己巳，初王元年。是为孝武帝。	二	三
江都	初置江都[2]。六月乙亥，汝南王非为江都王元年。是为易王[3]。	二	三
淮南	十二	十三　来朝。	十四
燕	二十五	二十六　薨。	王定国元年
赵		广川王彭祖徙赵四年。是为敬肃王。	五
河间	三	四	五
广川	三	四　徙赵，国除为信都郡。	
中山	二	三	四
庐江	十二　徙衡山，国除为郡。		
梁	二十六	二十七	二十八
临江	三　薨，无后，国除为郡。		复置临江国。
汝南	三　徙江都。		
代	九	十	十一
长沙	三	四	五　来朝。

注释　**1** 太子：此指景帝栗姬所生之长子荣，后被废。故称“栗太子”。**2** 江都：封国名，都江都，在今江苏扬州一带。**3** 易王：《史记索隐》引《谥法》：“好更故旧为易也。”

续表

	前150	前149	前148
	七　十一月乙丑太子废	中元年	二
楚	安王道元年	二　来朝。	三
鲁	五	六　来朝。	七
衡山	四	五	六
齐	四	五	六
城阳	二十七	二十八	二十九　来朝。
济北	二	三	四
菑川	十五	十六　来朝。	十七　来朝。
胶西	五	六　来朝。	七
胶东	四　四月丁巳,为太子。	复置胶东国。	四月乙巳,初王康王寄元年。景帝子。
江都	四	五	六
淮南	十五	十六	十七
燕	二	三	四
赵	六	七	八　来朝。
河间	六	七	八　来朝。
广川		复置广川国。	四月乙巳,惠王越元年。景帝子。
中山	五　来朝。	六	七
清河			初置清河,都清阳[1]。
梁	二十九　来朝。	三十	三十一　来朝。
临江	十一月乙丑,初王闵王荣元年。景帝太子,废为王。	二	三
代	十二	十三	十四
长沙	六　来朝。	七	八

注释　1 清阳:在今河北清河东南。

续表

	前147	前146	前145
	三	四	五
楚	四	五	六　来朝。
鲁	八	九	十
衡山	七　来朝。	八	九
齐	七	八	九
城阳	三十	三十一	三十二
济北	五	六	七
菑川	十八	十九	二十
胶西	八	九	十
胶东	二	三	四　来朝。
江都	七	八	九
淮南	十八	十九　来朝。	二十
燕	五　来朝。	六	七
赵	九	十	十一
河间	九	十	十一
广川	二	三	四
中山	八	九　来朝。	十
清河	三月丁巳，哀王乘元年。景帝子。	二	三
常山		复置常山国。	三月丁巳，初王宪王舜元年。孝景子。
梁	三十二	三十三	三十四
济川			分为济川国。
临江	四　坐侵庙壖垣[1]为宫，自杀。国除为南郡。		分为济东国。
山阳			分为山阳国。
济阴			分为济阴国。
代	十五　来朝。	十六	十七
长沙	九	十　来朝。	十一　来朝。

注释　1 壖(ruán)垣：庙境外之空隙地。壖，余地，隙地。垣，壖之内外墙均称垣。

续表

	前144	前143	前142	前141	前140
	六	后元年	二	三	孝武建元元年
楚	七	八	九	十	十一
鲁	十一	十二	十三	十四	十五
衡山	十	十一	十二	十三	十四
齐	十	十一	十二　来朝。	十三	十四
城阳	三十三　薨。	顷王延元年	二	三	四
济北	八	九	十　来朝。	十一	十二
菑川	二十一	二十二　来朝。	二十三	二十四	二十五
胶西	十一	十二	十三	十四	十五
胶东	五	六	七	八　来朝。	九
江都	十	十一	十二	十三	十四
淮南	二十一	二十二	二十三	二十四	二十五
燕	八	九　来朝。	十　来朝。	十一	十二
赵	十二	十三　来朝。	十四	十五	十六
河间	十二	十三　来朝。	十四	十五	十六
广川	五	六	七	八	九
中山	十一	十二	十三	十四	十五
清河	四	五	六	七	八
常山	二	三	四	五	六
梁	三十五　来朝。薨。	恭王买元年。孝王子。	二	三	四
济川	五月丙戌，初王明元年。梁孝王子。	二	三	四	五
济东	五月丙戌，初王彭离元年。梁孝王子。	二	三	四	五
山阳	五月丙戌，初王定元年。梁孝王子。	二	三	四	五
济阴	五月丙戌，初王不识元年。梁孝王子。	二　薨，无后，国除。			
代	十八	十九	二十	二十一	二十二
长沙	十二	十三	十四	十五	十六

续表

	前139	前138	前137	前136	前135
	二	三	四	五	六
楚	十二　来朝。	十三	十四	十五	十六
鲁	十六　来朝。	十七	十八	十九	二十
衡山	十五	十六	十七	十八	十九
齐	十五	十六	十七	十八	十九
城阳	五	六	七	八	九
济北	十三	十四	十五	十六	十七
菑川	二十六	二十七	二十八	二十九	三十
胶西	十六	十七	十八	十九	二十　来朝。
胶东	十	十一	十二	十三	十四
江都	十五	十六	十七　来朝。	十八	十九
淮南	二十六　来朝。	二十七	二十八	二十九	三十
燕	十三	十四	十五	十六	十七
赵	十七	十八	十九	二十	二十一　来朝。
河间	十七	十八	十九	二十	二十一
广川	十	十一	十二	缪王元年	二
中山	十六	十七　来朝。	十八	十九	二十
清河	九　来朝。	十	十一	十二　薨，无后，国除为郡。	
常山	七	八	九　来朝。	十	十一
梁	五	六	七　薨。	平王襄元年	二
济川	六	七　明杀中傅。废迁房陵。	为郡。		
济东	六	七	八	九	十
山阳	六	七	八	九　薨，无后，国除为郡。	
代	二十三	二十四　来朝。	二十五	二十六	二十七
长沙	十七	十八　来朝。	十九	二十	二十一

续表

	前 134	前 133	前 132	前 131	前 130	前 129
	元光元年	二	三	四	五	六
楚	十七	十八 来朝。	十九　来朝。	二十	二十一	二十二 薨。
鲁	二十一	二十二	二十三	二十四	二十五	二十六 薨。
衡山	二十	二十一	二十二	二十三	二十四	二十五
齐	二十	二十一	二十二　卒。	厉王次昌元年	二	三
城阳	十　来朝。	十一	十二	十三	十四 来朝。	十五
济北	十八	十九	二十	二十一	二十二	二十三
菑川	三十一	三十二	三十三	三十四	三十五 薨。	靖王建元年
胶西	二十一	二十二	二十三	二十四	二十五	二十六
胶东	十五　来朝。	十六	十七	十八	十九	二十
江都	二十	二十一	二十二	二十三	二十四	二十五
淮南	三十一	三十二	三十三	三十四	三十五	三十六
燕	十八　来朝。	十九	二十	二十一	二十二	二十三
赵	二十二	二十三	二十四	二十五	二十六	二十七 来朝。
河间	二十二	二十三	二十四	二十五	二十六 来朝。	恭王不害元年
广川	三	四	五	六	七	八
中山	二十一	二十二 来朝。	二十三　来朝。	二十四	二十五	二十六
常山	十二	十三	十四	十五	十六	十七
梁	三	四	五	六	七	八
济东	十一	十二	十三	十四　来朝。	十五	十六
代	二十八	二十九	王义元年	二	三	四
长沙	二十二	二十三 来朝。	二十四　来朝。	二十五	二十六	二十七

续表

	前128	前127	前126	前125	前124
	元朔元年	二	三	四	五
楚	襄王注元年	二	三	四　来朝。	五
鲁	安王光元年	二	三	四	五
衡山	二十六	二十七	二十八	二十九	三十
齐	四	五　薨，无后，国除为郡。			
城阳	十六	十七	十八	十九	二十
济北	二十四　来朝。	二十五	二十六	二十七	二十八
菑川	二	三	四	五	六
胶西	二十七	二十八　来朝。	二十九	三十	三十一
胶东	二十一	二十二	二十三	二十四	二十五　来朝。
江都	二十六	王建元年	二	三	四
淮南	三十七	三十八	三十九	四十	四十一　安有罪，削国二县。
燕	二十四　坐禽兽行自杀。国除为郡。				
赵	二十八	二十九	三十	三十一	三十二
河间	二	三	四　薨。	刚王堪元年	二
广川	九	十	十一	十二	十三
中山	二十七	二十八	二十九　来朝。	三十	三十一
常山	十八	十九	二十	二十一	二十二　来朝。
梁	九	十　来朝。	十一	十二	十三
济东	十七	十八	十九	二十　来朝。	二十一
代	五	六	七	八	九
长沙	康王庸元年	二	三	四	五

续表

	前123	前122	前121
	六	元狩元年	二
楚	六	七	八
鲁	六	七	八　来朝。
衡山	三十一	三十二　反,自杀,国除。	
城阳	二十一　来朝。	二十二	二十三
济北	二十九	三十	三十一
菑川	七	八	九
胶西	三十二	三十三	三十四
胶东	二十六	二十七	二十八
江都	五	六	七　反,自杀,国除为广陵郡。
淮南	四十二	四十三　反,自杀。	置六安国,以故陈为都。七月丙子。初王恭王庆元年。胶东王子。
赵	三十三	三十四　来朝。	三十五
河间	三	四	五
广川	十四　来朝。	十五	十六
中山	三十二	三十三	三十四
常山	二十三	二十四	二十五
梁	十四	十五	十六
济东	二十二	二十三	二十四
代	十	十一	十二　来朝。
长沙	六	七	八　来朝。

续表

	前120	前119	前118	前117
	三	四	五	六
楚	九	十　来朝。	十一	十二
鲁	九	十	十一	十二
齐			复置齐国。	四月乙巳,初王怀王闳元年。武帝子。
城阳	二十四	二十五	二十六　来朝。薨。	敬王义元年
济北	三十二　来朝。	三十三	三十四	三十五
菑川	十	十一	十二　来朝。	十三
胶西	三十五	三十六	三十七	三十八
胶东	哀王贤元年	二	三	四
广陵			更为广陵国。	四月乙巳,初王胥元年。武帝子。
六安	二	三	四	五
燕			复置燕国。	四月乙巳,初王刺王[1]旦元年。武帝子。
赵	三十六	三十七	三十八	三十九
河间	六	七	八	九　来朝。
广川	十七	十八	十九	二十
中山	三十五　来朝。	三十六	三十七	三十八
常山	二十六	二十七	二十八	二十九　来朝。
梁	十七	十八	十九	二十
济东	二十五	二十六　来朝。	二十七	二十八
代	十三	十四	十五	十六
长沙	九	十	十一	十二

注释　1 刺王:《史记索隐》引《谥法》:"暴慢无亲曰刺。"

续表

	前116	前115	前114
	元鼎元年	二	三
楚	十三	十四　薨。	节王纯元年
鲁	十三	十四　来朝。	十五
泗水			初置泗水,都郯[1]。
齐	二	三	四
城阳	二	三	四
济北	三十六	三十七	三十八
菑川	十四	十五	十六
胶西	三十九	四十	四十一
胶东	五	六	七
广陵	二	三	四
六安	六	七	八
燕	二	三	四
赵	四十	四十一	四十二
河间	十	十一	十二　薨。
广川	二十一　来朝。	二十二	二十三
中山	三十九	四十	四十一　来朝。
清河			复置清河国。
常山	三十	三十一	三十二　薨,子为王。
梁	二十一	二十二	二十三
济东	二十九　剽攻杀人,迁上庸,国为大河郡。		
代	十七	十八　来朝。	十九　徙清河。为太原郡。
长沙	十三	十四	十五　来朝。

注释　1 都郯:当为“都淩”。《史记志疑》:“郯为东海郡治,何以为王都?疑当作‘淩’。”

续表

	前113 四	前112 五	前111 六	前110 元封元年
楚	二	三	四	五
鲁	十六	十七	十八	十九
泗水	思王商元年。商，常山宪王子。	二	三	四
齐	五	六	七	八　薨，无后，国除为郡。
城阳	五	六	七	八　来朝。
济北	三十九	四十	四十一　来朝。	四十二
菑川	十七	十八	十九	二十
胶西	四十二	四十三	四十四	四十五
胶东	八	九	十	十一
广陵	五	六	七	八
六安	九	十	十一　来朝。	十二
燕	五	六	七	八
赵	四十三	四十四	四十五	四十六
河间	顷王授元年	二	三	四
广川	二十四	二十五　来朝。	二十六	二十七
中山	四十二　薨。	哀王昌元年。即年薨。	康王[1]昆侈元年	二
清河	二十　代王义徙清河年。是为刚王。	二十一	二十二	二十三
真定	更为真定国。顷王平元年。常山宪王子。	二	三	四　来朝。
梁	二十四	二十五	二十六	二十七
长沙	十六	十七	十八	十九

注释　1 康王：《史记志疑》云《汉表》是“糠”也。师古曰“糠，恶谥也，好乐怠政曰糠”。考《周书·谥法解》作“凶年无谷曰糠”。

续表

	前 109	前 108	前 107	前 106	前 105
	二	三	四	五	六
楚	六	七	八	九	十
鲁	二十	二十一　来朝。	二十二	二十三　朝泰山。	二十四
泗水	五	六	七	八	九
城阳	九　薨。	慧王武元年	二	三	四
济北	四十三	四十四	四十五	四十六　朝泰山。	四十七
菑川	顷王遗[1]元年	二	三	四	五
胶西	四十六	四十七　薨，无后，国除。			
胶东	十二	十三	十四	戴王通平元年	二
广陵	九	十	十一	十二	十三
六安	十三	十四	十五	十六	十七
燕	九	十	十一	十二	十三
赵	四十七	四十八	四十九	五十	五十一
河间	五	六	七	八	九
广川	二十八	二十九	三十	三十一	三十二
中山	三	四	五	六	七
清河	二十四	二十五　来朝。	二十六	二十七	二十八
真定	五	六	七	八	九　来朝。
梁	二十八	二十九	三十	三十一	三十二
长沙	二十	二十一	二十二	二十三	二十四

注释　1 顷王遗：《史记索隐》："济南王辟光之孙也。"

续表

	前104	前103	前102	前101
	太初元年	二	三	四
楚	十一	十二	十三	十四
鲁	二十五	二十六	二十七	二十八
泗水	十 薨。	哀王安世元年。即戴王贺[1]元年。安世子。	二	三
城阳	五	六	七	
济北	四十八	四十九	五十	五十一
菑川	六	七	八	九
胶东	三	四	五	六
广陵	十四	十五	十六	十七
六安	十八 来朝。	十九	二十	二十一
燕	十四	十五	十六	十七
赵	五十二	五十三	五十四	五十五
河间	十	十一	十二	十三
广川	三十三	三十四	三十五	三十六
中山	八	九 来朝。	十	十一
清河	二十九	三十	三十一	三十二
真定	十	十一	十二	十三
梁	三十三	三十四	三十五	三十六 来朝。
长沙	二十五	二十六	二十七	二十八 来朝。

注释 1 戴王贺:《史记索隐》:“广川惠王子也。”

史记卷十八

高祖功臣侯者年表第六

原文

太史公曰:古者人臣功有五品,以德立宗庙定社稷曰勋,以言曰劳,用力曰功,明其等曰伐,积日曰阅。[1]封爵之誓曰:"使河如带,泰山若厉。[2]国以永宁,爰及苗裔。"始未尝不欲固其根本,而枝叶稍陵夷衰微也。[3]

余读高祖侯功臣,察其首封,所以失之者,曰:异哉所闻![4]《书》曰"协和万国",迁于夏商,或数千岁。[5]盖周

译文

太史公说:古时候给君主的臣下论功分五种品类,用德行辅佐建立宗庙安定社稷的叫作勋,用思想言论辅佐的叫作劳,用武力攻战辅佐的叫作功,能够帮助明确礼仪规范等级的叫作伐,长年累月忠诚尽心的叫作阅。封爵时候的誓词说:"即使黄河细得像衣带,泰山小得像砺石。只要国家永远安宁,福泽就会施给你的后代。"开始的时候没有不是想利用封侯来强固根本的,但以后这些枝叶也就逐渐衰颓微弱了。

我读到高祖封侯功臣的档案,考察他们当初被封侯及后来失掉封国的原因,我发觉:实际情况和我过去听到的完全不同呀!《尚书》上说"要使所有的邦国都和协",延续到夏代、商代,有的侯国已经有几千年的历史了。大概周代

封八百，幽厉之后，见于《春秋》。《尚书》有唐虞之侯伯，历三代千有余载，自全以蕃卫天子，岂非笃于仁义，奉上法哉？[6]汉兴，功臣受封者百有余人[7]。天下初定，故大城名都散亡，户口可得而数者十二三[8]，是以大侯不过万家，小者五六百户。后数世，民咸归乡里，户益息，萧、曹、绛、灌之属或至四万，小侯自倍，富厚如之。[9]子孙骄溢，忘其先，淫嬖。[10]至太初百年之间，见侯五，余皆坐法陨命亡国，秏矣。[11]罔亦少密焉，然皆身无兢兢于当世之禁云。[12]

居今之世，志古之道，所以自镜也，未

所封的八百个侯国，幽王、厉王以后，在《春秋》中还可以见到。《尚书》中记载有唐、虞时代的侯伯，经历夏、商、周三代有一千多年，一直保全着并能藩辅护卫天子，难道不是他们在仁义方面非常笃实，奉守天子的法制吗？汉代兴起，功臣受到封侯的有一百多人。天下刚刚平定，大城名都由于战乱，人众流散逃亡，户口能够计数的只有从前的十分之二三，因此大的封侯也不过有一万家，小的封侯就只有五六百户。后来经过几代的休养生息，民众都回归到了故乡，户口也更加蕃息，像萧何、曹参、绛侯周勃、灌婴这一类侯家有的达到了四万户，小的侯家也比初封时的户数增加了一倍，富足丰厚的程度也像这样。子孙们就骄纵越轨了，忘记了他们先代的创业艰难，变得淫逸邪嬖。直到武帝太初时候为止一百年间受封的，现在只有五个侯家还存在，其余的都因为犯法而丧失了生命并亡掉了封地，完全耗尽了。天子的法网也是稍微严密了些，然而都是自身没有小心谨慎地对待当时的国家禁令呀。

在当今的时代，记载古代的道义，是想作为一种自我借鉴的手段来考察当代的存亡，但是情况未必完全相同。做帝王的人各自采取不同的礼制来实现不

必尽同。[13]帝王者各殊礼而异务,要以成功为统纪,岂可绲乎?[14]观所以得尊宠及所以废辱,亦当世得失之林也,何必旧闻?[15]于是谨其终始,表见其文,颇有所不尽本末;著其明,疑者阙之。[16]后有君子,欲推而列之,得以览焉。

同的任务,总之是要拿事业的成功作纲纪,难道可以用一种政策模式进行约束吗?观察当今的人臣为什么有些人受到尊敬宠爱而有些人受到废弃屈辱,也可以看到当代社会政治上成功和失败的大量事例,何必一定要去寻找古时的事例?于是谨敬地叙述事情的始终,表列他们的事迹文字,有些事不能完全了解它的本末;事实明确的就都著述下来,有疑惑的就让它空缺。以后有君子,想推展开来加以罗列,就可以凭借这个表进行观览了。

注释 1 品:品类,等级。勋、劳、功、伐、阅,是五个等级。 宗庙:指帝王基业。 社稷:代指国家。 伐:功劳,功绩。 阅:资历。 2 封爵之誓:《史记志疑》谓:"《困学纪闻》十二引《楚汉春秋》云高祖封侯,赐丹书铁券曰:'使黄河如带,太山如砺。汉有宗庙,尔无绝世。'下二语迥异,陆贾在高帝时亲见,必得其真,《史》《汉》所载,盖吕后更之。"所以,这条誓词是经过吕后修改的,她去掉了"汉有宗庙"的关键语句。 带:衣带。 厉:"砺"的本字,砺石。 3 根本:指受封侯国的基础。 枝叶:指袭爵的子孙。 陵夷:颓败。 4 高祖侯功臣:指记录刘邦给功臣封侯的簿籍。 首封:第一次分封,最先分封。 失:失去。 5 协和万国:《尚书·尧典》原文作"协和万邦",因避刘邦讳,改"邦"为"国"。意为使各诸侯国协调和顺。万国,指众氏族。 数千岁:指尧时的诸侯国经过夏商两朝,有的存在有几千年。是说延续时间之长。 蕃卫:屏障捍卫。蕃,通"藩",篱笆。 笃:忠诚,笃重。 7 百有余人:《史记索隐》:"案:下文高祖功臣百三十七人;兼外戚及王子,凡一百四十三人。” **8** 十二三:是说十分中只存在二三分。 **9** 息:繁育,增长。 萧、曹、绛、灌:指萧何、曹参、周勃、灌婴。 自倍:比初封时的户数增加了一倍。 **10** 溢:满、越。 淫嬖:邪恶放荡。 **11** 见侯五:《史记正义》:“谓平阳侯曹宗、曲周侯郦终根、阳阿侯齐仁、戴侯祕蒙、穀陵侯冯偃也。”然查表,应有江邹侯靳石,而穀陵侯冯偃,建元四年袭封,何时国除,《史》《汉》均失载。又,《史记志疑》以为“五”或当作“六”。 秏:同“耗”。耗尽,无。 **12** 罔:同“网”,法网。 少:稍微,略为。 密:严苛。 禁:禁令。 **13** 志:志识。 自镜:自我借鉴。 **14** 统纪:准则,纲领。 绲(gǔn):约束。 **15** 得失之林也:《史记索隐》:“言观今人臣所以得尊宠者必由忠厚,被废辱者亦由骄淫,是言见在兴废亦当代得失之林也。” 旧闻:指上文提及的夏商周时诸侯长存的事例。 **16** 谨:谨敬,严肃。 疑者阙之:史事疑惑时就缺载,不主观臆补。与“疑者传疑”为同一求实的正确态度。

国名[1]	平　阳[5]	信　武[8]	清　阳[9]
侯功[2]	以中涓[6]从起沛，至霸上，侯。以将军入汉，以左丞相出征齐、魏，以右丞相为平阳侯，万六百户。	以中涓从起宛朐，入汉，以骑都尉定三秦，击项羽，别定江陵，侯，五千三百户。以车骑将军攻黥布、陈豨。	以中涓从起丰，至霸上，为骑郎将，入汉，以将军击项羽，功侯，三千一百户。
高祖十二	七　六年十二月甲申，懿侯曹参元年。	七　六年十二月甲申，肃侯靳歙元年。	七　六年十二月甲申，定侯王吸[10]元年。
孝惠七	五　其二年为相国。 二　六年十月，靖侯窋元年。	七	七
高后八	八	五 三　六年，夷侯亭元年。	八
孝文二十三	十九 四　后四年，简侯奇元年。	十八 后三年，侯亭坐事国人过律，夺侯，国除。	七　元年，哀侯彊元年。 十六　八年，孝侯伉元年。
孝景十六	三 十三　四年，夷侯时元年。		四 十二　五年，哀侯不害元年。
建元至元封六年三十六，太初元年尽后元二年十八[3]。	十 十六[7]　元光五年，恭侯襄元年。元鼎三年，今侯宗元年。		七 元光二年，侯不害薨，无后，国除。
侯第[4]	二	十一	十四

注释　**1** 国名：此指"汉兴，序二等"中之侯国，非诸侯王，篇题已明。诸国以受封之先后排列。　**2** 侯功：说明其人受封所据功劳之缘由。《史记志疑》以为"盖本于高后二年陈平所录侯籍删节以入表也"。　**3** 太初元年尽后元二年：可知《史记》在实际内容的撰述上，并非全然限断于太初。然《史记志疑》云："《史》讫太初……此'太初'以下十一字，乃后

人妄续,当削之。《惠景表》有‘太初已后’四字,亦属衍文。”又是一说。**4** 侯第:指列侯的位次。《史记索隐》:“姚氏曰:‘萧何第一,曹参二,张敖三,周勃四,樊哙五,郦商六,奚涓七,夏侯婴八,灌婴九,傅宽十,靳歙十一,王陵十二,陈武十三,王吸十四,薛欧十五,周昌十六,丁复十七,虫达十八。《史记》与《汉表》同。而《楚汉春秋》则不同者,陆贾记事在高祖、惠帝时。《汉书》是后定功臣等列,及陈平受吕后命而定,或已改邑号,故人名亦别。且高祖初定唯十八侯,吕后令陈平终竟以下列侯第录,凡一百四十三人也。’”《史记志疑》曰:“官僚有一定之班,王侯无异守之职,故但因其功之隆卑以分先后,侯第所由设也……余窃疑当时何以诸王无位次,而诸侯有位次?就以侯位论,功臣百数十人,何以高祖只作十八人位次,不及其余?均所难晓。而十八侯位,惟萧、曹可信,语见《世家》中,其十六位传闻殊别,莫识准裁,是知高祖之作,亦为吕后改易,罔仍旧章。”梁玉绳之所言,足资参阅。 **5** 平阳:县名,曹参所封之地。 **6** 中涓:官名。为亲近之臣,如谒者舍人之类。涓,洁也。即在宫中主持清洁洒扫之事,盖亲近于皇帝左右。 **7** 十六:此表之读法为,曹参于高祖六年十二月受封,在高祖十二年中经历“七”年;孝惠二年为汉相国,出入三年,卒,经历“五”年,共十二年;其子曹窋六年十月续侯,在孝惠七年中经历“二”年;又经历高后时之“八”年;孝文二十三年中之“十九”年,共二十九年,卒;子奇代侯,历孝文时之“四”年,孝景十六年中之“三”年,共七年而卒;子时代侯,历孝景时之“十三”年,又历建元以后“十”年,共二十三年,卒;子襄代侯,元光五年至元鼎二年,卒,共“十六”年;然后今侯(太初时现在之侯)宗继封,故不列年数。表体中如“七”“五”“二”“八”“十九”“四”“三”“十三”“十”“十六”等数目字为关键字眼,将叙述内容表现得异常完整清晰,是为此表极其成功之处,当留心观察。 **8** 信武:《汉书·地理志》无信武县,《史记索隐》疑县,后废。或说以为靳歙之封号。 **9** 清阳:县名,清河郡治所在地。在今河北清河东南。 **10** 王吸:《史记索隐》:“《楚汉春秋》作‘清阳侯王隆’。”

续表

国名	汝阴[1]	阳陵[2]	广严[3]
侯功	以令史从降沛，为太仆，常奉车，为滕公，竟定天下，入汉中，全孝惠、鲁元，侯，六千九百户。常为太仆。	以舍人从起横阳，至霸上，为骑将，入汉，定三秦，属淮阴，定齐，为齐丞相，侯，二千六百户。	以中涓从起沛，至霸上，为连敖，入汉，以骑将定燕、赵，得将军，侯，二千二百户。
高祖十二	七　六年十二月甲申，文侯夏侯婴元年。	七　六年十二月甲申，景侯傅宽元年。	七　六年十二月甲申，壮侯召欧元年。
孝惠七	七	五 二　六年，顷侯靖元年。	七
高后八	八	八	八
孝文二十三	八 七　九年，夷侯灶元年。 八　十六年，恭侯赐元年。	十四 九　十五年，恭侯则元年。	一 九　二年，戴侯胜元年。 十三　十一年，恭侯嘉元年。至后七年嘉薨，无后，国除。
孝景十六	十六	三 十三　前四年，侯偃元年。	
建元至元封六年三十六，太初元年尽后元二年十八。	七 十九　元光二年，侯颇元年。元鼎二年，侯颇坐尚公主与父御婢奸罪自杀，国除。	十八 元狩元年，侯偃坐与淮南王谋反，国除。	
侯第	八	十	二十八

注释　**1** 汝阴：县名，夏侯婴所封。在今安徽阜阳。　**2** 阳陵：县名，傅宽所封。在今陕西泾阳东南。《史记索隐》言《楚汉春秋》作“阴陵”。则在今安徽定远西北。　**3** 广严：《史记索隐》：“《晋书地道记》，广县在东莞。严，谥也。”广县，召欧所封。在今山东益都西南。

续表

国名	广　平[1]	博　阳[3]	曲　逆[6]
侯功	以舍人从起丰，至霸上，为郎中，入汉，以将军击项羽、钟离眛，功侯，四千五百户。	以舍人从起砀，以刺客将，入汉，以都尉击项羽荥阳，绝甬道，击杀追卒，功侯。	以故楚都尉，汉王二年初从修武，为都尉，迁为护军中尉；出六奇计，定天下，侯，五千户。
高祖十二	七　六年十二月甲申，敬侯薛欧元年。	七　六年十二月甲申，壮侯陈濞元年[4]。	七　六年十二月甲申，献侯陈平元年。
孝惠七	七	七	七　其五年，为左丞相。
高后八	八　元年，靖侯山元年。	八	八　其元年，徙为右丞相；后专为丞相，相孝文二年。
孝文二十三	十八 五　后三年，侯泽元年。	十八 五　后三年，侯始元年。	二 二　三年，恭侯买元年。 十九　五年，简侯悝元年。
孝景十六	八　中二年，有罪，绝。 **平棘**[2]五　中五年，复封节侯泽元年。	四　前五年，侯始有罪，国除。 **塞**[5]二　中五年，复封始。后元年，始有罪，国除。	四 十二　五年，侯何元年。
建元至元封六年三十六，太初元年尽后元二年十八。	十五　其十年，为丞相。 三　元朔四年，侯穰元年。元狩元年，穰受淮南王财物，称臣，在赦前，诏问谩罪，国除。		十 元光五年，侯何坐略人妻，弃市，国除。
侯第	十五	十九	四十七

注释　**1** 广平：县名，属临淮，薛欧所封。今地无考。　**2** 平棘：县名，薛泽所封。在今河北赵县东南。　**3** 博阳：县名，陈濞所封。在今河南项城西北。　**4** 陈濞：《史记索隐》言《楚汉春秋》名溃。　**5** 塞：《史记志疑》云："考《郡国志》'常山国平棘有塞'，疑封此。"

6 曲逆：县名，陈平所封。在今河北顺平东南。

续表

国名	堂　邑[1]	周　吕[2]	建　成[5]
侯功	以自定东阳,为将,属项梁,为楚柱国。四岁,项羽死,属汉,定豫章、浙江都浙自立为王壮息,侯,千八百户。复相楚元王十一年。	以吕后兄初起以客从,入汉,为侯。还定三秦,将兵先入砀。汉王之解彭城,往从之,复发兵佐高祖定天下,功侯。	以吕后兄初起以客从,击三秦。汉王入汉,而释之还丰沛,奉卫吕宣王、太上皇。天下已平,封释之为建成侯。
高祖十二	七　六年十二月甲申,安侯陈婴元年。	三　六年正月丙戌,令武侯吕泽元年。[3] 四　九年,子台封郦侯元年。[4]	七　六年正月丙戌,康侯释之元年。
孝惠七	七	七	二 五　三年,侯则元年。有罪。
高后八	四 四　五年,恭侯禄元年。		**胡陵**[6]七　元年,五月丙寅,封则弟大中大夫吕禄元年。八年,禄为赵王,国除。追尊康侯为昭王。禄以赵王谋为不善,大臣诛禄,遂灭吕。
孝文二十三	二 二十一　三年,夷侯午元年。		
孝景十六	十六		
建元至元封六年三十六,太初元年尽后元二年十八。	十一 十三　元光六年,季须元年。元鼎元年,侯须坐母长公主卒,未除服奸,兄弟争财,当死,自杀,国除。		
侯第	八十六		

注释 1 堂邑:县名,陈婴所封。在今江苏南京六合区。 2 周吕:《史记志疑》以为是封号,吕泽之佐汉犹周有吕尚,故曰周吕。吕泽之食邑当为彭城吕县,在今江苏徐州铜山区。 3 令武:《史记索隐》以为改封令。令,县名,在荥阳。武,谥号。 4 郦:《史记志疑》以为当作"鄜",属左冯翊。鄜,县名,在今陕西洛川东南。 5 建成:县名,吕释之所封。在今河南永城东南。 6 胡陵:县名,在今山东鱼台东南。

续表

国名	留[1]	射阳[2]	酂[3]
侯功	以厩将从起下邳，以韩申徒下韩国，言上张旗志，秦王恐，降，解上与项羽之郄，为汉王请汉中地，常计谋平天下，侯，万户。	兵初起，与诸侯共击秦，为楚左令尹，汉王与项羽有郄于鸿门，项伯缠解难，以破羽缠尝有功，封射阳侯。	以客初起从，入汉，为丞相，备守蜀及关中，给军食，佐上定诸侯，为法令，立宗庙，侯，八千户。
高祖十二	七　六年正月丙午，文成侯张良元年。	七　六年正月丙午，侯项缠元年。赐姓刘氏。	七　六年正月丙午，文终侯萧何元年。元年，为丞相；九年，为相国。
孝惠七	七	二 三年，侯缠卒。嗣子睢有罪，国除。	二 五　三年，哀侯禄元年。
高后八	二 六　三年，不疑元年。		一 七　二年，懿侯同元年。同，禄弟。
孝文二十三	四 五年，侯不疑坐与门大夫谋杀故楚内史，当死，赎为城旦，国除。		**筑阳**[4]十九　元年，同有罪，封何小子延元年。 一　后四年，炀侯遗元年。 三　后五年，侯则元年。
孝景十六			一　有罪。 **武阳**[5]七　前二年，封炀侯弟幽侯嘉元年。 八　中二年，侯胜元年。
建元至元封六年三十六，太初元年尽后元二年十八。			十三　元朔二年，侯胜坐不敬，绝。 **酂**[6]三　元狩三年，封何曾孙恭侯庆元年。 十　元狩六年，侯寿成元年。元封四年，寿成为太常，牺牲不如令，国除。
侯第	六十二		一

注释　1 留:县名,张良所封,在今江苏沛县东南。　2 射阳:县名,项缠(即项伯,项羽叔父)所封。在今江苏建湖西南。　3 酂(cuó):县名,萧何所封。在今河南永城西。　4 筑阳:县名,在今湖北谷城县东北。　5 武阳:《汉志》载犍为、东郡、泰山、东海有四武阳。《史记志疑》以为此属东海郡,即其郡治郯县,在今山东郯城县西北。嘉徙封于此。　6 酂(zàn):县名,在今湖北均县镇东南。元狩三年,改封萧何的曾孙萧庆为酂侯。

续表

国名	曲周[1]	绛[3]
侯功	以将军从起岐,攻长社以南,别定汉中及蜀,定三秦,击项羽,侯,四千八百户。	以中涓从起沛,至霸上,为侯。定三秦,食邑,为将军。入汉,定陇西,击项羽,守峣关,定泗水、东海。八千一百户。
高祖十二	七　六年正月丙午,景侯郦商元年。	七　六年正月丙午,武侯周勃元年。
孝惠七	七	七
高后八	八	八　其四年为太尉。
孝文二十三	二十三　元年,侯寄元年。	十一　元年,为右丞相,三年,免。复为丞相。 六　十二年,侯胜之元年。 **条**[4]六　后二年,封勃子亚夫元年。
孝景十六	九　有罪绝。 **缪**[2]七　中三年,封商他子靖侯坚元年。	十三　其三年,为太尉;七为丞相。有罪,国除。 **平曲**[5]三　后元年,封勃子恭侯坚元年。
建元至元封六年三十六,太初元年尽后元二年十八。	九 五　元光四年,康侯遂元年。 十一　元朔三年,侯宗元年。 二十八　元鼎二年,侯终根元年。后元二年,侯终根坐咒诅诛,国除。	十六 十二　元朔五年,侯建德元年。元鼎五年,侯建德坐酎金,国除。
侯第	六	四

注释　1 曲周:县名,郦商所封。在今河北曲周一带。　2 缪:《史记志疑》:"其地未闻。"　3 绛:县名,周勃所封。在今山西曲沃西南。　4 条:县名,周亚夫所封。《史记集解》:"徐广曰:'表皆作"修"字。'骃案:服虔曰'修音条'。"《史记志疑》以为条在信都郡。故条县即修县,在今河北景县南。　5 平曲:县名,周勃子周坚所封。在今江苏东海东南。

续表

国名	舞　阳[1]	颍　阴[2]	汾　阴[4]
侯功	以舍人起沛，从至霸上，为侯。入汉，定三秦，为将军，击项籍，再益封。从破燕，执韩信，侯，五千户。	以中涓从起砀，至霸上，为昌文君。入汉，定三秦，食邑。以车骑将军属淮阴，定齐、淮南及下邑，杀项籍，侯，五千户。	初起以职志[5]击破秦，入汉，出关，以内史坚守敖仓，以御史大夫定诸侯，比清阳侯，二千八百户。
高祖十二	七　六年正月丙午，武侯樊哙元年。其七年，为将军、相国三月。	七　六年正月丙午，懿侯灌婴元年。	七　六年正月丙午，悼侯周昌元年。
孝惠七	六 一　七年，侯伉元年。吕须子。	七	三 **建平**[6]四　四年，哀侯开方元年。
高后八	八　坐吕氏诛，族。	八	八
孝文二十三	二十三　元年，封樊哙子荒侯市人元年。	四　其一，为太尉；三，为丞相。 十九　五年，平侯何元年。	四　前五年，侯意元年。 十三　有罪，绝。
孝景十六	六 六　七年，侯它广元年。中六年，侯它广非市人子，国除。	九 七　中三年，侯彊元年。	**安阳**[7]八　中二年，封昌孙左车。
建元至元封六年三十六，太初元年尽后元二年十八。		六　有罪，绝。 九　元光二年，封婴孙贤为临汝[3]侯。侯贤元年。元朔五年，侯贤行赇罪，国除。	建元元年，有罪，国除。
侯第	五	九	十六

注释 1 舞阳:县名,樊哙所封。在今河南舞阳西。 2 颍阴:县名,灌婴所封。在今河南许昌。 3 临汝:《史记志疑》以为乡名,汉未置县。婴孙灌贤所更封地。今地无考。表当于“九”上(本书为左)书“临汝”二字。 4 汾阴:县名,周昌所封。在今山西万荣西南。 5 职志:官名,掌管幡旗。 6 建平:县名,在今河南夏邑西南。周开方徙封于此。 7 安阳:《史记志疑》:“《汉志》汝南、汉中、五原、代郡并有安阳,考《汉表》上官桀封安阳在荡阴,《方舆纪要》云‘七国时魏宁新中邑,秦更名安阳,汉省入荡阴’,左车当封此。”

续表

国名	梁邹[1]	成[3]	蓼[5]
侯功	兵初起，以谒者从击破秦，入汉，以将军击定诸侯，功比博阳侯，二千八百户。	兵初起，以舍人从击秦，为都尉；入汉，定三秦。出关，以将军定诸侯，功比厌次侯，二千八百户。	以执盾前元年从起砀，以左司马入汉，为将军，三以都尉击项羽，属韩信，功侯。
高祖十二	七　六年正月丙午，孝侯武儒[2]元年。	七　六年正月丙午，敬侯董渫元年。	七　六年正月丙午，侯孔藂元年。
孝惠七	四 三　五年，侯最元年。	七　元年，康侯赤元年。	七
吕后八	八	八	八
孝文二十三	二十三	二十三	八 十五　九年，侯臧元年。
孝景十六	十六	六　有罪，绝。 **节氏**[4]五　中五年，复封康侯赤元年。	十六
建元至元封六年三十六，太初元年尽后元二年十八。	六 三　元光元年，顷侯婴齐元年。 二十　元光四年，侯山柎元年。元鼎五年，侯山柎坐酎金，国除。	三 五　建元四年，恭侯罢军元年。 十二　元光三年，侯朝元年。元狩三年，侯朝为济南太守，与成阳王女通，不敬，国除。	十四 元朔三年，侯臧坐为太常，南陵桥坏，衣冠车不得度，国除。
侯第	二十	二十五	三十

注释　1 梁邹：县名，武儒所封。在今山东邹平北。　2 儒：《汉表》作"虎"。　3 成：县名，董渫所封。在今山东宁阳东北（古刚界）。　4 节氏：《史记索隐》："节氏，县名。"《史记志疑》："地未闻。"　5 蓼：县名，孔蒙（垓下之围时韩信部下之孔将军）所封。在今河南固始东北。

续表

国名	费[1]	阳　夏[4]	隆　虑[5]
侯功	以舍人前元年从起砀，以左司马入汉，用都尉属韩信，击项羽有功，为将军，定会稽、浙江、湖阳，侯。	以特将将卒五百人，前元年从起宛朐，至霸上，为侯，以游击将军别定代，已破臧荼，封豨为阳夏侯。	以卒从起砀，以连敖入汉，以长铍都尉击项羽，有功，侯。
高祖十二	七　六年正月丙午，圉[2]侯陈贺元年。	五　六年正月丙午，侯陈豨元年。十年八月，豨以赵相国将兵守代。汉使召豨，豨反，以其兵与王黄等略代，自立为王。汉杀豨灵丘。	七　六年正月丁未，哀侯周灶元年。[6]
孝惠七	七		七
高后八	八		八
孝文二十三	二十三　元年，共侯常元年。		十七 六　后二年，侯通元年。
孝景十六	一 八　二年，侯偃元年。中二年，有罪，绝。 **巢**[3]四　中六年，封贺子侯最元年。后三年，最薨，无后，国除。		七 中元年，侯通有罪，国除。
建元至元封六年三十六，太初元年尽后元二年十八。			
侯第			三十四

注释　1 费：县名，陈贺（垓下之围时韩信部下之费将军）所封。在今山东费县西北。　2 圉：或作"幽"。《史记志疑》以为盖有二谥。　3 巢：未知何地。　4 阳夏（jiǎ）：县名，陈豨所封。在今河南太康。　5 隆虑：县名，周灶所封。在今河南林州。　6 哀：《汉表》作"克"。

续表

国名	阳　都[1]	新　阳[3]	东　武[4]
侯　功	以赵将从起邺，至霸上，为楼烦将，入汉，定三秦，别降翟王，属悼武王，杀龙且彭城，为大司马；破羽军叶，拜为将军，忠臣，侯，七千八百户。	以汉五年用左令尹初从，功比堂邑侯，千户。	以户卫起薛，属悼武王，破秦军杠里，杨熊军曲遇，入汉，为越[5]将军，定三秦，以都尉坚守敖仓，为将军，破籍军，功侯，二千户。
高　祖　十　二	七　六年正月戊申，敬侯丁复元年。	七　六年正月壬子，胡侯吕清元年。	七　六年正月戊午，贞侯郭蒙元年。
孝惠七	七	三 四　四年，顷侯臣元年。	七
高后八	五 三　六年，趮侯甯元年。[2]	八	五 三　六年，侯它元年。
孝　文　二十三	九 十四　十年，侯安成元年。	六 二　七年，怀侯义元年。 十五　九年，惠侯它元年。	二十三
孝　景　十　六	一 二年，侯安成有罪，国除。	四 五　五年，恭侯善元年。 七　中三年，侯谭元年。	五 六年，侯它弃市，国除。
建元至元封六年三十六，太初元年尽后元二年十八。		二十八 元鼎五年，侯谭坐酎金，国除。	
侯　第	十七	八十一	四十一

注释 1 阳都：县名，丁复所封。在今山东沂南。 2 趮：同“躁”。 3 新阳：《汉表》作“阳信”。县名，吕清所封。在今安徽界首北。 4 东武：县名，郭蒙所封。在今山东诸城。 5 越：《史记集解》引徐广曰：“一作‘城’。”《史记志疑》以为徐以“越”为“城”，是，城将军，《汉表》作“城将”，师古曰“将筑城之兵也”。

续表

国名	汁　方[1]	棘　蒲[3]	都　昌[5]
侯功	以赵将[2]前三年从定诸侯,侯,二千五百户,功比平定侯。齿故沛豪,有力,与上有郄,故晚从。	以将军前元年率将二千五百人起薛,别救东阿,至霸上,二岁十月。入汉,击齐历下军田既,功侯。[4]	以舍人前元年从起沛,以骑队率先降翟王,虏章邯,功侯。
高祖十二	七　六年三月戊子,肃侯雍齿元年。	七　六年三月丙申,刚侯陈武元年。	七　六年三月庚子,庄侯朱轸元年。
孝惠七	二 五　三年,荒侯巨元年。	七	七
高后八	八	八	八　元年,刚侯率元年。
孝文二十三	二十三	十六 后元年,侯武薨。嗣子奇反,不得置后,国除。	七 十六　八年,夷侯诎元年。
孝景十六	二 十　三年,侯野元年。 四　中六年,终侯桓元年。		二　元年,恭侯偃元年。 五　三年,侯辟彊元年。 中元年,辟彊薨,无后,国除。
建元至元封六年三十六,太初元年尽后元二年十八。	二十八 元鼎五年,终侯桓坐酎金,国除。		
侯第	五十七	十三	二十三

注释　**1** 汁(shí)方:一作"什邡",县名,雍齿所封。在今四川什邡。**2** 赵将:雍齿曾为魏将,不应作"赵将"。　**3** 棘蒲:《汉志》阙,不详所在。《史记志疑》以为"盖其地属魏郡"。　**4** 率将:《汉表》作"将卒"。故此二字倒,"率"为"卒"之误。　田既:《史记志疑》:"'田既'二字误,《汉表》作'临菑'。"　**5** 都昌:县名,朱轸所封。在今山东昌邑西南。《汉志》阙。

续表

国名	武　彊[1]	贳[3]	海　阳[6]
侯功	以舍人从至霸上，以骑将入汉。还击项羽，属丞相甯[2]，功侯，用将军击黥布，侯。	以越户将从破秦，入汉，定三秦，以都尉击项羽，千六百户，功比台侯。	以越队将从破秦，入汉，定三秦，以都尉击项羽，侯，千八百户。
高祖十二	七　六年三月庚子，庄侯庄不识元年。	二　六年三月庚子，齐侯吕[4]元年。 五　八年，恭侯方山元年。	七　六年三月庚子，齐信侯摇毋余[7]元年。
孝惠七	七	七	二 五　三年，哀侯招攘[8]元年。
高后八	六 二　七年，简侯婴元年。	八	四 四　五年，康侯建元年。
孝文二十三	十七 六　后二年，侯青翟元年。	十一[5]　元年，炀侯赤元年。 十二　十二年，康侯遗元年。	二十三
孝景十六	十六	十六	三 十　四年，哀侯省元年。中六年，侯省薨，无后，国除。
建元至元封六年三十六，太初元年尽后元二年十八。	二十五 元鼎二年，侯青翟坐为丞相与长史朱买臣等逮御史大夫汤不直，国除。	十六 八　元朔五年，侯倩元年。元鼎元年，侯倩坐杀人弃市，国除。	
侯第	三十三	三十六	三十七

注释 1 武彊:城名,河南阳武县有武强城,庄不识之所封。在今河南郑州东北。《汉志》阙。 2 丞相甯:是时无丞相名甯者,疑误。 3 贳(shì):县名,吕博国所封。在今河北宁晋东北。 4 齐侯吕:《史记索隐》:"齐侯吕博国。《谥法》:'执心克庄曰齐。'" 5 十一:《汉表》载炀侯赤"十一年薨",故下文曰"十二年,康侯遗元年"。 6 海阳:县名,摇毋余所封。在今河北滦县西南。 7 摇毋余:《史记索隐》:"毋余,东越之族也。" 8 招攘:《汉表》作"昭襄"。

续表

国名	南　安[1]	肥　如[3]	曲　城[4]
侯功	以河南将军汉王三年降晋阳，以亚将[2]破臧荼，侯，九百户。	以魏太仆三年初从，以车骑都尉破龙且及彭城，侯，千户。	以曲城户将卒三十七人初从起砀，至霸上，为执珪，为二队将，属悼武王，入汉，定三秦，以都尉破项羽军陈下，功侯，四千户。为将军，击燕、代，拔之。
高祖十二	七　六年三月庚子，庄侯宣虎元年。	七　六年三月庚子，敬侯蔡寅元年。	七　六年三月庚子，圉侯虫达[5]元年。
孝惠七	七	七	七
高后八	八	八	八
孝文二十三	八 十一　九年，共侯戎元年。 四　后四年，侯千秋元年。	二 十四　三年，庄侯成元年。 七　后元年，侯奴元年。	八　元年，侯捷元年。有罪，绝。 五　后三年，复封恭侯捷元年。
孝景十六	七 中元年，千秋坐伤人免。	元年，侯奴薨，无后，国除。	十三　有罪，绝。 垣[6]五　中五年，复封恭侯捷元年。
建元至元封六年三十六，太初元年尽后元二年十八。			一 二十五　建元二年，侯皋柔[7]元年。元鼎三年，侯皋柔坐为汝南太守知民不用赤侧钱为赋，国除。
侯第	六十三	六十六	十八

注释　1 南安：《史记志疑》以为"是必豫章郡之南野县也"。宣虎所封。南野，在今江西南康西南。　2 亚将：《汉表》作"重将"。师古曰："主将领辎重也。一云持重之将也。"　3 肥如：县名，蔡寅所封。在今河北卢龙北。　4 曲城：县名，虫达所封。在今山东招远西北。　5 虫达：原作"蛊逢"。　6 垣：县名，在今山西垣曲东南。虫捷徙封于此。　7 皋柔：《汉表》作"皇柔"。

续表

国名	河　阳[1]	淮　阴[2]	芒[4]
侯功	以卒前元年起砀从，以二队将入汉，击项羽，身得郎将处，功侯。以丞相定齐地。	兵初起，以卒从项梁，梁死，属项羽，为郎中。至咸阳，亡，从入汉，为连敖典客，萧何言为大将军，别定魏、齐，为王，徙楚，坐擅发兵，废为淮阴侯。	以门尉前元年初起砀，至霸上，为武定君，入汉，还定三秦，以都尉击项羽，侯。
高祖十二	七　六年三月庚子，庄侯陈涓元年。	五　六年四月，侯韩信元年。[3]十一年，信谋反关中，吕后诛信，夷三族，国除。	三　六年，侯昭[5]元年。九年，侯昭有罪，国除。
孝惠七	七		
高后八	八		
孝文二十三	三　元年，侯信元年。四年，侯信坐不偿人责过六月，夺侯，国除。		
孝景十六			**张**[6]十一　孝景三年，昭以故芒侯将兵从太尉亚夫击吴楚有功，复侯。 三　后元年三月，侯申元年。
建元至元封六年三十六，太初元年尽后元二年十八。			十七 元朔六年，侯申坐尚南宫公主不敬，国除。
侯第	二十九		

注释 1 河阳:县名,陈涓所封。在今河南孟州西。 2 淮阴:县名,韩信所封。在今江苏淮安淮阴区西南。 3 六年四月:《史记志疑》:“淮阴之封,《史》、《汉》,《高纪》在六年十二月甲申日前,此前四月误。《侯表》以受封先后为次,则淮阴当居群侯之首,不知何以称‘四月’,置河阳侯后也。” 4 芒:县名,耏跖所封。在今河南永城东北。 5 侯昭:据《汉表》始封者为耏跖。昭为跖之子。下文《汉表》作“九年,侯昭嗣,四年,有罪,免”。此处记载有误。 6 张:县名,在今河北邢台东北。耏昭徙封于此。

续表

国名	故　市[1]	柳　丘[2]	魏　其[3]
侯功	以执盾初起，入汉，为河上守，迁为假相，击项羽，侯，千户，功比平定侯。	以连敖从起薛，以二队将入汉，定三秦，以都尉破项籍军，为将军，侯，千户。	以舍人从沛，以郎中入汉，为周信侯，定三秦，迁为郎中骑将，破籍东城，侯，千户。
高祖十二	三　六年四月癸未，侯阎泽赤元年。 四　九年，夷侯毋害元年。	七　六年六月丁亥，齐侯戎赐元年。	七　六年六月丁亥，庄侯周定元年。
孝惠七	七	七	七
高后八	八	四 四　五年，定侯安国元年。	四 四　五年，侯閒元年。
孝文二十三	十九 四　后四年，戴侯续元年。	二十三	二十三
孝景十六	四 十二　孝景五年，侯穀嗣。	三 十　四年，敬侯嘉成元年。后元年，侯角嗣，有罪，国除。	二 前三年，侯閒反，国除。
建元至元封六年三十六，太初元年尽后元二年十八。	二十八 元鼎五年，侯穀坐酎金，国除。		
侯第	五十五	三十九	四十四

注释　1 故市：县名，阎泽赤所封。在今河南荥阳东北。　2 柳丘：县名，戎赐所封。今地不详。　3 魏其：县名，周定所封。在今山东临沂东南。

续表

国名	祁[1]	平[2]	鲁[3]
侯功	以执盾汉王三年初起从晋阳,以连敖击项籍,汉王败走,贺方将军击楚,追骑以故不得进。汉王顾谓贺祁:"子留彭城,军执圭东击羽,急绝其近壁。"侯,千四百户。	兵初起,以舍人从击秦,以郎中入汉,以将军定诸侯,守洛阳,功侯,比费侯贺,千三百户。	以舍人从起沛,至咸阳,为郎中,入汉,以将军从定诸侯,侯,四千八百户,功比舞阳侯。死事,母代侯[4]。
高祖十二	七 六年六月丁亥,穀侯缯贺元年。	六 六年六月丁亥,悼侯沛嘉元年。 一 十二年,靖侯奴元年。	七 六年中,母侯疵元年。
孝惠七	七	七	七
高后八	八	八	四 五年,母侯疵薨,无后,国除。
孝文二十三	十一 十二 十二年,顷侯湖元年。	十五 八 十六年,侯执元年。	
孝景十六	五 十一 六年,侯它元年。	十一 中五年,侯执有罪,国除。	
建元至元封六年三十六,太初元年尽后元二年十八。	八 元光二年,侯它坐从射擅罢,不敬,国除。		
侯第	五十一	三十二	七

注释　1 祁:县名,缯贺所封。在今山西祁县东南。《史记志疑》以为祁乡县,属沛郡,则在今河南夏邑北。　2 平:县名,沛嘉所封。在今河南孟津东。　3 鲁:县名,奚涓所封。在今山东曲阜。　4 母代侯:《史记集解》引徐广曰:"《汉书》云鲁侯涓,涓死无子,封母疵。"

续表

国名	故城[1]	任[2]	棘丘[3]
侯功	兵初起,以谒者从,入汉,以将军击诸侯,以右丞相备守淮阳,功比厌次侯,二千户。	以骑都尉汉五年从起东垣,击燕、代,属雍齿,有功,侯。为车骑将军。	以执盾队史前元年从起砀,破秦,以治粟内史入汉,以上郡守击定西魏地,功侯。
高祖十二	七 六年中,庄侯尹恢元年。	七 六年,侯张越元年。	七 六年,侯襄元年。
孝惠七	二 五 三年,侯开方元年。	七	七
高后八	二 三年,侯方夺侯,为关内侯。	二 三年,侯越坐匿死罪,免为庶人,国除。	四 四年,侯襄夺侯,为士伍,国除。
孝文二十三			
孝景十六			
建元至元封六年三十六,太初元年尽后元二年十八。			
侯第	二十六		

注释 1 故城:《汉表》作“城父”。城父,县名,尹恢所封。在今安徽亳州东南。 2 任(rén):县名,张越所封。在今河北任县东。 3 棘丘:襄(人名,史失其姓)所封。《史记志疑》:“《汉志》地阙……此侯以定魏功封,宜在魏地,则棘丘或即上棘乎? 盖乡侯也。又《项羽纪》钜鹿南有棘原,亦近。”

续表

国名	阿　陵[1]	昌　武[4]	高　苑[5]
侯　功	以连敖前元年从起单父，以塞疏[2]入汉。还定三秦，属悼武王，以都尉击籍，功侯。	初起以舍人从，以郎中入汉，定三秦，以郎中将击诸侯，侯，九百八十户，比魏其侯。	初起以舍人从，入汉，定三秦，以中尉破籍，侯，千六百户，比斥丘侯。
高祖十二	七　六年七月庚寅，顷侯郭亭元年。	七　六年七月庚寅，靖信侯单甯元年。	七　六年七月戊戌，制侯丙倩元年。
孝惠七	七	五 二　六年，夷侯如意元年。	七　元年，简侯得元年。
高后八	八	八	八
孝文二十三	二 二十一　三年，惠侯欧元年。	二十三	十五 八　十六年，孝侯武元年。
孝景十六	一 八　前二年，侯胜客元年。有罪，绝。 南[3]四　中六年，靖侯延居元年。	十 六　中四年，康侯贾成元年。	十六
建元至元封六年三十六，太初元年尽后元二年十八。	十一 十七　元光六年，侯则元年。　元鼎五年，侯则坐酎金，国除。	十 四　元光五年，侯得元年。 　元朔三年，侯得坐伤人二旬内死，弃市，国除。	二　建元元年，侯信元年。建元三年，侯信坐出入属车间，夺侯，国除。
侯第	二十七	四十五	四十一

注释　1 阿陵：县名，郭亭所封。在今河北任丘东北。　2 塞疏：《汉表》作"塞路"。师古曰："塞路者，主遮塞要路，以备乱寇也。"　3 南：县名，在青、徐间。郭延居徙封于此。　4 昌武：县名，胶东国下辖八县之一，见于《汉志》。《中国历史地图集》第2册第36—37页独不载。今地不详。　5 高苑：县名，丙倩所封。在今山东淄博西北。

续表

国名	宣　曲[1]	绛　阳[3]	东　茅[4]
侯功	以卒从起留，以骑将入汉，定三秦，破籍军荥阳，为郎骑将，破钟离眛军固陵，侯，六百七十户。	以越将从起留，入汉，定三秦，击臧荼，侯，七百四十户。从攻马邑及布。	以舍人从起砀，至霸上，以二队入汉，定三秦，以都尉击项羽，破臧荼，侯。捕韩信，为将军，益邑千户。
高祖十二	七　六年七月戊戌，齐侯丁义元年。	七　六年七月戊戌，齐侯华无害元年。	七　六年八月丙辰，敬侯刘钊元年。
孝惠七	七	七	七
高后八	八	八	八
孝文二十三	十 十三　十一年，侯通元年。	三 十六　四年，恭侯勃齐元年。 四　后四年，侯禄元年。	二　三年，侯吉元年。 十三　十六年，侯吉夺爵，国除。
孝景十六	四　有罪，除。 **发娄**[2]中五年，复封侯通元年。中六年，侯通有罪，国除。	三 前四年，侯禄坐出界，有罪，国除。	
建元至元封六年三十六，太初元年尽后元二年十八。			
侯第	四十三	四十六	四十八

注释　1 宣曲：《汉志》阙，未知何地。《史记志疑》："谓当在京辅。《正义》亦云，合在关内。"　2 发娄：地未详。　3 绛阳：《汉表》作"终陵"，华无害所封。《史记志疑》以为"终"字误，乃济南之於陵。於陵，县名，在今山东淄博。　4 东茅：《汉志》阙。或谓在今山东金乡西南。刘钊所封。

续表

国名	斥　丘[1]	台[3]	安　国[4]
侯功	以舍人从起丰,以左司马入汉,以亚将攻籍,克敌,为东郡都尉,击破籍,侯武城,为汉中尉,击布,为斥丘侯,千户。[2]	以舍人从起砀,用队率入汉,以都尉击籍,籍死,转击临江,属将军贾,功侯。以将军击燕。	以客从起丰,以厩将别定东郡、南阳,从至霸上。入汉,守丰。上东,因从,战不利,奉孝惠、鲁元出睢水中,及坚守丰,封雍侯,五千户。
高祖十二	七　六年八月丙辰,懿侯唐厉元年。	七　六年八月甲子,定侯戴野元年。	七　六年八月甲子,武侯王陵元年。定侯安国。
孝惠七	七	七	七　其六年,为右丞相。
高后八	八	八	七 一　八年,哀侯忌元年。
孝文二十三	八 十三　九年,恭侯晁元年。 二　后六年,侯贤元年。	三 二十　四年,侯才元年。	二十三　元年,终侯游元年。
孝景十六	十六	二 三年,侯才反,国除。	十六
建元至元封六年三十六,太初元年尽后元二年十八。	二十五 三　元鼎二年,侯尊元年。元鼎五年,侯尊坐酎金,国除。		二十　建元元年,三月,安侯辟方元年。 八　元狩三年,侯定元年。元鼎五年,侯定坐酎金,国除。
侯第	四十	三十五	十二

注释　1 斥丘:县名,唐厉所封。在今河北魏县西。　2 城武:《汉表》作“成武”。师古曰:“初为成武侯,后更封斥丘也。”成武,县名,在今山东成武东北。　3 台:县名,戴野所封。在今山东济南历城区东北。　4 安国:县名,王陵所封。在今河北安国东南。

续表

国名	乐　成[1]	辟　阳[2]	安　平[4]
侯功	以中涓骑从起砀中，为骑将，入汉，定三秦，侯。以都尉击籍，属灌婴，杀龙且，更为乐成侯，千户。	以舍人初起，侍吕后、孝惠沛三岁十月，吕后入楚，食其从一岁，侯。[3]	以谒者汉王三年初从，定诸侯，有功。秋举萧何，功侯，二千户。
高祖十二	七　六年八月甲子，节侯丁礼元年。	七　六年八月甲子，幽侯审食其元年。	七　六年八月甲子，敬侯谔千秋元年。
孝惠七	七	七	二 五　孝惠三年，简侯嘉元年。
高后八	八	八	七 一　八年，顷侯应元年。
孝文二十三	四 十八　五年，夷侯马从元年。 一　后七年，武侯客元年。	三 二十　四年，侯平元年。	十三 十　十四年，炀侯寄元年。
孝景十六	十六	二 三年，平坐反，国除。	十五 一　后三年，侯但元年。
建元至元封六年三十六，太初元年尽后元二年十八。	二十五 三　元鼎二年，侯义元年。元鼎五年，侯义坐言五利侯不道，弃市，国除。		十八 元狩元年，坐与淮南王女陵通，遗淮南书称臣尽力，弃市，国除。
侯第	四十二	五十九	六十一

注释　1 乐成：县名，丁礼所封。在今河南邓州西南。　2 辟阳：县名，审食其所封。在今河北枣强西南。　3 三岁十月：当为二岁四月。　一岁：当为三年。　4 安平：县名，鄂千秋所封。在今河北安平。

续表

国名	蒯　城[1]	北　平[3]	高　胡[4]
侯功	以舍人从起沛，至霸上，侯。入汉，定三秦，食邑池阳。击项羽军荥阳，绝甬道，从出，度平阴，遇淮阴侯军襄国。楚汉约分鸿沟，以緤为信[2]，战不利，不敢离上，侯，三千三百户。	以客从起阳武，至霸上，为常山守，得陈余，为代相，徙赵相，侯。为计相四岁，淮南相十四岁。千三百户。	以卒从起杠里，入汉，以都尉击籍，以都尉定燕，侯，千户。
高祖十二	七　六年八月甲子，尊侯周緤元年。十二年十月乙未，定蒯成。	七　六年八月丁丑，文侯张仓元年。	七　六年中，侯陈夫乞元年。
孝惠七	七	七	七
高后八	八	八	八
孝文二十三	五 緤薨，子昌代。有罪，绝，国除。	二十三　其四为丞相。五岁罢。	四 五年，殇侯程嗣。薨，无后，国除。
孝景十六	郸一　中元年，封緤子康侯应元年。 八　中二年，侯中居元年。	五 八　六年，康侯奉元年。 三　后元年，侯预元年。	
建元至元封六年三十六，太初元年尽后元二年十八。	二十六 元鼎三年，居坐为太常有罪，国除。	四 建元五年，侯预坐临诸侯丧后，不敬，国除。	
侯第	二十二	六十五	八十二

注释　1 蒯成：《汉表》作"郸(péi)成"，周緤所封。《史记志疑》："其地自在扶风。"今地不详。　2 信：《史记志疑》谓后脱"武侯"二字。　3 北平：县名，张苍所封。在今河北保定满城区北。　4 高胡：《汉志》阙。《史记志疑》谓"其地在赵、魏之间"。

续表

国名	厌　次[1]	平　皋[2]	复　阳[3]
侯功	以慎将前元年从起留，入汉，以都尉守广武，功侯。	项它，汉六年以砀郡长初从，赐姓为刘氏；功比戴侯彭祖，五百八十户。	以卒从起薛，以将军入汉，以右司马击项籍，侯，千户。
高祖十二	七　六年中，侯元顷元年。	六　七年十月癸亥，炀侯刘它元年。	六　七年十月甲子，刚侯陈胥元年。
孝惠七	七	四 三　五年，恭侯远元年。	七
高后八	八	八	八
孝文二十三	五　元年，侯贺元年。六年，侯贺谋反，国除。	二十三	十 十三　十一年，恭侯嘉元年。
孝景十六		十六　元年，节侯光元年。	五 十一　六年，康侯拾元年。
建元至元封六年三十六，太初元年尽后元二年十八。		二十八　建元元年，侯胜元年。元鼎五年，侯胜坐酎金，国除。	十二 七　元朔元年，侯彊元年。元狩二年，坐父拾非嘉子，国除。
侯第	二十四	百二十一	四十九

注释　1 厌次:《汉志》阙。厌次，即后来的富平，县名，元顷所封。在今山东阳信东南。　2 平皋:县名，刘它所封。在今河南温县东。
3 复阳:县名，陈胥所封。在今河北故城西。

续表

国名	阳　河[1]	朝　阳[4]	棘　阳[5]
侯功	以中谒者从，入汉，以郎中骑从定诸侯，侯，五百户，功比高胡侯。	以舍人从起薛，以连敖入汉，以都尉击项羽，后攻韩王信，侯，千户。	以卒从起胡陵，入汉，以郎将迎左丞相军以击诸侯，侯，千户。
高祖十二	三　七年十月甲子，齐哀侯[2]元年。 三　十年，侯安国元年。	六　七年三月壬寅，齐侯华寄元年。	六　七年七月丙申，庄侯杜得臣元年。
孝惠七	七	七	七
高后八	八	八　元年，文侯要元年。	八
孝文二十三	二十三	十三 十　十四年，侯当元年。	五 十八　六年，质侯但元年。
孝景十六	十 六　中四年，侯午元年。中绝。	十六	十六
建元至元封六年三十六，太初元年尽后元二年十八。	二十七 **埤山**[3]三　元鼎四年，恭侯章元年。 二十　元封元年，侯仁元年。征和三年十月，仁与母坐祝诅，大逆无道，国除。	十三 元朔二年，侯当坐教人上书枉法罪，国除。	九 七　元光四年，怀侯武元年。元朔五年，侯武薨，无后，国除。
侯第	八十三	六十九	八十一

注释　1 阳河:《史记志疑》谓“河”乃“阿”之讹。阳阿，县名，齐侯卞䜣所封。在今山西阳城西北。　2 齐哀侯:“哀”字衍。《史记索隐》:“阳河齐侯卞䜣。《汉表》作‘其石’。”　3 埤山:不详所在。　4 朝阳:县名，华寄所封。在今河南新野西南。　5 棘阳:县名，杜得臣所封。在今河南南阳南。

续表

国名	涅　阳[1]	平　棘[2]	羹　颉[4]
侯功	以骑士汉王二年从出关,以郎将击斩项羽,侯,千五百户,比杜衍侯。	以客从起亢父,斩章邯所署蜀守,用燕相侯,千户。	以高祖兄子从军,击反韩王信,为郎中将。信母尝有罪高祖微时,太上怜之,故封为羹颉侯。
高祖十二	六　七年中,庄侯吕胜元年。	六　七年中,懿侯执[3]元年。	六　七年中,侯刘信元年。
孝惠七	七	七	七
高后八	八	七 一　八年,侯辟彊元年。	元年,信有罪,削爵一级,为关内侯。
孝文二十三	四 五年,庄侯子成实非子,不当为侯,国除。	五 六年,侯辟彊有罪,为鬼薪,国除。	
孝景十六			
建元至元封六年三十六,太初元年尽后元二年十八。			
侯第	百四	六十四	

注释　1 涅阳:县名,吕胜所封。　2 平棘:县名,林挚所封。　3 执:《汉表》作"林挚"。　4 羹颉:《史记索隐》谓此乃爵号,非县名。时上谷郡潘县有羹颉山,高祖取其山名为侯号;又《读史方舆纪要》谓安徽庐州舒城县有羹颉城,相传刘信所筑。二地未知孰信。

续表

国名	深 泽[1]	柏 至[3]	中 水[4]
侯功	以赵将汉王三年降，属淮阴侯，定赵、齐、楚，以击平城，侯，七百户。	以骈怜从起昌邑，以说卫入汉，以中尉击籍，侯，千户。	以郎中骑将汉王元年从起好畤，以司马击龙且，后共斩项羽，侯，千五百户。
高祖十二	五　八年十月癸丑，齐侯赵将夜元年。	六　七年十月戊辰，靖侯许温元年。	六　七年正月己酉，庄侯吕马童元年。
孝惠七	七	七	七
高后八	一 夺，绝。三年复封，一年绝。	一 二年，有罪，绝。 六　三年，复封温如故。	八
孝文二十三	四　十四年，复封将夜元年。 六　后二年，戴侯头元年。	十四　元年，简侯禄元年。 九　十五年，哀侯昌元年。	九 三　十年，夷侯假元年。 十一　十三年，共侯青肩元年。
孝景十六	二 七　三年，侯循元年。罪，绝。 更[2]五　中五年，封头子夷侯胡元年。	十六	十六
建元至元封六年三十六，太初元年尽后元二年十八。	十六 元朔五年，夷侯胡薨，无后，国除。	七 十三　元光二年，共侯安如元年。 五　元狩三年，侯福元年。元鼎二年，侯福有罪，国除。	五 一　建元六年，靖侯德元年。 二十三　元光元年，侯宜成元年。元鼎五年，宜成坐酎金，国除。
侯第	九十八	五十八	百一

注释　**1** 深泽：县名，赵将夜所封。在今河北深泽。　**2** 更：《汉表》作"臾"。《史记志疑》谓其地疑即颛臾，在泰山南武阳（今山东平邑）。
3 柏至：《汉志》阙。其地未闻。许温（《汉表》作"许盎"）所封。　**4** 中水：《史记索隐》："县名，属涿郡。应劭云：'易、滱二水之中。'"有以为在今河北献县西北。吕马童所封。

续表

国名	杜衍[1]	赤泉[2]	栒[4]
侯功	以郎中骑汉王三年从起下邳,属淮阴,从灌婴共斩项羽,侯,千七百户。	以郎中骑汉王二年从起杜,属淮阴,后从灌婴共斩项羽,侯,千九百户。	以燕将军汉王四年从曹咎军,为燕相,告燕王荼反,侯,以燕相国定卢奴,千九百户。
高祖十二	六　七年正月己酉,庄侯王翳元年。	六　七年正月己酉,庄侯杨喜元年。	五　八年十月丙辰,顷侯温疥元年。
孝惠七	七	七	七
高后八	五 三　六年,共侯福元年。	元年,夺,绝。 七　二年,复封。	八
孝文二十三	四 七　五年,侯市臣元年。 十二　十二年,侯翕元年。	十一 十二　十二年,定侯殷元年。	五 十七　六年,文侯仁元年。 一　后七年,侯河元年。
孝景十六	十二　有罪,绝。 三　后元年,复封翳子彊侯郢人元年。	三 六　四年,侯无害元年。有罪,绝。 **临汝**[3]五　中五年,复封侯无害元年。	十 中四年,侯河有罪,国除。
建元至元封六年三十六,太初元年尽后元二年十八。	九 十二　元光四年,侯定国元年。元狩四年,侯定国有罪,国除。	七 元光二年,侯无害有罪,国除。	
侯第	百二	百三	九十一

注释　**1** 杜衍:县名,王翳(《汉表》作"王翥")所封。属南阳郡。 **2** 赤泉:《汉志》阙。《读史方舆纪要》谓在汉南阳郡之鲁阳县,即今河南鲁山。杨喜所封。 **3** 临汝:县名,在今河南汝州。杨无害徙封于此。 **4** 栒:即右扶风栒邑县,温疥所封。在今陕西旬邑东北。

续表

国名	武　原[1]	磨[3]	槖[5]
侯功	汉七年以梁将军初从，击韩信、陈豨、黥布，功侯，二千八百户，功比高陵。	以赵卫将军汉王三年从起卢奴，击项羽敖仓下，为将军，攻臧荼有功，侯，千户。	高帝七年为将军从击代陈豨有功，侯，六百户。
高祖十二	五　八年十二月丁未，靖侯卫胠元年。	五　八年七月[4]癸酉，简侯程黑元年。	五　八年十二月丁未，祗侯陈错元年。
孝惠七	三 四　四年，共侯寄元年。	七	二 五　三年，怀侯婴元年。
高后八	八	二 六　三年，孝侯釐元年。	八
孝文二十三	二十三	十六 七　后元年，侯灶元年。	六 十四　七年，共侯应元年。 三　后五年，侯安元年。
孝景十六	三 十三[2]　四年，侯不害元年。后二年，不害坐葬过律，国除。	七 中七年，灶有罪，国除。	十六
建元至元封六年三十六，太初元年尽后元二年十八。			十二 七　不得，千秋父。[6] 九　元狩二年，侯千秋元年。元鼎五年，侯千秋坐酎金，国除。
侯第	九十三	九十二	百二十四

注释　1 武原：县名，卫胠（《汉表》胠作“滕”）所封。在今江苏邳州西北。　2 十三：侯不害以孝景四年嗣，后二年免，则在位十一年，此“三”字误。　3 磨：《汉表》作“历”，县名，属信都。程黑所封。在今河北枣强东北。　4 七月：当依《汉表》作“十月”。　5 槖：《史记志疑》谓陈错（《汉表》作“锴”）封于山阳郡之槖县。在今山东鱼台东北。　6 千秋父：《史记集解》引徐广曰：“千秋父以元朔元年立。”

续表

国名	宋子[1]	猗氏[2]	清[3]
侯功	以汉三年以赵羽林将初从,击定诸侯,功比磨侯,五百四十户。	以舍人从起丰,入汉,以都尉击项羽,侯,二千四百户。	以弩将初起从,入汉,以都尉击项羽、代,侯,比彭侯,千户。
高祖十二	四　八年十二月丁卯,惠侯许瘛元年。 一　十二年,共侯不疑元年。	五　八年三月丙戌,敬侯陈遬元年。	五　八年三月丙戌,简侯空中[4]元年。
孝惠七	七	六 一　七年,靖侯交元年。	七　元年,顷侯圣元年。
高后八	八	八	八
孝文二十三	九 十四　十年,侯九元年。	二十三	七 十六　八年,康侯鲋元年。
孝景十六	八 中二年,侯九坐买塞外禁物罪,国除。	二 三年,顷侯差元年。薨,无后,国除。	十六
建元至元封六年三十六,太初元年尽后元二年十八。			二十 七　元狩三年,恭侯石元年。 一　元鼎四年,侯生元年。元鼎五年,生坐酎金,国除。
侯第	九十九	五十	七十一

注释　1 宋子:县名,许瘛(chì)所封。在今河北赵县东北。　2 猗氏:县名,陈遬(sù)所封。在今山西临猗南。　3 清:县名,空中同所封。在今山东聊城西南。　4 空中:《史记索隐》:"清简侯空中同。空,一作'窒',窒中,姓,见《风俗通》。"

续表

国名	彊[1]	彭[2]	吴 房[3]
侯功	以客吏初起从，入汉，以都尉击项羽、代，侯，比彭侯，千户。	以卒从起薛，以弩将入汉，以都尉击项羽、代，侯，千户。	以郎中骑将汉王元年从起下邽、击阳夏，以都尉斩项羽，有功，侯，七百户。
高祖十二	三　八年三月丙戌，简侯留胜元年。 二　十一年，戴侯章元年。	五　八年三月丙戌，简侯秦同元年。	五　八年三月辛卯，庄侯杨武元年。
孝惠七	七	七	七
高后八	八	八	八
孝文二十三	十二 二　十三年，侯服元年。十五年，侯服有罪，国除。	二 二十一　三年，戴侯执元年。	十二 十一　十三年，侯去疾元年。
孝景十六		二 十一　三年，侯武元年。后元年，侯武有罪，国除。	十四 后元年，去疾有罪，国除。
建元至元封六年三十六，太初元年尽后元二年十八。			
侯第	七十二	七十	九十四

注释　**1** 彊：《汉志》阙。地无考。　**2** 彭：《汉表》谓属东海郡，然《汉志》无。《读史方舆纪要》云彭河在峄县东南五十里。　**3** 吴房：县名，杨武所封。在今河南遂平。

续表

国名	甯[1]	昌[2]	共[3]
侯功	以舍人从起砀，入汉，以都尉击臧荼，功侯，千户。	以齐将汉王四年从淮阴侯起无盐，定齐，击籍及韩王信于代，侯，千户。	以齐将汉王四年从淮阴侯起临淄，击籍及韩王信于平城，有功，侯，千二百户。
高祖十二	五　八年四月辛卯，庄侯魏选元年。	五　八年六月戊申，圉侯卢卿元年。	五　八年六月壬子，庄侯卢罢师元年。
孝惠七	七	七	七
高后八	八	八	八
孝文二十三	十五 八　十六年，恭侯连元年。	十四 九　十五年，侯通元年。	六 八　七年，惠侯党元年。 五　十五年，怀侯商元年。后四年，侯商薨，无后，国除。
孝景十六	三　元年，侯指元年。四年，侯指坐出国界，有罪，国除。	二 三年，侯通反，国除。	
建元至元封六年三十六，太初元年尽后元二年十八。			
侯第	七十八	百九	百十四

注释　1 甯：《史记志疑》谓甯即河内郡之修武县。魏选所封。在今河南获嘉。　2 昌：县名，卢卿所封。属琅邪郡。有以为在今山东诸城东北。　3 共：县名，卢罢师所封。在今河南辉县。

续表

国名	阏　氏[1]	安　丘[2]	合　阳[3]
侯功	以代太尉汉王三年降，为雁门守，以特将平代反寇，侯，千户。	以卒从起方与，属魏豹二岁五月，以执铍入汉，以司马击籍，以将军定代，侯，三千户。	高祖兄。兵初起，侍太公守丰，天下已平，以六年正月立仲为代王。高祖八年，匈奴攻代，王弃国亡，废为合阳侯。
高祖十二	四　八年六月壬子，节侯冯解敢元年。 一　十二年，恭侯它元年。	五　八年七月癸酉，懿侯张说元年。	五　八年九月丙子，侯刘仲元年。[4]
孝惠七	薨，无后，绝。	七	二　仲子濞，为吴王。以子吴王故，尊仲谥为代顷侯。
高后八		八	
孝文二十三	十四　二年，封恭侯遗腹子文侯遗元年。 八　十六年，恭侯胜之元年。	十二 十一　十三年，恭侯奴元年。	
孝景十六	五 十一　前六年，侯平元年。	二 一　三年，敬侯执元年。 十三　四年，康侯䜣元年。	
建元至元封六年三十六，太初元年尽后元二年十八。	二十八 元鼎五年，侯平坐酎金，国除。	十八 九　元狩元年，侯指元年。元鼎四年，侯指坐入上林谋盗鹿，国除。	
侯第	百	六十七	

注释　**1** 阏氏：《史记志疑》谓“阏氏”乃“阏与”之误，其地在上党涅氏县，盖因“涅氏”讹作“阏氏”；《史记索隐》以为安定县名，妄。涅县有阏与聚，冯解敢所封。涅县，在今山西武乡西北。　**2** 安丘：县名，张说(yuè)所封。在今山东安丘西南。　**3** 合阳：县名，刘喜所封。在今陕西合阳东南。　**4** 八年九月：当作七年十二月。　刘仲：刘邦次兄，名喜字仲，谓名“嘉”者，乃“喜”之讹。

续表

国名	襄　平[1]	龙[2]	繁[3]
侯功	兵初起，纪成以将军从，击破秦，入汉，定三秦，功比平定侯。战好畤，死事。子通袭成功，侯。	以卒从，汉王元年起霸上，以谒者击籍，斩曹咎，侯，千户。	以赵骑将从，汉三年，从击诸侯，侯，比吴房侯，千五百户。
高祖十二	五　八年后九月丙午，侯纪通元年。	五　八年后九月己未，敬侯陈署元年。	四　九年十一月壬寅，庄侯彊瞻元年。
孝惠七	七	七	四 三　五年，康侯眗独元年。
高后八	八	六 二　七年，侯坚元年。	八
孝文二十三	二十三	十六 后元年，侯坚夺侯，国除。	二十三
孝景十六	九 七　中三年，康侯相夫元年。		三 六　四年，侯寄元年。 七　中三年，侯安国元年。
建元至元封六年三十六，太初元年尽后元二年十八。	十二 十九　元朔元年，侯夷吾元年。元封元年，夷吾薨，无后，国除。		十八 元狩元年，安国为人所杀，国除。
侯第	五十六	八十四	九十五

注释　1 襄平：县名，纪通所封。《史记索隐》以为属临淮，在今江苏盱眙西北。《水经注》谓纪通封于辽东之襄平，则在今辽宁辽阳。　2 龙：《史记志疑》谓在泰山郡博县界，陈署所封。在今山东泰安东南。　3 繁：县名，彊瞻（《汉表》作平严侯张瞻）所封。在今四川彭州西北。

续表

国名	陆　梁[1]	高　京[2]	离[4]
侯功	诏以为列侯，自置吏，受令长沙王。	周苛起兵，以内史从，击破秦，为御史大夫，入汉，围取诸侯，坚守荥阳，功比辟阳。苛以御史大夫死事。子成为后，袭侯。	失此侯始所起及所绝[5]。
高祖十二	三　九年三月丙辰，侯须毋元年。 一　十二年，共侯桑元年。	四　九年四月戊寅，侯周成元年。	九年四月戊寅，邓弱元年。
孝惠七	七	七	
高后八	八	八	
孝文二十三	十八 五　后三年，康侯庆忌元年。	二十 后五年，坐谋反，系死，国除，绝。	
孝景十六	十六　元年，侯冉元年。	**绳**[3]　中元年，封成孙应元年。侯平嗣，不得元年。	
建元至元封六年三十六，太初元年尽后元二年十八。	二十八 元鼎五年，侯冉坐酎金，国除。	元狩四年，平坐为太常不缮治园陵，不敬，国除。	
侯第	百三十七	六十	

注释　1 陆梁：其地未闻。《史记索隐》本与《汉表》作“陆量”。 2 高京：《史记志疑》云，《周昌传》及《汉书》之《表》《传》皆作“高景”。其地未闻。《地理志》沛郡有高县。 3 绳：指绳水，约在济南、千乘两郡之间。周应徙封于此。 4 离：《史记志疑》：“其地未闻。此侯以长沙国臣封，疑是‘漓’也。漓水出湘南。” 5 所起及所绝：《史记索隐》：“《楚汉春秋》亦阙。《汉表》成帝时光禄大夫滑堪日旁占验曰‘邓弱以长沙将兵侯’，是所起也。”

续表

国名	义　陵[1]	宣　平[2]	东　阳[5]
侯功	以长沙柱国侯，千五百户。	兵初起，张耳诛秦，为相，合诸侯兵钜鹿，破秦定赵，为常山王。陈余反，袭耳，弃国，与大臣归汉，汉定赵，为王。卒，子敖嗣。其臣贯高不善，废为侯。	高祖六年，为中大夫，以河间守击陈豨，力战，功侯，千三百户。
高祖十二	四　九年九月丙子，侯吴程元年。	四　九年四月，武侯张敖元年。	二　十一年十二月癸巳，武侯张相如元年。
孝惠七	三 四　四年，侯种元年。	七	七
高后八	六 七年，侯种薨，无后，国除。皆失谥。	六 **信平**[3]薨，子偃为鲁王，国除。	八
孝文二十三		十五　元年，以故鲁王为南宫侯。 八　十六年，哀侯欧元年。	十五 五　十六年，共侯殷元年。 三　后五年，戴侯安国元年。
孝景十六		九 七　中三年，侯生元年。	三 十三　四年，哀侯彊元年。
建元至元封六年三十六，太初元年尽后元二年十八。		七　罪，绝。 **睢阳**[4]十八　元光三年，封偃孙侯广元年。 十三　元鼎二年，侯昌元年。太初三年，侯昌为太常，乏祠，国除。	建元元年，侯彊薨，无后，国除。
侯第	百三十四	三	百十八

注释　1 义陵：县名，属武陵郡，吴程所封。在今湖南溆浦南。　2 宣平：《史记志疑》谓“宣平是号，盖关内侯之类”。　3 信平：《史》《汉》所载并无高后改封张敖为信平侯之事。信平亦非地名。　4 睢阳：《汉表》作“睢陵”。县名，张广徙封于此。在今江苏泗洪东南。　5 东阳：县名，属临淮，张相如所封。在今江苏盱眙东南。

续表

国名	开　封[1]	沛[2]	慎　阳[3]
侯功	以右司马汉王五年初从,以中尉击燕,定代,侯,比共侯,二千户。	高祖兄合阳侯刘仲子,侯。	为淮阴舍人,告淮阴侯信反,侯,二千户。
高祖十二	一　十一年十二月丙辰,闵侯陶舍元年。 一　十二年,夷侯青元年。	一　十一年十二月癸巳,侯刘濞元年。 十二年十月辛丑,侯濞为吴王,国除。	二　十一年十二月甲寅,侯栾说元年。
孝惠七	七		七
高后八	八		八
孝文二十三	二十三		二十三
孝景十六	九　景帝时,为丞相。 七　中三年,节侯偃元年。		十二 四　中六年,靖侯愿之元年。
建元至元封六年三十六,太初元年尽后元二年十八。	十 十八　元光五年,侯睢元年。元鼎五年,侯睢坐酎金,国除。		二十二　建元元年,侯买之元年。元狩五年,侯买之坐铸白金弃市,国除。
侯第	百十五		百三十一

注释　1 开封:县名,陶舍所封。在今河南开封西南。　2 沛:县名,刘濞所封。在今江苏沛县。　3 慎阳:当作"滇阳"。永平五年,失印重刻,误以"水"为"心",致为"慎阳"。县名,栾说(yuè,《汉表》作"乐说")所封。在今河南正阳北。

续表

国名	禾　成[1]	堂　阳[2]	祝　阿[3]
侯功	以卒汉五年初从，以郎中击代，斩陈豨，侯，千九百户。	以中涓从起沛，以郎入汉，以将军击籍，为惠侯。坐守荥阳降楚免，后复来，以郎击籍，为上党守，击豨，侯，八百户。	以客从起齧桑，以上队将入汉，以将军定魏太原，破井陉，属淮阴侯，以甀度军击籍及攻豨，侯，八百户。
高祖十二	二　十一年正月己未，孝侯公孙耳元年。	二　十一年正月己未，哀侯孙赤元年。	二　十一年正月己未，孝侯高邑元年。
孝惠七	七	七	七
高后八	八	八　元年，侯德元年。	八
孝文二十三	四 九　五年，怀侯渐元年。十四年，侯渐薨，无后，国除。	二十三	四 十四　五年，侯成元年。后三年，侯成坐事国人过律，国除。
孝景十六		十二 中六年，侯德有罪，国除。	
建元至元封六年三十六，太初元年尽后元二年十八。			
侯第	百十七	七十七	七十四

注释　1 禾成:《汉志》阙。《史记志疑》谓作和城，其地盖在钜鹿之下曲阳(县名，在今河北晋州西)，公孙耳所封。　2 堂阳:县名，孙赤所封。在今河北新河西北。　3 祝阿:县名，高邑所封。在今山东齐河中部。

续表

国名	长 修[1]	江 邑[3]	营 陵[4]
侯功	以汉二年用御史初从出关,以内史击诸侯,功比须昌侯,以廷尉死事,千九百户。	以汉五年为御史,用奇计徙御史大夫周昌为赵相而代之,从击陈豨,功侯,六百户。	以汉三年为郎中,击项羽,以将军击陈豨,得王黄,为侯。与高祖疏属刘氏,世为卫尉。万二千户。
高祖十二	二　十一年正月丙辰,平侯杜恬元年。	二　十一年正月辛未,侯赵尧元年。	二　十一年,侯刘泽元年。
孝惠七	二 五　三年,怀侯中元年。	七	七
高后八	八	元年,侯尧有罪,国除。	五 六年,侯泽为琅邪王,国除。
孝文二十三	四 十九　五年,侯喜元年。		
孝景十六	八　罪绝。 阳平[2]五　中五年,复封侯相夫元年。		
建元至元封六年三十六,太初元年尽后元二年十八。	三十三 元封四年,侯相夫坐为太常与乐令无可当郑舞人擅繇不如令,阑出函谷关,国除。		
侯第	百八		八十八

注释　1 长修:县名,杜恬所封。在今山西稷山东北。　2 阳平:县名,在今山东莘县。杜相夫徙封于此。　3 江邑:《汉志》阙。地未详。《史记志疑》疑为汝南之安阳。县名,在今河南正阳西南。赵尧所封。

4 营陵:县名,刘泽所封。在今山东安丘西北。

续表

国名	土　军[1]	广　阿[2]	须　昌[3]
侯功	高祖六年为中地守，以廷尉击陈豨，侯，千二百户。就国，后为燕相。	以客从起沛，为御史，守丰二岁，击籍，为上党守，陈豨反，坚守，侯，千八百户。后迁御史大夫。	以谒者汉王元年初起汉中，雍军塞陈，谒上，上计欲还，衍言从他道，道通，后为河间守，陈豨反，诛都尉相如，功侯，千四百户。
高祖十二	二　十一年二月丁亥，武侯宣义元年。	二　十一年二月丁亥，懿侯任敖元年。	二　十一年二月己酉，贞侯赵衍元年。
孝惠七	五 二　六年，孝侯莫如元年。	七	七
高后八	八	八	八
孝文二十三	二十三	二 一　三年，夷侯竟元年。 二十　四年，敬侯但元年。	十五 四　十六年，戴侯福元年。 四　后四年，侯不害元年。
孝景十六	二 十四　三年，康侯平元年。	十六	四 五年，侯不害有罪，国除。
建元至元封六年三十六，太初元年尽后元二年十八。	五 八　建元六年，侯生元年。元朔二年，生坐与人妻奸罪，国除。	四 二十一　建元五年，侯越元年。元鼎二年，侯越坐为太常庙酒酸，不敬，国除。	
侯第	百二十二	八十九	百七

注释　1 土军：县名，宣义所封。在今山西石楼。　2 广阿：县名，任敖所封。在今河北隆尧东。　3 须昌：县名，赵衍所封。在今山东东平西。

续表

国名	临辕[1]	汲[2]	宁陵[3]
侯功	初起从为郎,以都尉守蕲城,以中尉侯,五百户。	高祖六年为太仆,击代豨,有功,侯,千二百户。为赵太傅。	以舍人从陈留,以郎入汉,破曹咎成皋,为上解随马,以都尉击陈豨,功侯,千户。
高祖十二	二　十一年二月乙酉,坚侯戚鳃元年。	二　十一年二月己巳,终侯公上不害元年。	二　十一年二月辛亥,夷侯吕臣元年。
孝惠七	四 三　五年,夷侯触龙元年。	一 六　二年,夷侯武元年。	七
高后八	八	八	八
孝文二十三	二十三	十三 十　十四年,康侯通元年。	十 十三　十一年,戴侯射元年。
孝景十六	三 十三　四年,共侯忠元年。	十六	三 一　四年,惠侯始元年。五年,侯始薨,无后,国除。
建元至元封六年三十六,太初元年尽后元二年十八。	三 二十五　建元四年,侯贤元年。元鼎五年,侯贤坐酎金,国除。	一 九　建元二年,侯广德元年。元光五年,广德坐妻精大逆罪,颇连广德,弃市,国除。	
侯第	百十六	百二十三	七十三

注释　1 临辕:《汉志》阙。《史记志疑》一疑其地临轘辕关,故名,当在河南郡缑氏县界(在今河南偃师东南);一疑即平原郡之瑗县(在今山东齐河西)。戚鳃所封。　2 汲:县名,公上(姓)不害(名)所封。在今河南卫辉西南。　3 宁陵:县名,吕臣所封。在今河南商丘西。

续表

国名	汾　阳[1]	戴[3]	衍[4]
侯功	以郎中骑千人前二年从起阳夏，击项羽，以中尉破钟离昧，功侯。	以卒从起沛，以卒开沛城门，为太公仆；以中厩令击豨，侯，千二百户。	以汉二年为燕令，以都尉下楚九城，坚守燕，侯，九百户。
高祖十二	二　十一年二月辛亥，侯靳彊元年。	二　十一年三月癸酉，敬侯彭祖元年。	二　十一年七月乙巳，简侯翟盱元年。
孝惠七	七	七	七
高后八	二 六　三年，共侯解元年。	二 六　三年，共侯悼元年。	三 二　四年，祇侯山元年。 三　六年，节侯嘉元年。
孝文二十三	二十三	七 十六　八年，夷侯安国元年。	二十三
孝景十六	四 十二　五年，康侯胡元年。绝。	十六	十六
建元至元封六年三十六，太初元年尽后元二年十八。	江邹[2]十九　元鼎五年，侯石元年。太始四年五月丁卯，侯石坐为太常，行太仆事，治啬夫可年，益纵年，国除。	十六 十二　元朔五年，侯安期元年。 二十五　元鼎五年，侯蒙元年。后元元年五月甲戌，坐祝诅，无道，国除。	二 十　建元三年，侯不疑元年。元朔元年，不疑坐挟诏书论罪，国除。
侯第	九十六	百二十六	百三十

注释　1 汾阳：县名，靳彊（《史记索隐》壮侯）所封。在今山西静乐西。 2 江邹：其地不详。 3 戴（zài）：地名，在梁国境，彭祖（姓“秋”，《汉表》作“秘”）所封。在今河南商丘西北。 4 衍：《汉志》阙。一以为“卷”“衍”连语，则在今河南郑州北；一以为陈留郡之封丘，则在今河南封丘西南。翟盱所封。

续表

国名	平州[1]	中牟[2]	邔[3]
侯功	汉王四年,以燕相从击籍,还击荼,以故二千石将为列侯,千户。	以卒从起沛,入汉,以郎中击布,功侯,二千三百户。始高祖微时有急,给高祖一马,故得侯。	以故群盗长为临江将,已而为汉击临江王及诸侯,破布,功侯,千户。
高祖十二	二　十一年八月甲辰,共侯昭涉掉尾元年。	一　十二年十月乙未,共侯单父圣元年。	一　十二年十月戊戌,庄侯黄极中元年。
孝惠七	七	七	七
高后八	八	八	八
孝文二十三	一 三　二年,戴侯福元年。 四　五年,怀侯它人元年。 十五　九年,孝侯马童元年。	七 五　八年,敬侯缯元年。 十一　十三年,戴侯终根元年。	十一 九　十二年,庆侯荣盛元年。 三　后五年,共侯明元年。
孝景十六	十四 二　后二年,侯昧元年。	十六	十六
建元至元封六年三十六,太初元年尽后元二年十八。	二十三 元狩五年,侯昧坐行驰道中更呵驰去罪,国除。	十 十八　元光五年,侯舜元年。元鼎五年,侯舜坐酎金,国除。	十六 八　元朔五年,侯遂元年。元鼎元年,遂坐卖宅县官故贵,国除。
侯第	百十一	百二十五	百十三

注释

1 平州:《汉志》阙。《史记志疑》以为在泰山牟县西。昭涉(姓)掉尾(名)所封。 2 中牟:县名,单父(复姓)圣(名,字左车)所封。在今河南中牟东南。 3 邔(jì):县名,黄极中所封。在今湖北宜城北。

续表

国名	博　阳[1]	阳　义[2]	下　相[3]
侯功	以卒从起丰，以队卒入汉，击籍成皋，有功，为将军，布反，定吴郡，侯，千四百户。	以荆令尹汉王五年初从，击钟离眛及陈公利几，破之，徙为汉大夫，从至陈，取韩信，还为中尉，从击布，功侯，二千户。	以客从起沛，用兵从击破齐田解军，以楚丞相坚守彭城，距布军，功侯，二千户。
高祖十二	一　十二年十月辛丑，节侯周聚元年。	一　十二年十月壬寅，定侯灵常元年。	一　十二年十月己酉，庄侯冷耳元年。
孝惠七	七	七	七
高后八	八	六 二　七年，共侯贺元年。	八
孝文二十三	八 十五　九年，侯遬元年。	六 六　七年，哀侯胜元年。十二年，侯胜薨，无后，国除。	二 二十一　三年侯慎元年。
孝景十六	十一　中五年，侯遬夺爵一级，国除。		二 三年三月，侯慎反，国除。
建元至元封六年三十六，太初元年尽后元二年十八。			
侯第	五十三	百十九	八十五

注释　1 博阳：博，乃“傅”之讹。傅阳，县名，周聚所封。在今江苏邳州西北。　2 阳义：《汉表》作“阳羡”，是，此讹。阳羡，县名，灵常所封。在今江苏宜兴南。　3 下相：县名，冷耳所封。在今江苏宿迁西南。

续表

国名	德[1]	高　陵[2]	期　思[3]
侯功	以代顷王子侯。顷王，吴王濞父也；广，濞之弟也。	以骑司马汉王元年从起废丘，以都尉破田横、龙且，追籍至东城，以将军击布，九百户。	淮南王布中大夫，有郄，上书告布反，侯，二千户。布尽杀其宗族。
高祖十二	一　十二年十一月庚辰，哀侯刘广元年。	一　十二年十二月丁亥，圉侯王周元年。	一　十二年十二月癸卯，康侯贲赫元年。
孝惠七	七	七	七
高后八	二 六　三年，顷侯通元年。	二 六　三年，惠侯并弓元年。	八
孝文二十三	二十三	十二 十一　十三年，侯行元年。	十三 十四年，赫薨，无后，国除。
孝景十六	五 十一　六年，侯龁元年。	二 三年，反，国除。	
建元至元封六年三十六，太初元年尽后元二年十八。	二十七 一　元鼎四年，侯何元年。元鼎五年，侯何坐酎金，国除。		
侯第	百二十七	九十二	百三十二

注释　1 德：《汉志》阙。《史记志疑》云"《汉书·王子表》谓在泰山，而《侯表》有德侯景建，谓在济南，则今济南府德州是也，于汉近平原之安德"。今德州市地，汉无城邑，且在冀州刺史部界。秦设鬲县，在其地东南，接近安德。依此，则"德"当为"鬲县"，在今山东德州陵城区西；或更应为安德，在今德州陵城区东南。刘广所封。　2 高陵：属琅邪郡，今地无考。王周（《汉表》作"王虞人"）所封。　3 期思：县名，贲赫所封。在今河南淮滨东南。

续表

国名	榖陵[1]	戚[2]	壮[3]
侯功	以卒从,前二年起柘,击籍,定代,为将军,功侯。	以都尉汉二年初起栎阳,攻废丘,破之,因击项籍,别属丞相韩信,破齐军,攻臧荼,迁为将军,击信,侯,千户。	以楚将汉王三年降,起临济,以郎中击籍、陈豨,功侯,六百户。
高祖十二	一　十二年正月乙丑,定侯冯谿元年。	一　十二年十二月癸卯,圉侯季必元年。	一　十二年正月乙丑,敬侯许倩元年。
孝惠七	七	七	七
高后八	八	八	八
孝文二十三	六 十七　七年,共侯熊元年。	三 二十　四年,齐侯班元年。	二十三
孝景十六	二 二　三年,隐侯卬元年。 十二　五年,献侯解元年。	十六	一 十五　二年,共侯恢元年。
建元至元封六年三十六,太初元年尽后元二年十八。	三 建元四年,侯偃元年。	二 二十　建元三年,侯信成元年。元狩五年,侯信成坐为太常,纵丞相侵神道壖,不敬,国除。	一 九　建元二年,殇侯则元年。 十五　元光五年,侯广宗元年。元鼎元年,侯广宗坐酎金,国除。
侯第	百五	九十	百十二

注释　1 榖陵:《汉表》作“榖阳”。榖阳,县名,冯谿所封。在今安徽固镇西北。　2 戚:县名,季必所封。在今山东微山。　3 壮:齐地名,未详。许倩(《汉表》作“许猜”)所封。

续表

国名	成　阳[1]	桃[2]	高　梁[3]
侯功	以魏郎汉王二年从起阳武，击籍，属魏豹，豹反，属相国彭越，以太原尉定代，侯，六百户。	以客从，汉王二年从起定陶，以大谒者击布，侯，千户。为淮阴守。项氏亲也，赐姓。	食其兵起以客从击破秦，以列侯入汉，还定诸侯，常使约和诸侯，列卒兵聚，侯，功比平侯嘉。以死事，子疥袭食其功侯，九百户。
高祖十二	一　十二年正月乙酉，定侯意元年。	一　十二年三月丁巳，安侯刘襄元年。	一　十二年三月丙寅，共侯郦疥元年。
孝惠七	七	七	七
高后八	八	一　夺，绝。 七　二年，复封襄。	八
孝文二十三	十 十三　十一年，侯信元年。	九 十四　十年，哀侯舍元年。	二十三
孝景十六	十六	十六　景帝时，为丞相。	十六
建元至元封六年三十六，太初元年尽后元二年十八。	建元元年，侯信罪鬼薪，国除。	十三　建元元年，厉侯申元年。 十五　元朔二年，侯自为元年。元鼎五年，侯自为坐酎金，国除。	八 十　元光三年，侯勃元年。元狩元年，坐诈诏衡山王取金，当死，病死，国除。
侯第	百一十	百三十五	六十六

注释　1 成阳：县名，奚意所封。在今山东鄄城东南。　2 桃：《史记志疑》谓为东郡之桃城，其地为春秋时之桃丘；晋时济北东阿县东南有桃城，即指此。考春秋时桃丘，在济水与濮水之间，正处汉、晋东阿县之东南，地在今山东东平，其邑不存。刘襄所封。　3 高梁：《汉志》阙。《史记志疑》谓"此即《左传》高梁之虚也，《水经》汾水《注》可证"。则其地在今山西临汾市东。郦疥袭父功所封。

续表

国名	纪　信[1]	甘　泉[2]	煮　枣[3]
侯　功	以中涓从起丰，以骑将入汉，以将军击籍，后攻卢绾，侯，七百户。	以车司马汉王元年初从起高陵，属刘贾，以都尉从军，侯。	以越连敖从起丰，别以郎将入汉，击诸侯，以都尉侯，九百户。
高祖十二	一　十二年六月壬辰，匡侯陈仓元年。	一　十二年六月壬辰，侯王竟元年。	一　十二年六月壬辰，靖侯赤元年。
孝惠七	七	六 一　七年，戴侯莫摇元年。	七
高后八	二 六　三年，夷侯开元年。	八	八
孝文二十三	十七 六　后二年，侯阳元年。	十 十三　十一年，侯嫖元年。	一 二十二　二年，赤子康侯武元年。
孝景十六	二 三年，阳反，国除。	九 十年，侯嫖有罪，国除。	八 二　中二年，侯昌元年。中四年，有罪，国除。
建元至元封六年三十六，太初元年尽后元二年十八。			
侯第	八十	百六	七十五

注释　1 纪信：《汉志》阙。其地未详。陈仓所封。　2 甘泉：《史记集解》引徐广曰："一作'景'。"《史记志疑》谓为勃海之景城县。景成，县名，王竟（《史记索隐》作"壮侯王竟"）所封。在今河北沧州西。　3 煮枣：济阴郡冤句县之邑名，在今山东东明南，棘（姓）赤所封（赤，《汉表》作"端侯革朱"，棘、革古通）。

续表

国名	张[1]	鄢陵[2]	菌[3]
侯功	以中涓骑从起丰，以郎将入汉，从击诸侯，七百户。	以卒从起丰，入汉，以都尉击籍、荼，侯，七百户。	以中涓前元年从起单父，不入关，以击籍、布、燕王绾，得南阳，侯，二千七百户。
高祖十二	一　十二年六月壬辰，节侯毛泽之元年。	一　十二年中，庄侯朱濞元年。	一　十二年，庄侯张平元年。
孝惠七	七	七	七
高后八	八	三 五　四年，恭侯庆元年。	四 四　五年，侯胜元年。
孝文二十三	十 二　十一年，夷侯庆元年。 十一　十三年，侯舜元年。	六 七年，恭侯庆薨，无后，国除。	三 四年，侯胜有罪，国除。
孝景十六	十二 中六年，侯舜有罪，国除。		
建元至元封六年三十六，太初元年尽后元二年十八。			
侯第	七十九	五十二	四十八

注释　1 张：县名，毛泽（《史记索隐》："毛泽之，亦作'释之'也。"）所封。在今河北任县西。　2 鄢陵：县名，朱濞所封。在今河南鄢陵西北。
3 菌：《汉表》作"卤"。卤，县名，属安定郡，今地不详。或云是代郡卤城县，则在今山西灵丘西南。张平所封。

史记卷十九

惠景间侯者年表第七

原文

太史公读列封至便侯[1]，曰：有以也夫！长沙王者，著令甲，称其忠焉。[2]昔高祖定天下，功臣非同姓疆土而王者八国。[3]至孝惠时，唯独长沙全，禅五世，以无嗣绝，竟无过，为藩守职，信矣。[4]故其泽流枝庶，毋功而侯者数人。[5]及孝惠讫孝景间五十载，追修高祖时遗功臣，及从代来，吴楚之劳，诸侯子弟若肺腑，外国归义，封者

译文

太史公读列侯的封册档案到封便侯吴浅的地方，说：是有原因的呀！长沙王吴芮，属于异姓却封了王，所以特别著于令甲，称赞他非常忠诚呀。从前高祖平定天下，有功之臣不是刘姓而划分出土地界限而称作王的有八个国家。到了孝惠皇帝的时候，唯独长沙王还保全着，连续传递了五代，最后是因为没有后代才断绝王位，自始至终没有什么罪过，作为藩臣奉守职责，是很信实的呀。所以他的恩泽流及旁支庶孽，使他们没有任何功劳而被封为侯的就有几个人。从孝惠皇帝直到孝景皇帝期间的五十年，追赏高祖时代遗留下来的功臣，以及跟从文帝从代地来到京师的，平定吴、楚七国叛乱时有功劳的，诸侯王的子弟和外家戚属，出于道义从外国来归附汉家朝廷的，

九十有余。[6]咸表始终，当世仁义成功之著者也。	受封的侯者有九十多人。都列表记述他们事情的始终，叙录的是些当今时代具有仁义且功业显著的人物。

注释 1 列封：封列侯的有关簿籍。 便(biān)侯：长沙王吴芮之子吴浅封为便侯。便，县名，在今湖南永兴。 2 长沙王：吴芮。其封王是在“封爵之誓”以前。 令甲：汉时决事的律令，按先后集为三百余篇，分为甲、乙、丙之类，则令甲为集编的第一集。 3 疆：划分界限。 八国：指异姓八王，即吴芮、英布、张耳、臧荼、韩王信、彭越、卢绾、韩信。 4 禅：传。 五世：《诸侯王年表》：长沙王吴芮，子成王吴臣，哀王吴回，恭王吴右，靖王吴著，共五代。文帝后元七年（前157）吴著死无后，国除，故下文称“以无嗣绝”。 竟：始终。 信：信实。 5 枝庶：旁支庶孽。 数人：《史记索隐》：“此《表》芮子浅封便侯，传至玄孙；又封成王臣之子为沅陵侯，亦至曾孙。” 6 五十载：自惠帝元年（前194）至孝景后元三年（前141），共54年。 从代来：文帝原为代王，即帝位后，从代随从而来的功臣，均封侯。 吴楚之劳：指景帝时平定吴楚七国之乱的有功之臣。 肺腑：《史记会注考证》：“肺腑，盖汉代语。《诗》《书》《左》《国》未见。肺，肺肝之肺。腑，脏腑之腑。凌稚隆云‘如同骨肉也者’，得之。但骨肉以称同姓，而肺腑则并称外戚，亦不相混。或转肺为柹，转腑为附，释之以木札树皮，迂甚！” 归义：指匈奴内附。

国名	便	轪[1]	平都[3]	
侯功	长沙王子，侯，二千户。	长沙相，侯，七百户。	以齐将高祖三年降，定齐，侯，千户。	右孝惠时三[4]
孝惠七	七　元年九月，顷侯吴浅元年。	六　二年四月庚子，侯利仓元年。	三　五年六月乙亥，孝侯刘到元年。	
高后八	八	二 六　三年，侯豨元年。	八	
孝文二十三	二十二 一　后七年，恭侯信元年。	十五 八　十六年，侯彭祖元年。	二 二十一　三年，侯成元年。	
孝景十六	五 十一　前六年，侯广志元年。	十六	十四 后二年，侯成有罪，国除。	
建元至元封六年三十六	二十八 元鼎五年，侯千秋坐酎金，国除。	三十[2] 元封元年，侯秩为东海太守，行过不请，擅发卒兵为卫，当斩，会赦，国除。		
太初已后				

注释　1 轪(dài)：县名，属江夏郡，利仓(《汉表》作"黎朱苍")所封。在今河南光山西北。　2 三十：《史记志疑》："此当作'十'字、'二十'字，十者，孝武建元元年至元光四年，侯彭祖在国年数也。二十者，元光五年至元封元年侯秩在国年数也。格内又缺横书'元光五年，侯秩元年'八字。"　3 平都：《史记索隐》谓平都为县名，属东海。而东海郡为都平，侯国。据《读史方舆纪要》，则在汉之武邑、武隧二县地内之平都村；依此，在今河北武强。刘到所封。　4 右：原为竖排，表在右；现改横排，表在左。三：指封三人为侯。

续表

国名	扶柳[1]	郊[2]	南宫[3]
侯功	高后姊长姁子，侯。	吕后兄悼武王身佐高祖定天下，吕氏佐高祖治天下，天下大安，封武王少子产为郊侯。	以父越人为高祖骑将，从军，以大中大夫侯。
孝惠七			
高后八	七　元年四月庚寅，侯吕平元年。八年，侯平坐吕氏事诛，国除。	五　元年四月辛卯，侯吕产元年。六年七月壬辰，产为吕王，国除。八年九月，产以吕王为汉相，谋为不善。大臣诛产，遂灭诸吕。	七　元年四月丙寅，侯张买元年。八年，侯买坐吕氏事诛，国除。
孝文二十三			
孝景十六			
建元至元封六年三十六			
太初已后			

注释　1 扶柳：县名，属信都郡，在今河北衡水市冀州区西北。《史记志疑》谓是琅邪郡之郝县，在今山东诸城东北。吕（从母姓）平所封。

2 郊：《史记志疑》以为当作“汶”。县名，吕产所封。在今安徽固镇县东。　3 南宫：县名，张买所封。在今河北南宫北。

续表

国名	梧[1]	平定[2]	博成[3]
侯功	以军匠从起郏，入汉，后为少府，作长乐、未央宫，筑长安城，先就，功侯，五百户。	以卒从高祖起留，以家车吏入汉，以枭骑都尉击项籍，得楼烦将功，用齐丞相侯。一云项涓。	以悼武王郎中兵初起从高祖起丰，攻雍丘，击项籍，力战，奉卫悼武王出荥阳，功侯。
孝惠七			
高后八	六　元年四月乙酉，齐侯阳成延元年。 二　七年，敬侯去疾元年。	八　元年四月乙酉，敬侯齐受元年。	三　元年四月乙酉，敬侯冯无择元年。 四　四年，侯代元年。 八年，侯代坐吕氏事诛，国除。
孝文二十三	二十三	一 四　二年，齐侯市人元年。 十八　六年，恭侯应元年。	
孝景十六	九 七　中三年，靖侯偃元年。	十六	
建元至元封六年三十六	八 十四　元光三年，侯戎奴元年。元狩五年，侯戎奴坐谋杀季父弃市，国除。	七 十八　元光二年，康侯延居元年。 二　元鼎二年，侯昌元年。 元鼎四年，侯昌有罪，国除。	
太初已后			

注释　1 梧：县名，阳成延所封。在今安徽淮北东北。　2 平定：《汉志》阙。《史记志疑》疑为涿郡安平县。安平，县名，齐受所封。在今河北安平。　3 博成：此泰山郡之博县，冯无择所封。在今山东泰安东南。

续表

国名	沛[1]	襄成[3]	轵[4]	壶关[5]
侯功	吕后兄康侯少子,侯,奉吕宣王寝园。	孝惠子,侯。	孝惠子,侯。	孝惠子,侯。
孝惠七				
高后八	七 元年四月乙酉,侯吕种元年。 一 为不其侯。[2] 八年,侯种坐吕氏事诛,国除。	一 元年四月辛卯,侯义元年。二年,侯义为常山王,国除。	三 元年四月辛卯,侯朝元年。四年,侯朝为常山王,国除。	四 元年四月辛卯,侯武元年。五年,侯武为淮阳王,国除。
孝文二十三				
孝景十六				
建元至元封六年三十六				
太初已后				

注释 1 沛:县名,吕种所封。在今江苏沛县。 2 为不其侯:前应增“七年”二字,因是年改封,则上“七”当为“六”。不其,属琅邪郡,在今山东青岛崂山西北。 3 襄成:县名,刘义所封。在今河南襄城。 4 轵(zhǐ):县名,刘朝所封。在今河南济源南。 5 壶关:县名,刘武所封。在今山西长治北。

续表

国名	沅陵[1]	上邳[3]	朱虚[4]	昌平[5]
侯功	长沙嗣成王子，侯。	楚元王子，侯。	齐悼惠王子，侯。	孝惠子，侯。
孝惠七				
高后八	八 元年十一月壬申[2]，顷侯吴阳元年。	七 二年五月丙申，侯刘郢客元年。	七 二年五月丙申，侯刘章元年。	三 四年二月癸未，侯太[6]元年。七年，太为吕王，国除。
孝文二十三	十七 六 后二年，顷侯福元年。	一 二年，侯郢客为楚王，国除。	一 二年，侯章为城阳王，国除。	
孝景十六	十一 四 中五年，哀侯周元年。后三年，侯周薨，无后，国除。			
建元至元封六年三十六				
太初已后				

注释 1 沅陵：县名，吴阳所封。在今湖南沅陵南。 2 十一月壬申：当依《汉表》作“七月丙申”。 3 上邳：县名，刘郢客所封。在今山东滕州西南。 4 朱虚：县名，刘章所封。在今山东临朐东南。 5 昌平：《史记志疑》疑为平原郡之平昌。平昌，县名，刘大所封。在今山东商河西北。 6 太：当作“大”。

续表

国名	赘其[1]	中邑[2]	乐平[3]	山都[5]
侯功	吕后昆弟子,用淮阳丞相侯。	以执矛从高祖入汉,以中尉破曹咎,用吕相侯,六百户。	以队卒从高祖起沛,属皇䜣,以郎击陈余,用卫尉侯,六百户。	高祖五年为郎中柱下令,以卫将军击陈豨,用梁相侯。
孝惠七				
高后八	四　四年四月丙申,侯吕胜元年。八年,侯胜坐吕氏事诛,国除。	五　四年四月丙申,贞侯朱通元年。	二　四年四月丙申,简侯卫无择元年。三　六年,恭侯胜元年。	五　四年四月丙申,贞侯王恬开元年。
孝文二十三		十七 六　后二年,侯悼元年。	二十三	三 二十　四年,惠侯中黄元年。[6]
孝景十六		十五 后三年,侯悼有罪,国除。	十五 一　后三年,侯侈元年。	三 十三　四年,敬侯触龙元年。
建元至元封六年三十六			五 建元六年,侯侈坐以买田宅不法,又请求[4]吏罪,国除。	二十二 八　元狩五年,侯当元年。元封元年,侯当坐与奴阑入上林苑,国除。
太初已后				

注释　1 赘其:县名,吕胜所封。在今江苏盱眙西南。　2 中邑:县名,朱通(《汉表》作"朱进")所封。在今河北沧州东北。　3 乐平:《汉志》阙。《史记志疑》以为盖东郡清县之乡名。清县,在今山东聊城西南。

4 求:当作"赇"。　5 山都:县名,属南阳郡,王恬开所封。在今湖北襄阳西北。　6 四年:当作"后五年"。以此,"三"与"二十"误倒。　惠:《汉表》作"宪"。

续表

国名	松兹[1]	成陶[2]	俞[3]	滕[4]
侯功	兵初起，以舍人从起沛，以郎中入汉，还，得雍王邯家属功，用常山丞相侯。	以卒从高祖起单父，为吕氏舍人，度吕氏淮之功，用河南守侯，五百户。	以连敖从高祖破秦，入汉，以都尉定诸侯，功比朝阳侯。婴死，子它袭功，用太中大夫侯。	以舍人、郎中十二岁，以都尉屯霸上，用楚相侯。
孝惠七				
高后八	五　四年四月丙申，夷侯徐厉元年。	五　四年四月丙申，夷侯周信元年。	四　四年四月丙申，侯吕它元年。八年，侯它坐吕氏事诛，国除。	四　四年四月丙申，侯吕更始元年。八年，侯更始坐吕氏事诛，国除。
孝文二十三	六 十七　七年，康侯悼元年。	十一 三　十二年，孝侯勃元年。十五年，侯勃有罪，国除。		
孝景十六	十二 四　中六年，侯偃元年。			
建元至元封六年三十六	五 建元六年，侯偃有罪，国除。			
太初已后				

注释　1 松兹：县名，属庐江郡，徐厉所封。在今安徽太湖西南。
2 成陶：《汉表》作“成阴”，即高密县，周信所封。在今山东高密。　3 俞：当作“鄃(shū)”。县名，吕它(tuó)所封。在今山东高唐东北。　4 滕：县名，属沛郡，吕更始所封。在今山东滕州西南。

续表

国名	醴陵[1]	吕成[2]	东牟[3]	锤[4]
侯功	以卒从,汉王二年初起栎阳,以卒吏击项籍,为河内都尉,用长沙相侯,六百户。	吕后昆弟子,侯。	齐悼惠王子,侯。	吕肃王子,侯。
孝惠七				
高后八	五　四年四月丙申,侯越元年。	四　四年四月丙申,侯吕忿元年。八年,侯忿坐吕氏事诛,国除。	三　六年四月丁酉,侯刘兴居元年。	二　六年四月丁酉,侯吕通元年。八年,侯通为燕王,坐吕氏事,国除。
孝文二十三	三 四年,侯越有罪,国除。		一 二年,侯兴居为济北王,国除。	
孝景十六				
建元至元封六年三十六				
太初已后				

注释　1 醴陵:东汉始置,此盖是乡名,越(史失其姓)所封。在今湖南醴陵。　2 吕成:《水经注·淯水》言南阳宛县西有吕城,疑吕忿封此,约在今河南南阳西。　3 东牟:县名,刘兴居所封。在今山东烟台牟平区。　4 锤:《汉表》作"腄",县名,吕通(吕后兄子)所封。在今山东烟台福山区。

续表

国名	信都[1]	乐昌[2]	祝兹[3]	建陵[4]
侯功	以张敖、鲁元太后子侯。	以张敖、鲁元太后子侯。	吕后昆弟子,侯。	以大谒者侯,宦者,多奇计。
孝惠七				
高后八	一　八年四月丁酉,侯张侈元年。	一　八年四月丁酉,侯张受元年。	八年四月丁酉,侯吕荣元年。坐吕氏事诛,国除。	八年四月丁酉,侯张泽元年。九月,夺侯,国除。
孝文二十三	元年,侯侈有罪,国除。	元年,侯受有罪,国除。		
孝景十六				
建元至元封六年三十六				
太初已后				

注释　1 信都:县名,张侈(张敖子,以鲁元公主封,后“以非正”免)所封。在今河北衡水冀州区。　2 乐昌:《史记志疑》谓在汝南郡细阳县之池阳乡。张受(一作“寿”,事同张侈)所封。在今安徽阜阳北。　3 祝兹:县名,即东海郡之即丘县,吕荣所封。在今山东临沂东南。　4 建陵:县名,张泽(一名释)所封。在今江苏新沂西南。

续表

国名	东平[1]	右高后时三十一[2]	阳信[3]	轵[4]
侯功	以燕王吕通弟侯。		高祖十二年为郎。以典客夺赵王吕禄印,关殿门拒吕产等入,共尊立孝文,侯,二千户。	高祖十年为郎,从军十七岁,为太中大夫,迎孝文代,用车骑将军迎太后,侯,万户。薄太后弟。
孝惠七				
高后八	八年五月丙辰,侯吕庄元年。坐吕氏事诛,国除。			
孝文二十三			十四　元年三月辛丑,侯刘揭元年。 九　十五年,侯中意元年。	十　元年二月乙巳,侯薄昭元年。 十三　十一年,易侯戎奴元年。
孝景十六			五 六年,侯中意有罪,国除。	十六
建元至元封六年三十六				一 建元二年,侯梁元年。
太初已后				

注释

1 东平:国都名,吕庄所封。在今山东东平东。 2 右:原为竖排,表在右;现改横排,表在左。 3 阳信:县名,刘揭所封。《史记索隐》以为夷侯所封。在今山东无棣县东北。 4 轵:县名,薄昭(《汉表》封于文帝元年“正月”,非“四月”)所封。在今河南济源东南。

续表

国名	壮武[1]	清都[2]	周阳[3]
侯功	以家吏从高祖起山东,以都尉从之荥阳,食邑。以代中尉劝代王入,骖乘至代邸,王卒为帝,功侯,千四百户。	以齐哀王舅父侯。	以淮南厉王舅父侯。
孝惠七			
高后八			
孝文二十三	二十三 元年四月辛亥,侯宋昌元年。	五 元年四月辛未,侯驷钧元年。前六年,钧有罪,国除。	五 元年四月辛未,侯赵兼元年。前六年,兼有罪,国除。
孝景十六	十一 中四年,侯昌夺侯,国除。		
建元至元封六年三十六			
太初已后			

注释 1 壮武:县名,宋昌所封。在今山东胶州东北。 2 清都:《汉表》作“鄡”。鄡,县名,驷钧所封。在今山东介休东北。 3 周阳:邑名,赵兼所封。在今山西绛县西南。若依《史记索隐》谓县名,属上郡,则当为“阳周”,在今陕西子长西北。

续表

国名	樊[1]	管[3]	瓜丘[4]	营[5]
侯功	以睢阳令高祖初起从阿,以韩家子还定北地,用常山相侯,千二百户。	齐悼惠王子,侯。	齐悼惠王子,侯。	齐悼惠王子,侯。
孝惠七				
高后八				
孝文二十三	十四　元年六月丙寅,侯蔡兼元年。 九　十五年,康侯客[2]元年。	二　四年五月甲寅,恭侯刘罢军元年。 十八　六年,侯戎奴元年。	十一　四年五月甲寅,侯刘宁国元年。 九　十五年,侯偃元年。	十　四年五月甲寅,平侯刘信都元年。 十　十四年,侯广元年。
孝景十六	九 七　中三年,恭侯平元年。	二 三年,侯戎奴反,国除。	二 三年,侯偃反,国除。	二 三年,侯广反,国除。
建元至元封六年三十六	十三 十四　元朔二年,侯辟方元年。元鼎四年,侯辟方有罪,国除。			
太初已后				

注释　1 樊:县名,蔡兼所封。在今山东济宁东北。　2 客:一作“容”。　3 管:《史记志疑》谓当作“菅(jiān)”。菅,县名,刘罢军所封。在今山东济南济阳区东南。　4 瓜丘:《汉表》作“氏丘”,地皆无考。刘宁国所封。　5 营:即营丘,城名,在齐郡临淄县(在今山东淄博东北)中。刘信都所封。

续表

国名	杨虚[1]	朸[2]	安都[3]	平昌[4]
侯功	齐悼惠王子,侯。	齐悼惠王子,侯。	齐悼惠王子,侯。	齐悼惠王子,侯。
孝惠七				
高后八				
孝文二十三	十二　四年五月甲寅,恭侯刘将庐元年。十六年,侯将庐为齐王,有罪,国除。	十二　四年五月甲寅,侯刘辟光元年。十六年,侯辟光为济南王,国除。	十二　四年五月甲寅,侯刘志元年。十六年,侯志为济北王,国除。	十二　四年五月甲寅,侯刘印元年。十六年,侯印为胶西王,国除。
孝景十六				
建元至元封六年三十六				
太初已后				

注释　1 杨虚:县名,刘将庐(《汉书》无谥,作"将闾")所封。在今山东齐河西南。依《汉书·王子侯表》,将闾前有"杨丘恭侯安",齐悼惠王子。文帝四年五月甲寅封,十二年薨。十六年,侯偃嗣,十一年,孝景四年,坐出国界,削为司寇。济南郡有阳丘,县名。在今山东济南章丘区北。

2 朸(lì):县名,刘辟光所封。在今山东惠民西。　3 安都:《汉志》阙。其地《史记志疑》谓在涿郡高阳西南,则在今河北高阳南。刘志所封。

4 平昌:县名,刘印所封。在今山东诸城北。

续表

国名	武城[1]	白石[2]	波陵[3]	南郎[4]
侯功	齐悼惠王子,侯。	齐悼惠王子,侯。	以阳陵君侯。	以信平君侯。
孝惠七				
高后八				
孝文二十三	十二　四年五月甲寅,侯刘贤元年。十六年,侯贤为菑川王,国除。	十二　四年五月甲寅,侯刘雄渠元年。十六年,侯雄渠为胶东王,国除。	五　七年三月甲寅,康侯魏驷元年。十二年,康侯魏驷薨,无后,国除。	一　七年三月丙寅,侯起元年。孝文时坐后父故夺爵级,关内侯。
孝景十六				
建元至元封六年三十六				
太初已后				

注释　1 武城:即东海郡南成县,刘贤所封。在今山东费县西南。　2 白石:城名,在平原郡安德县,刘雄渠所封。在今山东临邑西。　3 波陵:《汉表》作“泝陵”。魏驷所封。《史记志疑》谓在汉中郡新城泝乡,今地不详。　4 南郎:起(史失其姓)所封。地未详。

续表

国名	阜陵[1]	安阳[2]	阳周[3]	东城[4]
侯功	以淮南厉王子侯。	以淮南厉王子侯。	以淮南厉王子侯。	以淮南厉王子侯。
孝惠七				
高后八				
孝文二十三	八　八年五月丙午，侯刘安元年。十六年，安为淮南王，国除。	八　八年五月丙午，侯勃元年。十六年，侯勃为衡山王，国除。	八　八年五月丙午，侯刘赐元年。十六年，侯赐为庐江王，国除。	七　八年五月丙午，哀侯刘良元年。十五年，侯良薨，无后，国除。
孝景十六				
建元至元封六年三十六				
太初已后				

注释　**1** 阜陵：县名，刘安所封。在今安徽和县西。　**2** 安阳：县名，属汝南郡，刘勃所封。在今河南息县西。　**3** 阳周：乡名，在城阳国莒县，刘赐所封。在今山东莒县。　**4** 东城：县名，刘良所封。在今安徽定远东南。

续表

国名	犁[1]	缾[3]	弓高[4]	襄成[5]
侯功	以齐相召平子侯，千四百一十户。	以北地都尉孙卬匈奴入北地力战死事，子侯。	以匈奴相国降，故韩王信孽子，侯，千二百三十七户。	以匈奴相国降，侯，故韩王信太子之子，侯，千四百三十二户。
孝惠七				
高后八				
孝文二十三	十一　十年四月癸丑，顷侯召奴元年。 三　后五年，侯泽元年。	十　十四年三月丁巳，侯孙单元年。	八　十六年六月丙子，庄侯韩颓当元年。	七　十六年六月丙子，哀侯韩婴元年。 一　后七年，侯泽之元年。
孝景十六	十六	二 前三年，侯单谋反，国除。	十六　前元年，侯则元年。	十六
建元至元封六年三十六	十六 十九　元朔五年，侯延元年。 元封六年，侯延坐不出持马[2]，斩，国除。		十六 元朔五年，侯则薨，无后，国除。	十五 元朔四年，侯泽之坐诈病不从，不敬，国除。
太初已后				

注释　1 犁：即东郡黎县，召奴所封。在今山东郓城西。　2 不出持马：《汉表》同。师古曰："时发马给军。匿而不出也。"　3 缾(píng)：县名，属琅邪郡，孙单所封。琅邪有瓶国，疑即其地。在今山东临朐东南。4 弓高：县名，韩颓当所封。在今河北阜城南。　5 襄成：县名，韩婴所封。在今河南襄城。

续表

国名	故安[1]	章武[2]	南皮[3]	右孝文时二十九[4]
侯功	孝文元年，举淮阳守从高祖入汉，功侯，食邑五百户；用丞相侯，一千七百一十二户。	以孝文后弟侯，万一千八百六十九户。	以孝文后兄窦长君子侯，六千四百六十户。	
孝惠七				
高后八				
孝文二十三	五　后三年四月丁巳，节侯申屠嘉元年。	一　后七年六月乙卯，景侯窦广国元年。	一　后七年六月乙卯，侯窦彭祖元年。	
孝景十六	二 十四　前三年，恭侯蔑元年。	六 十　前七年，恭侯完元年。	十六	
建元至元封六年三十六	十九 五　元狩二年，清安侯臾元年。元鼎元年，臾坐为九江太守有罪，国除。	八 十　元光三年，侯常坐元年。元狩元年，侯常坐谋杀人未杀罪，国除。	五 五　建元六年，夷侯良元年。 十八　元光五年，侯桑林元年。元鼎五年，侯桑林坐酎金罪，国除。	
太初已后				

注释　1 故安：县名，申屠嘉所封。在今河北易县东南。　2 章武：县名，窦广国所封。在今河北黄骅西南。　3 南皮：县名，窦彭祖所封。在今河北沧州西南。　4 右：本处当称“左”。二十九：表列仅二十八，因脱误杨丘一侯。

续表

国名	平陆[1]	休[2]
侯功	楚元王子,侯,三千二百六十七户。	楚元王子,侯。
孝惠七		
高后八		
孝文二十三		
孝景十六	二　元年四月乙巳,侯刘礼元年。 三年,侯礼为楚王,国除。	二　元年四月乙巳,侯富元年。三年,侯富以兄子戊为楚王反,富与家属至长安北阙自归,不能相教,上印绶。诏复王。后以平陆侯为楚王,更封富为红侯。
建元至元封六年三十六		
太初已后		

注释　**1** 平陆:此为东平国之东平陆,刘礼所封。在今山东汶上。

2 休:乡名,在滕县西,刘富所封。在今山东滕州西北。

续表

国名	沈犹[1]	红[3]	宛朐[4]
侯功	楚元王子,侯,千三百八十户。	楚元王子,侯,千七百五十户。	楚元王子,侯。
孝惠七			
高后八			
孝文二十三			
孝景十六	十六　元年四月乙巳,夷侯刘秽元年。	四　三年四月乙巳,庄侯富元年。 一　前七年,悼侯澄元年。 九　中元年,敬侯发元年。	二　元年四月乙巳,侯刘埶元年。　三年,侯埶反,国除。
建元至元封六年三十六	四 十八　建元五年,侯受元年。元狩五年,侯受坐故为宗正听谒不具宗室[2],不敬,国除。	十五 一　元朔四年,侯章元年。元朔五年,侯章薨,无后,国除。	
太初已后			

注释　**1** 沈犹：乡名，在高苑县，刘秽所封。在今山东淄博西北。**2** 听谒不具宗室：《汉表》作“听请，不具宗室”。师古曰：“受为宗正，人有私请求者，受听许之，故于宗室之中事有不具，而受获罪。”　**3** 红：刘富先封休侯，前已列表，改封为红侯亦已连书，此不当别列，亦不当计入封列总数，故有误。红，《史记志疑》谓刘富所封当在沛郡虹县，在今安徽五河西。　**4** 宛朐：县名，属济阴郡，刘埶（《史记索隐》音艺）所封。在今山东菏泽定陶区西南。

续表

国名	魏其[1]	棘乐[2]	俞[3]
侯功	以大将军屯荥阳，捍吴楚七国，侯，三千三百五十户。	楚元王子，侯，户千二百一十三。	以将军吴楚反时击齐有功。布故彭越舍人，越反时布使齐，还已枭越，布祭哭之，当亨，出忠言，高祖舍之。黥布反，布为都尉，侯，户千八百。
孝惠七			
高后八			
孝文二十三			
孝景十六	十四　三年六月乙巳，侯窦婴元年。	十四　三年八月壬子，敬侯刘调元年。	六　六年四月丁卯，侯栾布元年。中五年，侯布薨[4]。
建元至元封六年三十六	九　建元元年为丞相，二岁免。元光四年，侯婴坐争灌夫事上书称为先帝诏，矫制害，弃市，国除。	一 十一　建元二年，恭侯应元年。 十六　元朔元年，侯庆元年。元鼎五年，侯庆坐酎金，国除。	十[5]　元狩六年，侯贲坐为太常庙牺牲不如令，有罪，国除。
太初已后			

注释　1 魏其：县名，窦婴所封。在今山东临沂东南。　2 棘乐：乡名，在沛郡酂(cuó)县东北之棘壁，刘调所封。在今河南永城西北。　3 俞(shū)：即鄃县，栾布所封。在今河北高唐东北。　4 薨：《史记志疑》谓当作“绝”，“惟其中绝故田蚡为相得以食邑于鄃……蚡卒而鄃归有司，其卒在元光三年，迨元朔二年仍以鄃续封布子贲也”。　5《史记集解》：“一云元朔二年，侯贲元年。”

续表

国名	建陵[1]	建平[2]	平曲[3]
侯功	以将军击吴楚功,用中尉侯,户一千三百一十。	以将军击吴楚功,用江都相侯,户三千一百五十。	以将军击吴楚功,用陇西太守侯,户三千二百二十。
孝惠七			
高后八			
孝文二十三			
孝景十六	十一　六年四月丁卯,敬侯卫绾元年。	十一　六年四月丁卯,哀侯程嘉元年。	五　六年四月己巳,侯公孙昆邪元年。中四年,侯昆邪有罪,国除。太仆贺父。
建元至元封六年三十六	十 十八　元光五年,侯信元年。元鼎五年,侯信坐酎金,国除。	七 一　元光二年,节侯横元年。 一　元光三年,侯回元年。元光四年,侯回薨,无后,国除。	
太初已后			

注释　1 建陵:县名,卫绾所封。在今江苏新沂南。　2 建平:县名,程嘉所封。在今河南夏邑西南。　3 平曲:县名,公孙昆邪所封。据《史记志疑》所考,疑在今江苏东海东南。

续表

国名	江阳[1]	遽[2]	新市[3]
侯功	以将军击吴楚功,用赵相侯,户二千五百四十一。	以赵相建德王遂反建德不听,死事,子侯,户千九百七十。	以赵内史王慎王遂反慎不听,死事,子侯,户一千十四。
孝惠七			
高后八			
孝文二十三			
孝景十六	四　六年四月壬申,康侯苏嘉元年。 七　中三年,懿侯卢元年。	六　中二年四月乙巳,侯横元年。后二年,侯横有罪,国除。	五　中二年四月乙巳,侯王康元年。 三　后元年,殇侯始昌元年。
建元至元封六年三十六	二 十五　建元三年,侯明元年。 十一　元朔六年,侯雎元年。元鼎五年,侯雎坐酎金,国除。		九 元光四年,殇侯始昌为人所杀,国除。
太初已后			

注释　1 江阳:《史记志疑》谓当作"江陵",苏嘉(《汉表》作"苏息")所封。在今湖北江陵。　2 遽:据《汉表》,为乡名,在常山郡,横(史失其姓)所封。不详今地。　3 新市:县名,王康所封。在今河北巨鹿东北。

续表

国名	商陵[1]	山阳[2]	安陵[3]
侯功	以楚太傅赵夷吾王戊反不听，死事，子侯，千四十五户。	以楚相张尚王戊反尚不听，死事，子侯，户千一百一十四。	以匈奴王降，侯，户一千五百一十七。
孝惠七			
高后八			
孝文二十三			
孝景十六	八　中二年四月乙巳，侯赵周元年。	八　中二年四月乙巳，侯张当居元年。	七　中三年十一月庚子，侯子军元年。
建元至元封六年三十六	二十九 元鼎五年，侯周坐为丞相知列侯酎金轻，下廷尉，自杀，国除。	十六 元朔五年，侯当居坐为太常程博士弟子故不以实罪，国除。	五 建元六年，侯子军薨，无后，国除。
太初已后			

注释　**1** 商陵：《史记志疑》谓似当作"高陵"，在琅邪郡。赵周所封。**2** 山阳：县名，张当居所封。在今河南修武西。　**3** 安陵：《史记志疑》疑为颍川郡傿陵。子军所封。在今河南鄢陵西北。

续表

国名	垣[1]	遒[2]	容成[3]
侯功	以匈奴王降,侯。	以匈奴王降,侯,户五千五百六十九。	以匈奴王降,侯,七百户。
孝惠七			
高后八			
孝文二十三			
孝景十六	三　中三年十二月丁丑,侯赐元年。六年,赐死,不得及嗣。	中三年十二月丁丑,侯隆彊元年。不得隆彊嗣。	七　中三年十二月丁丑,侯唯徐卢元年。
建元至元封六年三十六			十四　建元元年,康侯绰元年。 二十二　元朔三年,侯光元年。
太初已后		后元年四月甲辰,侯则坐使巫齐少君祠祝诅上,大逆无道,国除。	十八 后二年三月壬辰,侯光坐祠祝诅,国除。

注释　1 垣:县名,赐所封。在今山西垣曲东南。　2 遒(qiú):县名,隆彊(《史记索隐》李隆彊)所封(受封户数《汉表》作"千五百七十户")。在今河北涞水。　3 容成:县名,唯徐卢所封。在今河北容城北。

续表

国名	易[1]	范阳[2]	翕[3]
侯功	以匈奴王降,侯。	以匈奴王降,侯,户千一百九十七。	以匈奴王降,侯。
孝惠七			
高后八			
孝文二十三			
孝景十六	六　中三年十二月丁丑,侯仆黥元年。后二年,侯仆黥薨,无嗣。	七　中三年十二月丁丑,端侯代元年。	七　中三年十二月丁丑,侯邯郸元年。
建元至元封六年三十六		七 二　元光二年,怀侯德元年。元光四年,侯德薨,无后,国除。	九 元光四年,侯邯郸坐行来不请长信,不敬,国除。
太初已后			

注释　1 易:县名,仆黥所封。在今河北易县东南。　2 范阳:县名,代所封。在今河北保定徐水区北。　3 翕:《汉表》在内黄。邯郸所封。在今河南内黄西北。

续表

国名	亚谷[1]	隆虑[2]	乘氏[3]
侯功	以匈奴东胡王降,故燕王卢绾子,侯,千五百户。	以长公主嫖子侯,户四千一百二十六。	以梁孝王子侯。
孝惠七			
高后八			
孝文二十三			
孝景十六	二　中五年四月丁巳,简侯它父元年。 三　后元年,安侯种元年。	五　中五年五月丁丑,侯蟜元年。	一　中五年五月丁卯,侯买元年。中六年,侯买嗣为梁王,国除。
建元至元封六年三十六	十一　建元元年,康侯偏元年。 二十五　元光六年,侯贺元年。	二十四 元鼎元年,侯蟜坐母长公主薨未除服奸,禽兽行,当死,自杀,国除。	
太初已后	十五 征和二年七月辛巳,侯贺坐太子事,国除。		

注释　**1** 亚谷:《太平寰宇记》以为是容城之浑泥城。容城在涿郡。卢它父所封。在今河北雄县西北。　**2** 隆虑:县名,蟜所封。在今河南林州。　**3** 乘氏:县名,刘买所封。在今山东菏泽定陶区东北。

续表

国名	桓邑[1]	盖[2]	塞[3]
侯功	以梁孝王子侯。	以孝景后兄侯,户二千八百九十。	以御史大夫前将兵击吴楚功侯,户千四十六。
孝惠七			
高后八			
孝文二十三			
孝景十六	一　中五年五月丁卯,侯明元年。中六年,为济川王,国除。	五　中五年五月甲戌,靖侯王信元年。	三　后元年八月,侯直不疑元年。
建元至元封六年三十六		二十八　元狩三年,侯偃元年。元鼎五年,侯偃坐酎金,国除。	三 十二　建元四年,侯相如元年。 十三　元朔四年,侯坚元年。元鼎五年,坚坐酎金,国除。
太初已后			

注释　1 桓邑:《史记志疑》谓为陈留郡之长垣县,刘明所封。在今河南长垣东北。　2 盖:县名,王信所封。在今山东沂源东南。　3 塞:《史记志疑》谓为常山国平棘有塞,疑直不疑封此。平棘,县名,在今河北赵县东南。

续表

国名	武安[1]	周阳[2]	
侯功	以孝景后同母弟侯，户八千二百一十四。	以孝景后同母弟侯，户六千二十六。	右孝景时三十[3]
孝惠七			
高后八			
孝文二十三			
孝景十六	一　后三年三月，侯田蚡元年。	一　后三年三月，懿侯田胜元年。	
建元至元封六年三十六	九 五　元光四年，侯梧元年。元朔三年，侯梧坐衣襜褕入宫廷中，不敬，国除。	十一 八　元光六年，侯彭祖元年。元狩二年，侯彭祖坐当归与章侯宅不与罪，国除。	
太初已后			

注释　**1** 武安：县名，田蚡所封。在今河北武安西南。　**2** 周阳：邑名，田胜所封。在今山西绛县西。　**3** 右：此处当称“左”。　三十：表列实三十一，因除去与休侯并列之红侯，故为三十。《高祖功臣表》已见萧嘉、彨昭、周应、周成之孙应、周左车、郦坚、薛泽、陈始、董赤、蛊捷、丁通、赵胡、杨无害、杜相夫、陈最、郭延居、周坚之封侯，又封岑迈，见于《将相表》，孝景时共封侯 48 人。

史记卷二十

建元以来侯者年表第八[1]

原文

太史公曰：匈奴绝和亲，攻当路塞；闽越擅伐，东瓯请降。[2]二夷交侵，当盛汉之隆，以此知功臣受封侔于祖考矣。[3]何者？自《诗》《书》称三代"戎狄是膺，荆荼是徵"，齐桓越燕伐山戎，武灵王以区区赵服单于，秦缪用百里霸西戎，吴楚之君以诸侯役百越。[4]况乃以中国一统，明天子在上，兼文武，席卷四

译文

太史公说：匈奴断绝和亲往来，进攻在要道上的关塞；闽越擅自进攻东瓯，东瓯向汉家朝廷请求降服。匈奴、闽越两支外族交互侵犯，在这个正当强盛的汉家兴隆的时候，因此就可以知道立有战功的臣子受到封侯的情况是会和父祖辈的做法相当的。为什么呢？自从《诗》《书》称述三代"抗击戎狄的侵犯，惩治荆荼的背叛"，齐桓公越过燕国去讨伐山戎部族，武灵王依靠小小赵国的力量去征服匈奴单于，秦穆公任用百里奚称霸西戎，吴、楚的国君用诸侯的身份役服百越。更何况还是凭借中原各国已经完全统一，英明的天子在上面决策发令，兼有文武各方面的人才和力量，声威席卷了整个天下，在内又安集了亿万的民众等

海，内辑亿万之众，岂以晏然不为边境征伐哉！[5]自是后，遂出师北讨强胡，南诛劲越，将卒以次封矣。[6]

等的优势条件，难道能够平静无事不去进行边境地区的征伐吗？从这以后，就出动军队北面攻讨强大的匈奴，南面攻伐劲悍的越族，将帅们依着立功的次序就都封侯了。

注释 1《史记索隐》："七十二国，太史公旧；余四十五国，褚先生补也。" 2 绝和亲：汉初与匈奴实行和亲政策，然文景时匈奴仍不断侵犯，武帝以汉兴后积累的国力，对匈奴大举用兵，以保卫中原，扩充疆土。事详见《匈奴列传》。 当路塞：直当交通要道上的关塞。 闽越：居住在今浙江、福建交界地区的一支越族。 擅伐：擅自出兵讨伐。指其举动违背汉朝中央朝廷的意愿。 东瓯：居住在今浙江东南沿海一带的一支越族。 请降：指建元三年(前138)闽越进攻东瓯，汉廷派兵往救，时东瓯请求内徙，而将他们安置在江淮间事。 3 二夷：此指匈奴与闽越。 侔：齐等，相当。 祖考：祖指大父，考指父亲。 4 戎狄是膺，荆荼是徵：语见《诗经·鲁颂·閟宫》。戎，指西戎。狄，指北狄。膺，击。荆，楚的别名。荼，同"舒"，楚的属国。徵(chéng)，通"惩"，惩，惩戒，惩罚。 山戎：居住在今河北东北部一带的部族，或称北戎。 单(chán)于：匈奴最高首领的称号。 百里：指百里奚。曾辅佐秦穆公称霸。 西戎：西方戎族。 百越：秦汉以前即已广泛分布在长江中下游以南的越族，因其部落众多，故称百越或百粤。 5 辑：和协，安集。 晏然：安适，平静。 6 胡：指匈奴。 诛：讨伐。 将卒：将帅。卒，当作"率"，通"帅"。

国名	翕[1]	持装[3]	亲阳[4]	若阳[5]
侯功	匈奴相降，侯。元朔二年，属车骑将军，击匈奴有功，益封。	匈奴都尉降，侯。	匈奴相降，侯。	匈奴相降，侯。
元光	三 四年七月壬午[2]，侯赵信元年。	一 六年后九月丙寅，侯乐元年。		
元朔	五 六年，侯信为前将军击匈奴，遇单于兵，败，信降匈奴，国除。	六	三 二年十月癸巳，侯月氏元年。五年，侯月氏坐亡斩，国除。	三 二年十月癸巳，侯猛元年。五年，侯猛坐亡斩，国除。
元狩		六		
元鼎		元年，侯乐死，无后，国除。		
元封				
太初已后				

注释 1 翕：《汉表》在内黄。赵信所封（《汉表》云“益封千六百八十户”）。在今河南内黄西。 2 七月壬午：当依《汉表》作“十月”。是年七月无壬午日。 3 持装：《汉表》作“特辕”，在南阳郡。侯乐(yuè)所封（《汉表》作“六百五十户”）。今地未详。 4 亲阳：《汉表》在舞阳，当作“舞阴”。舞阴，南阳郡县名，溵水所出。“亲”即“溵”之省。月氏所封（《汉表》作“六百八十户”）。在今河南社旗东南。 5 若阳：《汉表》在平氏。平氏，南阳郡县名，猛（史失其姓）所封（《汉表》作“五百三十户”）。在今河南唐河东南。

续表

国名	长平[1]	平陵[3]	岸头[4]	平津[6]
侯功	以元朔二年再以车骑将军击匈奴，取朔方、河南，功侯。元朔五年，以大将军击匈奴，破右贤王，益封三千户[2]。	以都尉从车骑将军青击匈奴，功侯。以元朔五年，用游击将军从大将军，益封。	以都尉从车骑将军青击匈奴，功侯。元朔六年[5]，从大将军，益封。	以丞相诏所褒侯。
元光				
元朔	五　二年三月丙辰，烈侯卫青元年。	五　二年三月丙辰，侯苏建元年。	五　二年六月壬辰，侯张次公元年。	四　三年十一月乙丑，献侯公孙弘元年。
元狩	六	六	元年，次公坐与淮南王女陵奸，及受财物罪，国除。	二 四[7]　三年，侯度元年。
元鼎	六	六　六年，侯建为右将军，与翕侯信俱败，独身脱来归，当斩，赎，国除。		六
元封	六			三 四年，侯度坐为山阳太守有罪，国除。
太初已后	太初元年，今侯伉元年。			

注释 1 长平:汝南郡之县名,卫青(以元封五年薨)所封。在今河南西华东北。 2 益封三千户:卫青本以三千八百户封长平侯,收河南地后益封三千户,破右贤王后益封六千户。此误以破右贤王后为益封三千户,又脱本封及益封户数。 3 平陵:《汉表》在武当。南阳郡之武当县,苏建所封(《汉表》云“益封止千户”,而《传》言本封已千一百户)。在今湖北丹江口。 4 岸头:《汉表》在皮氏。河东郡之皮氏县,张次公所封(《汉表》云“益封凡二千户”)。在今山西河津西。 5 元朔六年:“六”当作“五”。 6 平津:《汉表》在高城。此为勃海郡高城县之平津乡,公孙弘所封(《汉传》诏封“六百五十户”)。高城县,在今河北盐山东南。 7 四:当作“二”。

续表

国名	涉安[1]	昌武[2]	襄城[3]	南奅[4]
侯功	以匈奴单于太子降,侯。	以匈奴王降,侯。以昌武侯从骠骑将军击左贤王功,益封。	以匈奴相国降,侯。	以骑将军从大将军青击匈奴得王,功侯。太初二年,以丞相封为葛绎侯。
元光				
元朔	一　三年四月丙子,侯於单元年。五月卒,无后,国除。	三　四年七月庚申,坚侯赵安稽元年。	三　四年七月庚申,侯无龙元年。	二　五年四月丁未,侯公孙贺元年。
元狩		六	六	六
元鼎		六	六	四 五年,贺坐酎金,国除,绝,十岁。
元封		一 五　二年,侯充国元年。	六	
太初已后		太初元年,侯充国薨,亡后,国除。	一　太初二年,无龙从浞野侯战死。 二　三年,侯病已元年。	十三　太初二年三月丁卯,封葛绎[5]侯。征和二年,贺子敬声有罪,国除。

注释　1 涉安:《史记志疑》:"此乃名号,非地名,言匈奴来降,登涉长安……未知实封之地何在。"　2 昌武:此为东郡之东武阳县,赵安稽所封(《汉传》益封"三百户")。在今山东莘县东南。　3 襄城:此当为陇西郡之襄武县,无龙(一作"乘龙")所封(《汉表》作"四百户")。在今甘肃陇西东南。　4 南奅(pào):县名。奅,通"窌"。公孙贺所封(《传》以千三百户封)。　5 葛绎:山名,在今江苏邳州西南。

续表

国名	合骑[1]	乐安[2]	龙頟[3]
侯功	以护军都尉三从大将军击匈奴,至右贤王庭,得王,功侯。元朔六年益封。	以轻车将军再从大将军青击匈奴得王,功侯。	以都尉从大将军青击匈奴得王,功侯。元鼎六年,以横海将军击东越功,为案道侯。
元光			
元朔	二　五年四月丁未,侯公孙敖元年。	二　五年四月丁未,侯李蔡元年。	二　五年四月丁未,侯韩说元年。
元狩	一　二年,侯敖将兵击匈奴,与骠骑将军期,后,畏懦,当斩,赎为庶人,国除。	四 五年,侯蔡以丞相侵盗孝景园神道壖地罪,自杀,国除。	六
元鼎			四　五年,侯说坐酎金,国绝。二岁复侯。
元封			六　元年五月丁卯,案道侯说元年。
太初已后			十三 征和二年,子长代,有罪,绝。子曾复封为龙頟侯。[4]

注释　1 合骑:此为号,食邑在南郡之高城县,公孙敖所封(《传》封户一千五百)。　2 乐安:县名,李蔡所封(《汉表》作“二千户”)。在今山东博兴东北。　3 龙頟(é):县名,韩说所封(《传》封一千三百户,又有封号“案道”)。在今山东齐河西北。　4 此栏应为:征和二年,因巫蛊案侯说被杀,绝。后元二年,子曾复封为龙頟侯。

续表

国名	随成[1]	从平[2]	涉轵[3]
侯功	以校尉三从大将军青击匈奴，攻农吾，先登石累，得王，功侯。	以校尉三从大将军青击匈奴，至右贤王庭，数为雁行上石山先登，功侯。	以校尉三从大将军青击匈奴，至右贤王庭，得王，虏阏氏，功侯。
元光			
元朔	二　五年四月乙卯，侯赵不虞元年。	二　五年四月乙卯，公孙戎奴元年。	二　五年四月丁未，侯李朔元年。
元狩	三 三年，侯不虞坐为定襄都尉，匈奴败太守，以闻非实，谩，国除。	一 二年，侯戎奴坐为上郡太守发兵击匈奴，不以闻，谩，国除。	元年，侯朔有罪，国除。
元鼎			
元封			
太初已后			

注释　1 随成：《史记志疑》谓“随成是号，随大将军成功也”。《汉表》云，在千乘郡，未知何地。赵不虞所封（《汉表》作“七百户”）。　2 从平：号，从大将军平匈奴。《汉表》云，其食邑在东郡乐昌县，公孙戎奴所封（《汉表》作“一千一百户”）。　3 涉轵：《汉表》为“轵”。涉轵，谓登涉轵地。轵，在齐郡西安县，李朔所封（《传》作“一千三百户”）。在今山东淄博东北。

续表

国名	宜春[1]	阴安[2]	发干[3]	博望[4]
侯功	以父大将军青破右贤王功侯。	以父大将军青破右贤王功侯。	以父大将军青破右贤王功侯。	以校尉从大将军六年击匈奴,知水道,及前使绝域大夏,功侯。
元光				
元朔	二　五年四月丁未,侯卫伉元年。	二　五年四月丁未,侯卫不疑元年。	二　五年四月丁未,侯卫登元年。	一　六年三月甲辰,侯张骞元年。
元狩	六	六	六	一 二年,侯骞坐以将军击匈奴畏懦,当斩,赎,国除。
元鼎	元年,侯伉坐矫制不害,国除。	四 五年,侯不疑坐酎金,国除。	四 五年,侯登坐酎金,国除。	
元封				
太初已后				

注释　1 宜春:县名,卫伉所封(《传》作“千三百户”)。在今河南确山东。　2 阴安:县名,卫不疑所封(《传》作“千三百户”)。在今河南内黄东北。　3 发干:县名,卫登所封(《传》作“千三百户”)。在今山东聊城西。　4 博望:县名,张骞所封。在今河南南阳东北。

续表

国名	冠军[1]	众利[2]	潦[3]
侯功	以嫖姚校尉再从大将军,六年从大将军击匈奴,斩相国,功侯。元狩二年,以骠骑将军击匈奴,至祁连,益封;迎浑邪王,益封;击左右贤王,益封。	以上谷太守四从大将军,六年击匈奴,首虏千级以上,功侯。	以匈奴赵王降,侯。
元光			
元朔	一　六年四月壬申,景桓侯霍去病元年。	一　六年五月壬辰,侯郝贤元年。	
元狩	六	一 二年,侯贤坐为上谷太守入戍卒财物上计谩罪,国除。	一　元年七月壬午,悼侯赵王煖訾元年。 二年,煖訾死,无后,国除。
元鼎	六　元年,哀侯嬗元年。		
元封	元年,哀侯嬗薨,无后,国除。		
太初已后			

注释　1 冠军:县名,霍去病所封(本封千六百户,又四益封:出陇西功益封二千户,破祁连功益封五千户,迎浑邪益封千七百户,击左右贤王益封五千八百户)。在今河南邓州西北。　2 众利:据《汉表》,在姑莫。姑莫,县名,郝贤所封(封千一百户)。在今山东诸城西北。众利是姑莫县之乡名。　3 潦:《汉表》在舞阳。舞阳,县名,煖訾所封(《汉表》作“五百六十户”)。

续表

国名	宜冠[1]	煇渠[2]	从骠[3]
侯功	以校尉从骠骑将军二年再出击匈奴,功侯。故匈奴归义。	以校尉从骠骑将军二年再出击匈奴得王,功侯。以校尉从骠骑将军二年虏五王功,益封。故匈奴归义。	以司马再从骠骑将军数深入匈奴,得两王子骑将,功侯。以匈河将军元封三年击楼兰功,复侯。
元光			
元朔			
元狩	二　二年正月乙亥,侯高不识元年。四年,不识击匈奴,战军功增首不以实,当斩,赎罪,国除。	五　二年二月乙丑,忠侯仆多元年。	五 二年五月丁丑,侯赵破奴元年。
元鼎		三 三　四年,侯电元年。	四 五年,侯破奴坐酎金,国除。
元封		六	浞野[4]四　三年,侯破奴元年。
太初已后		四	一 二年,侯破奴以浚稽将军击匈奴,失军,为虏所得,国除。

注释　1 宜冠:《汉表》在昌。昌,县名,高不识所封(《汉表》作"一千一百户")。今山东诸城东北。　2 煇渠:《史记志疑》以为当作"浑梁",乡名,在南阳郡鲁阳县,仆多所封。在今河南鲁山。　3 从骠:封号,意即从骠骑将军有功,实封地不详。赵破奴所封(《汉表》作"二千户")。　4 浞野:地未详。

续表

国名	下麾[1]	漯阴[2]	煇渠[4]	河綦[5]
侯功	以匈奴王降,侯。	以匈奴浑邪王将众十万降,侯,万户。	以匈奴王降,侯。	以匈奴右王与浑邪降,侯。
元光				
元朔				
元狩	五　二年六月乙亥,侯呼毒尼元年。	四　二年七月[3]壬午,定侯浑邪元年。	四　三年七月壬午,悼侯扁訾元年。	四　三年七月壬午,康侯乌犁元年。
元鼎	四 二　五年,炀侯伊即轩元年。	六　元年,魏侯苏元年。	一 二年,侯扁訾死,无后,国除。	二 四　三年,余利鞮元年。
元封	六	五 五年,魏侯苏薨,无后,国除。		六
太初已后	四			四

注释　**1** 下麾:乡名,在河东郡猗氏县,呼毒尼所封(《汉表》作"七百户")。在今山西临猗南。　**2** 漯阴:县名,浑邪所封。在今山东禹城东北。　**3** 二年七月:当作"三年十月"。下三侯之"七月"均当作"十月"。**4** 煇渠:乡名,在南阳郡鲁阳县,扁訾所封。　**5** 河綦:《汉表》在济南郡,其地未详。乌犁所封(《汉表》作"六百户")。

续表

国名	常乐[1]	符离[2]	壮[3]	众利[4]
侯功	以匈奴大当户与浑邪降,侯。	以右北平太守从骠骑将军四年击右王,将重会期,首虏二千七百人,功侯。	以匈奴归义因淳王从骠骑将军四年击左王,以少破多,捕虏二千一百人,功侯。	以匈奴归义楼剸王从骠骑将军四年击右王,手自剑合,功侯。
元光				
元朔				
元狩	四　三年七月壬午,肥侯稠雕元年。	三　四年六月丁卯,侯路博德元年。	三　四年六月丁卯,侯复陆支元年。	三　四年六月丁卯,质侯伊即轩元年。
元鼎	六	六	二 四　三年,今侯偃元年。	六
元封	六	六	六	五 一　六年,今侯当时元年。
太初已后	二 太初三年,今侯广汉元年。	太初元年,侯路博德有罪,国除。	四	四

注释　**1** 常乐:《汉表》在济南郡,其地未详。稠雕所封(《汉表》作"五百七十户")。　**2** 符离:县名,路博德所封(封户千六百)。在今安徽宿州东北。**3** 壮:《汉表》作杜。乡名,在勃海郡重平县,复陆支所封(《汉表》作"千三百户")。在今山东乐陵西南有杜集。　**4** 众利:为琅邪郡姑莫县之乡名,伊即轩所封(《汉表》作"千一百户")。姑莫,在今山东诸城西北。

续表

国名	湘成[1]	义阳[2]	散[3]	臧马[4]
侯功	以匈奴符离王降，侯。	以北地都尉从骠骑将军四年击左王，得王，功侯。	以匈奴都尉降，侯。	以匈奴王降，侯。
元光				
元朔				
元狩	三　四年六月丁卯，侯敞屠洛元年。	三　四年六月丁卯，侯卫山元年。	三　四年六月丁卯，侯董荼吾元年。	一　四年六月丁卯，康侯延年元年。五年，侯延年死，不得置后，国除。
元鼎	四 五年，侯敞屠洛坐酎金，国除。	六	六	
元封		六	六	
太初已后		四	二 二　太初三年，今侯安汉元年。	

注释　1 湘成：《汉表》在阳城，《史记志疑》以为即南阳郡之堵阳县，敞屠洛所封（《汉表》作“千八百户”）。在今河南方城东。　2 义阳：《汉表》在平氏。故此为南阳郡平氏县之义阳乡，卫山所封（《汉表》作“千一百户”）。在今河南唐河东南。　3 散：关名，即函谷新关，此以关名为封号。《汉表》在阳城。阳城，县名，属颍川郡，与散关近境，董荼吾所封（《汉表》作“千一百户”）。散关，在今河南新安县东；阳城，在今河南登封东南。4 臧马：《汉表》在朱虚。朱虚，县名，延年（《汉表》作“雕延年”）所封（《汉表》作“八百七十户”）。在今山东临朐东南。

续表

国名	周子南君[1]	乐通[2]	瞭[3]	术阳[4]
侯功	以周后绍封。	以方术侯。	以匈奴归义王降,侯。	以南越王兄越高昌侯。
元光				
元朔				
元狩				
元鼎	三　四年十一月丁卯,侯姬嘉元年。	一　四年四月乙巳,侯五利将军栾大元年。五年,侯大有罪,斩,国除。	一　四年六月丙午,侯次公元年。五年,侯次公坐酎金,国除。	一　四年,侯建德元年。五年,侯建德有罪,国除。
元封	三 三　四年,君买元年。			
太初已后	四			

注释　1 周子南君:《汉表》在长社。长社,县名,姬嘉所封(《汉表》作"三千户")。在今河南长葛东。　2 乐通:《史记索隐》:"韦昭云:'在临淮高平也。'"高平,县名,栾大所封(《汉表》三千户)。　3 瞭:《汉表》在舞阳。舞阳,县名,次公所封(《汉表》作"七百九十户")。　4 术阳:《汉表》在下邳。下邳,县名,建德所封(《汉表》作"三千户")。

续表

国名	龙亢[1]	成安[2]	昆[3]	骐[4]
侯功	以校尉摎乐击南越,死事,子侯。	以校尉韩千秋击南越死事,子侯。	以属国大且渠击匈奴,功侯。	以属国骑击匈奴,捕单于兄,功侯。
元光				
元朔				
元狩				
元鼎	二　五年三月壬午,侯广德元年。	二　五年三月壬子,侯延年元年。	二　五年五月戊戌,侯渠复累元年。	二　五年五月壬子,侯驹幾元年。
元封	六　六年,侯广德有罪诛,国除。	六　六年,侯延年有罪,国除。	六	六
太初已后			四	四

注释　1 龙亢:县名,广德所封(《汉表》作"六百七十户")。　2 成安:《汉表》在郏。郏,县名,韩千秋所封(《汉表》作"千三百八十户")。在今河南平顶山北。　3 昆:《汉表》在钜鹿,其地未详。渠复累所封。
4 骐:县名,驹幾所封(《汉表》作"五百二十户")。

续表

国名	梁期[1]	牧丘[2]	瞭[3]	将梁[4]
侯功	以属国都尉五年间出击匈奴,得复累绨缦等,功侯。	以丞相及先人万石积德谨行侯。	以南越将降,侯。	以楼船将军击南越,椎锋却敌,侯。
元光				
元朔				
元狩				
元鼎	二　五年七月辛巳,侯任破胡元年。	二　五年九月丁丑,恪侯石庆元年。	一　六年三月乙酉,侯毕取元年。	一　六年三月乙酉,侯杨仆元年。
元封	六	六	六	三 四年,侯仆有罪,国除。
太初已后	四	二 二　三年,侯德元年。	四	

注释　1 梁期:《汉志》属魏郡,县名,任破胡所封。在今河北磁县东北。　2 牧丘:《汉表》在平原,县名,石庆所封。在今山东平原南。
3 瞭:毕取所封(《汉表》作“五百一十户”)。　4 将梁:《史记志疑》以为将梁为乡名,其地在涿郡广望县界。杨仆所封。广望,在今河北保定南。

续表

国名	安道[1]	随桃[2]	湘成[3]	海常[4]
侯功	以南越揭阳令闻汉兵至自定降,侯。	以南越苍梧王闻汉兵至降,侯。	以南越桂林监闻汉兵破番禺,谕瓯骆兵四十余万降,侯。	以伏波司马捕得南越王建德,功侯。
元光				
元朔				
元狩				
元鼎	一　六年三月乙酉,侯揭阳令定元年。	一　六年四月癸亥,侯赵光元年。	一　六年五月壬申,侯监居翁元年。	一　六年七月乙酉,庄侯苏弘元年。
元封	六	六	六	六
太初已后	四	四	四	太初元年,侯弘死,无后,国除。

注释　1 安道:《汉表》在南阳。史定所封(《汉表》作“六百户”)。
2 随桃:《汉表》在南阳。赵光所封(《汉表》作“三千户”)。　3 湘成:《汉表》在堵阳。堵阳,县名,监(官名)居(姓)翁(字)所封(《汉表》作“八百三十户”)。在今河南方城东。　4 海常:《汉书·王子侯表》在琅邪,而《南越传》徐广云在东莱,皆未详。苏弘所封。

续表

国名	北石[1]	下郦[2]	缭嫈[3]	蘽儿[4]
侯功	以故东越衍侯佐繇王斩余善,功侯。	以故瓯骆左将斩西于王,功侯。	以故校尉从横海将军说击东越,功侯。	以军卒斩东越徇北将军,功侯。
元光				
元朔				
元狩				
元鼎				
元封	六　元年正月壬午,侯吴阳元年。	六　元年四月丁酉,侯左将黄同元年。	一　元年五月乙卯,侯刘福元年。二年,侯福有罪,国除。	六　元年闰月[5]癸卯,庄侯辕终古元年。
太初已后	三 太初四年,今侯首元年。	四		太初元年,终古死,无后,国除。

注释　**1** 北石:当作“卯石”,在陈留郡之济阳县,吴阳所封(《汉表》作“千户”)。济阳,在今河南兰考东北。　**2** 下郦:《汉表》作“下鄜”,在南阳。郦、鄜,古字通。《史记志疑》谓“即南阳之郦县”。左将(官名)黄同所封(《汉书》作“七百户”)。　**3** 缭嫈(yíng):地未详。刘福所封。　**4** 蘽儿:乡名,辕终古所封。在今浙江桐乡西南。　**5** 闰月:《史记集解》引徐广曰:“闰四月也。”非。汉初凡闰归于终称后九月,此盖指“后九月”。或“闰”字讹,指四月。

续表

国名	开陵[1]	临蔡[2]	东成[3]	无锡[4]
侯功	以故东越建成侯与繇王共斩东越王余善,功侯。	以故南越郎闻汉兵破番禺,为伏波得南越相吕嘉,功侯。	以故东越繇王斩东越王余善,功侯,万户。	以东越将军汉兵至弃军降,侯。
元光				
元朔				
元狩				
元鼎				
元封	六　元年闰月癸卯,侯建成元年。	六　元年闰月癸卯,侯孙都元年。	六　元年闰月癸卯,侯居服元年。	六　元年,侯多军元年。
太初已后			四	四

注释　1 开陵:《汉志》谓临淮郡有侯国开陵,不详所在。建成所封(《汉表》作“二千户”)。　2 临蔡:《汉表》在河内,其地不详。孙都所封(《汉表》作“千户”)。　3 东成:《汉表》在九江。东城,县名,居服所封。　4 无锡:《汉表》在会稽。无锡,县名,多军所封(《汉表》作“千户”)。在今江苏无锡。

续表

国名	涉都[1]	平州[2]	获苴[3]	澅清[4]
侯功	以父弃故南海守汉兵至以城邑降，子侯。	以朝鲜将汉兵至降，侯。	以朝鲜相汉兵至围之降，侯。	以朝鲜尼谿相使人杀其王右渠来降，侯。
元光				
元朔				
元狩				
元鼎				
元封	六　元年中，侯嘉元年。	一　三年四月丁卯，侯唊元年。四年，侯唊薨，无后，国除。	四　三年四月，侯朝鲜相韩阴元年。	四　三年六月丙辰，侯朝鲜尼谿相参元年。
太初已后	二 太初二年，侯嘉薨，无后，国除。		四	四

注释　1 涉都：《汉表》在南阳。《郡国志》筑阳有涉都乡。嘉所封（《汉表》作"千四百户"）。筑阳，在今湖北谷城东北。　2 平州：《汉表》在梁父。平州，城名，王唊所封（《汉表》作"千四百八十户"）。在今山东莱芜西。　3 获苴（jū）：《汉表》在勃海。《读史方舆纪要》云，其城在庆云县东，城下有获苴河。庆云，汉勃海南皮县地。韩阴所封（《汉表》作"韩陶"，五百四十户）。　4 澅（huò）清：《汉表》在齐。《史记志疑》谓"盖即齐画邑"。参所封（《汉表》作"千户"）。有谓在今山东淄博临淄区。

续表

国名	騠兹[1]	浩[2]	瓡讘[3]
侯功	以小月氏若苴王将众降,侯。	以故中郎将将兵捕得车师王,功侯。	以小月氏王将众千骑降,侯。
元光			
元朔			
元狩			
元鼎			
元封	三　四年十一月丁卯,侯稽谷姑元年。	一　四年正月甲申,侯王恢元年。四年四月,侯恢坐使酒泉矫制害,当死,赎,国除。封凡三月。	二　四年正月乙酉,侯扜者元年。 一　六年,侯胜元年。
太初已后	太初元年,侯稽谷姑薨,无后,国除。		四

注释　1 騠(tí)兹:《汉表》在琅邪。其地未详。稽谷姑(《史记索隐》作"稽滑姑")所封(《汉表》作"千九百户")。　2 浩:《史记志疑》附案:地无考,疑即金城浩亹(mén)县。王恢所封。若为浩亹县,则在今甘肃永登西南。　3 瓡讘(hú zhé):《汉表》在河东。瓡讘,县名,扜(wū)者所封(《汉表》作"七百六十户")。在今山西永和西南。

续表

国名	幾[1]	涅阳[2]	右太史公本表[3]
侯功	以朝鲜王子汉兵围朝鲜降,侯。	以朝鲜相路人汉兵至首先降,道死,其子侯。	
元光			
元朔			
元狩			
元鼎			
元封	二　四年三月癸未,侯张路归义元年。六年,侯张路使朝鲜,谋反,死,国除。	三　四年三月壬寅,康侯子最元年。	
太初已后		二 太初二年,侯最死,无后,国除。	

注释　1 幾:乡名,在魏郡元城县东南。张路所封。元城,在今河北大名东。　2 涅阳:《汉志》在南阳,县名,最所封。在今河南南阳西南。

3 右太史公本表:《史记志疑》:"六字褚生所改……又海西、新畤二侯并封于太初之世,史公不当遗之也。"右,本处当称"左"。原表直书左衍,今改横书,固当右衍。又,梁玉绳有言:"《史》讫太初,《表》所载自翕至涅阳凡七十三,其实缭嫈一侯当入《王子表》,则是封七十二国矣。然考《高祖功臣表》,元光二年封灌贤临汝侯,三年封张广睢陵侯,元狩三年封萧庆鄼侯,元鼎五年封靳石江邹侯,元封元年封卡仁埤山侯。又考《汉表》海西侯李广利、新畤侯赵弟,皆以太初四年四月伐大宛功得封。《史》、《汉》,《武帝纪》及《南越传》有越归义侯二人,一名严,一名甲,复有驰义侯名遗。《后汉书》武帝封夜郎竹王三子为侯。《表》俱不书,综而数之,盖有八十五国也。"

当涂[1]	魏不害,以圉守尉捕淮阳反者公孙勇等,侯。
蒲[2]	苏昌,以圉尉史捕淮阳反者公孙勇等,侯。
潦阳[3]	江德,以园廄啬夫共捕淮阳反者公孙勇等,侯。
富民[4]	田千秋,家在长陵。以故高庙寝郎上书谏孝武曰:"子弄父兵,罪当笞。父子之怒,自古有之。蚩尤畔父,黄帝涉江。"上书至意,拜为大鸿胪。征和四年为丞相,封三千户。至昭帝时病死,子顺代立,为虎牙将军,击匈奴,不至质,诛死,国除。
右[5]孝武封国名	

注释 1 当涂:《汉表》在九江,县名,魏不害所封。 2 蒲:《汉表》在琅邪,其地未详。 3 潦阳:《汉表》在清河。《汉志》清河郡有县十四,疑潦阳即"缭县",在今河北南宫县东南。 4 富民:《汉表》在蕲。王先谦《汉书补注》谓蕲,沛郡县。 5 右:本处当称"上"。

后进好事儒者褚先生[1]曰：太史公记事尽于孝武之事，故复修记孝昭以来功臣侯者，编于左方，令后好事者得览观成败长短绝世之适，得以自戒焉。[2]当世之君子，行权合变，度时施宜，希世用事，以建功有土封侯，立名当世，岂不盛哉！[3]观其持满守成之道，皆不谦让，骄蹇争权，喜扬声誉，知进不知退，终以杀身灭国。[4]以三得之[5]，及身失之，不能传功于后世，令恩德流子孙，岂不悲哉！夫龙頟侯曾为前将军，世俗顺善，厚重谨信，不与政事，退让爱人。[6]其先起于晋六卿[7]之世。有土君国以来，为王侯，子孙相承不绝，历年经世，以至于今，凡八百余岁，岂可与功臣及身失之

后辈好事的儒生褚先生说：太史公的《史记》记叙了直到汉武帝时代的事件，所以我就撰写昭帝以来的功臣们受封侯的情形，编在左面，使将来的好事者看到后明白成败、是非及绝代的恰当道理，能够让自己引为鉴戒。当代的君子，运用权变的策略，估量时势采取适宜的措施，阿谀世俗以侍奉君主，借此建立功勋获得土地和侯位，立名于当世，岂不是很兴盛么！观察他们保持盛满地位而守住成业的方法，都是不知谦让，傲慢争权，喜欢宣扬声誉，只知参政升官，而不知隐避退让，终于因此杀身灭国。他们凭着“运用权策的策略，估量时势采取适宜的措施，阿谀世俗以侍奉君主”这三点得到一切，但到自己这一代就失去了，不能将功业传递给后世，使恩泽流传于子孙，难道不是很可悲吗？龙頟侯韩曾做了前将军，很好地顺应世俗，忠厚稳定谨慎可信，不参与政事，退避谦让爱及他人。他的祖先兴起于春秋末年晋国六卿的时代。从拥有土地的君国以来，成为王侯，子子孙孙相继承袭而不断绝，经历许多的年月世代，一直到今天，共计八百多年了，这难道可以和那些功臣在自己一代就失去一切的人

者同日而语之哉?[8]悲夫,后世其诫之!

同日而语吗?可悲啊,后代的人一定要引以为戒!

注释 1 褚先生:褚少孙。 2 尽于孝武:《史记》记事,一般言之是截止于太初,司马迁自己言明。然实际所载有至征和二年者,而褚少孙为史公当代之人,又言"尽于孝武之事",应及后元二年了,则又是一种叙事下限的意见,可参。 适:恰当的道理。 3 行权合变:指运用权变的策略。权,与"经"相对而言。"经"谓根本原则,"权"谓正确的变通措施,与"变"同义。 度(duó)时:估量时势。 希世:阿谀世俗。 4 持满:谓处于盛满的地位。 骄蹇(jiǎn):傲慢,不顺从。 5 以三得之:指上文"行权合变,度时施宜,希世用事"三者。 6 龙頟侯曾:即韩曾。 与(yù):参与。 7 晋六卿:春秋末年晋国六大夫:韩、赵、魏、范、中行(háng)、智氏。此盖指韩曾为晋六卿之一韩厥即韩献子的后代。 8 今:指褚少孙所在之元、成时。韩曾之先韩说于武帝元朔元年(前128)封龙頟侯,若至成帝(前32年至前7年在位)中,即为"百余岁"。

博陆[1]	霍光，家在平阳。以兄骠骑将军故贵。前事武帝，觉捕得侍中谋反者马何罗等功侯，三千户。中辅幼主昭帝，为大将军。谨信，用事擅治，尊为大司马，益封邑万户。后事宣帝。历事三主，天下信乡之，益封二万户。子禹代立，谋反，族灭，国除。
秺[2]	金翁叔名日磾，以匈奴休屠王太子从浑邪王将众五万，降汉归义，侍中，事武帝，觉捕侍中谋反者马何罗等功侯，三千户。中事昭帝，谨厚，益封三千户。子弘代立，为奉车都尉，事宣帝。
安阳[3]	上官桀，家在陇西。以善骑射从军。稍贵，事武帝，为左将军。觉捕斩侍中谋反者马何罗弟重合侯通功侯，三千户。中事昭帝，与大将军霍光争权，因以谋反，族灭，国除。
桑乐[4]	上官安，以父桀为将军故贵，侍中，事昭帝。安女为昭帝夫人，立为皇后故侯，三千户。骄蹇，与大将军霍光争权，因以父子谋反，族灭，国除。
富平[5]	张安世，家在杜陵。以故御史大夫张汤子武帝时给事尚书，为尚书令。事昭帝，谨厚习事，为光禄勋右将军。辅政十三年，无適过，侯，三千户。及事宣帝，代霍光为大司马，用事，益封万六千户。子延寿代立，为太仆，侍中。
义阳[6]	傅介子，家在北地。以从军为郎，为平乐监。昭帝时，刺杀外国王，天子下诏书曰："平乐监傅介子使外国，杀楼兰王，以直报怨，不烦师，有功，其以邑千三百户封介子为义阳侯。"子厉代立，争财相告，有罪，国除。

注释　1 博陆：取其义为广平的嘉号，非地名。《汉表》颜师古："光初封食北海、河间，后益封又食东郡。"　2 秺(dù)：《汉表》在济阴。《汉志》济阴郡有秺县。秺，同"庑"。庑县，在今山东成武西北。　3 安阳：《汉表》在荡阴。师古曰："桀所食也。"在今河南汤阴。　4 桑乐：《汉表》在千乘。师古曰："安所食也。"在今山东高青东北。　5 富平：《汉志》在平原。富平，县名，在今山东惠民东北。　6 义阳：《汉表》在平氏。平氏，县名，属南阳，在今河南唐河东南。

续表

商利[1]	王山，齐人也。故为丞相史，会骑将军上官安谋反，山说安与俱入丞相，斩安。山以军功为侯，三千户。上书愿治民，为代太守。为人所上书言，系狱当死，会赦，出为庶人，国除。
建平[2]	杜延年，以故御史大夫杜周子给事大将军幕府，发觉谋反者骑将军上官安等罪，封为侯，邑二千七百户，拜为太仆。元年，出为西河太守。五凤三年，入为御史大夫。
弋阳[3]	任宫，以故上林尉捕格谋反者左将军上官桀，杀之便门，封为侯，二千户。后为太常，及行卫尉事。节俭谨信，以寿终，传于子孙。
宜城[4]	燕仓，以故大将军幕府军吏发谋反者骑将军上官安罪有功，封侯，邑二千户。为汝南太守，有能名。
宜春[5]	王䜣，家在齐。本小吏佐史，稍迁至右辅都尉。武帝数幸扶风郡，䜣共置办，拜为右扶风。至孝昭时，代桑弘羊为御史大夫。元凤三年，代田千秋为丞相，封二千户。立二年，为人所上书言暴，自杀，不殊。子代立，为属国都尉。
安平[6]	杨敞，家在华阴。故给事大将军幕府，稍迁至大司农，为御史大夫。元凤六年，代王䜣为丞相，封二千户。立二年，病死。子贲代立，十三年病死。子翁君代立，为典属国。三岁，以季父恽故出恶言，系狱当死，得免，为庶人，国除。
右[7]孝昭时所封国名	

注释 1 商利：《汉表》在徐郡。王先谦《汉书补注》谓为临淮郡之徐县，在今江苏泗洪南。 2 建平：《汉表》在济阳。《汉书补注》谓建平，沛郡县，非济阳，则在今河南夏邑西南。 3 弋(yì)阳：《汉志》在汝南。县名，在今河南潢川西。 4 宜城：县名，在济南，非济阴。在今山东商河南。 5 宜春：县名，在汝南。在今河南确山东。 6 安平：县名，在涿郡。在今河北安平。 7 右：本处当为“上”。

续表

阳平[1]	蔡义，家在温。故师受《韩诗》，为博士，给事大将军幕府，为杜城门候。入侍中，授昭帝《韩诗》，为御史大夫。是时年八十，衰老，常两人扶持乃能行。然公卿大臣议，以为为人主师，当以为相。以元平元年代杨敞为丞相，封二千户。病死，绝无后，国除。
扶阳[2]	韦贤，家在鲁。通《诗》《礼》《尚书》，为博士，授鲁大儒，入侍中，为昭帝师，迁为光禄大夫，大鸿胪，长信少府。以为人主师，本始三年代蔡义为丞相，封扶阳侯，千八百户。为丞相五岁，多恩，不习吏事，免相就第，病死。子玄成代立，为太常。坐祠庙骑，夺爵，为关内侯。
平陵[3]	范明友，家在陇西。以家世习外国事，使护西羌。事昭帝，拜为度辽将军，击乌桓功侯，二千户。取霍光女为妻。地节四年，与诸霍子禹等谋反，族灭，国除。
营平[4]	赵充国，以陇西骑士从军得官，侍中，事武帝。数将兵击匈奴有功，为护军都尉，侍中，事昭帝。昭帝崩，议立宣帝，决疑定策，以安宗庙功侯，封二千五百户。
阳成[5]	田延年，以军吏事昭帝；发觉上官桀谋反事，后留迟不得封，为大司农。本造废昌邑王议立宣帝，决疑定策，以安宗庙功侯，二千七百户。逢昭帝崩，方上事并急，因以盗都内钱三千万。发觉，自杀，国除。

注释　1 阳平：县名，在东郡。在今山东莘县。　2 扶阳：县名，在沛郡。在今安徽萧县南。　3 平陵：《汉表》在武当。《汉书补注》武当，南阳县，先封苏建。在今湖北十堰东。　4 营平：《汉表》在济南。《汉书补注》引沈钦韩曰：“《齐乘》营平城在济南府东三十里，即隋唐营城县。”依此，其地在今山东济南东。　5 阳成：《汉表》在济阳。济阳，县名，属陈留郡。在今河南兰考东北。王念孙以为其地与“阳城”“成阳”皆不相涉。

续表

平丘[1]	王迁,家在卫。为尚书郎,习刀笔之文。侍中,事昭帝。帝崩,立宣帝,决疑定策,以安宗庙功侯,二千户。为光禄大夫,秩中二千石。坐受诸侯王金钱财,漏泄中事,诛死,国除。
乐成[2]	霍山,山者,大将军光兄子也。光未死时上书曰:"臣兄骠骑将军去病从军有功,病死,赐谥景桓侯,绝无后,臣光愿以所封东武阳邑三千五百户分与山。"天子许之,拜山为侯。后坐谋反,族灭,国除。
冠军[3]	霍云,以大将军兄骠骑将军適孙为侯。地节三年,天子下诏书曰:"骠骑将军去病击匈奴有功,封为冠军侯。薨卒,子侯代立,病死无后。《春秋》之义,善善及子孙,其以邑三千户封云为冠军侯。"后坐谋反,族灭,国除。
平恩[4]	许广汉,家昌邑。坐事下蚕室,独有一女,嫁之。宣帝未立时,素与广汉出入相通,卜相者言当大贵,以故广汉施恩甚厚。地节三年,封为侯,邑三千户。病死无后,国除。
昌水[5]	田广明,故郎,为司马,稍迁至南郡都尉、淮阳太守、鸿胪、左冯翊。昭帝崩,议废昌邑王,立宣帝,决疑定策,以安宗庙。本始三年,封为侯,邑二千三百户。为御史大夫。后为祁连将军,击匈奴,军不至质,当死,自杀,国除。
高平[6]	魏相,家在济阴。少学《易》,为府卒史,以贤良举为茂陵令,迁河南太守。坐贼杀不辜,系狱,当死,会赦,免为庶人。有诏守茂陵令,为扬州刺史,入为谏议大夫,复为河南太守,迁为大司农、御史大夫。地节三年,谮毁韦贤,代为丞相,封千五百户。病死,长子宾代立,坐祠庙失侯。

注释　**1** 平丘:《汉志》属陈留郡,县名,在今河南封丘东。《汉表》在肥城。肥城,泰山郡县名,在今山东肥城。　**2** 乐成:《汉表》在平氏,属南阳郡,县名,在今河南唐河东南。平氏、乐成,均南阳郡之县,王先谦以为乐成"盖析平氏置"。　**3** 冠军:《汉志》属南阳郡,县名,在今河南邓州西北。　**4** 平恩:《汉志》属魏郡,县名,在今河北曲周东南。　**5** 昌水:《汉表》在於陵。於陵,县名,属济南郡。在今山东邹平东南。　**6** 高平:《汉志》属临淮郡。县名,在今江苏泗洪东南。

续表

博望[1]	许中翁，以平恩侯许广汉弟封为侯，邑二千户。亦故有私恩，为长乐卫尉。死，子延年代立。
乐平[2]	许翁孙，以平恩侯许广汉少弟故为侯，封二千户。拜为强弩将军，击破西羌，还，更拜为大司马、光禄勋。亦故有私恩，故得封。嗜酒好色，以早病死。子汤代立。
将陵[3]	史子回，以宣帝大母家封为侯，二千六百户，与平台侯昆弟行也。子回妻宜君，故成王孙，嫉妒，绞杀侍婢四十余人，盗断妇人初产子臂膝以为媚道。为人所上书言，论弃市。子回以外家故，不失侯。
平台[4]	史子叔，以宣帝大母家封为侯，二千五百户。卫太子时，史氏内一女于太子，嫁一女鲁王，今见鲁王亦史氏外孙也。外家有亲，以故贵，数得赏赐。
乐陵[5]	史子长，以宣帝大母家贵，侍中，重厚忠信。以发觉霍氏谋反事，封三千五百户。
博成[6]	张章，父故颍川人，为长安亭长。失官，之北阙上书，寄宿霍氏第舍，卧马枥间，夜闻养马奴相与语，言诸霍氏子孙欲谋反状，因上书告反，为侯，封三千户。
都成[7]	金安上，先故匈奴。以发觉故大将军霍光子禹等谋反事有功，封侯，二千八百户。安上者，奉车都尉秺侯从群子。行谨善，退让以自持，欲传功德于子孙。

注释　1 博望：县名，属南阳郡，先封张骞，此封许中翁（《史记集解》名舜）。在今河南南阳东北。　2 乐平：《汉表》作“乐成敬侯许延寿”。3 将陵：史子回（《史记集解》名曾）所封。其地不详。　4 平台：《汉志》属常山郡。史于叔（《史记集解》名玄）所封。其地不详。　5 乐陵：《汉书补注》先谦曰：“乐陵，平原县，见《河水注》。按临淮乐陵，《志》注侯国，疑道元误。”乐陵，县名，史子长（《史记集解》名高）所封。在今山东乐陵东南。　6 博成：《汉表》在淮阳；《史记索隐》谓《表》在临淮。其地不详。7 都成：《汉志》属颍川郡。《汉书补注》谓为山阳郡之城都县，在今山东鄄城东南。

续表

平通[1]	杨恽，家在华阴，故丞相杨敞少子，任为郎。好士，自喜知人，居众人中常与人颜色，以故高昌侯董忠引与屏语，言霍氏谋反状，共发觉告反，侯二千户，为光禄勋。到五凤四年，作为妖言，大逆罪腰斩，国除。
高昌[2]	董忠，父故颍川阳翟人，以习书诣长安。忠有材力，能骑射，用短兵，给事期门。与张章相习知，章告语忠霍禹谋反状，忠以语常侍骑郎杨恽，共发觉告反，侯，二千户。今为枭骑都尉，侍中。坐祠宗庙乘小车，夺百户。
爰戚[3]	赵成，用发觉楚国事侯，二千三百户。地节元年，楚王与广陵王谋反，成发觉反状，天子推恩广德义，下诏书曰"无治广陵王"，广陵王不变更。后复坐祝诅灭国，自杀，国除。今帝复立子为广陵王。
酂[4]	地节三年，天子下诏书曰："朕闻汉之兴，相国萧何功第一，今绝无后，朕甚怜之，其以邑三千户封萧何玄孙建世为酂侯。"
平昌[5]	王长君，家在赵国，常山广望邑人也。卫太子时，嫁太子家，为太子男史皇孙为配，生子男，绝不闻声问，行且四十余岁，至今元康元年中，诏征，立以为侯，封五千户。宣帝舅父也。
乐昌[6]	王稚君，家在赵国，常山广望邑人也。以宣帝舅父外家封为侯，邑五千户。平昌侯王长君弟也。
邛城[7]	王奉光，家在房陵。以女立为宣帝皇后故，封千五百户。言奉光初生时，夜见光其上，传闻者以为当贵云。后果以女故为侯。

注释　1 平通:《汉表》在博阳。《汉书补注》在博阳，汝南县，则在今河南商水东南。　2 高昌:《汉志》在千乘。县名，其地不详。　3 爰戚:《汉书补注》爰戚，山阳县。在今山东嘉祥东南。　4 酂(zàn):县名，在今湖北老河口。非萧何所封之酂(cuó)县，在今河南永城西。　5 平昌:平原郡县名，王长君(《史记集解》名无故)所封。在今山东商河西北。　6 乐昌:《汉书补注》在东郡。县名，王稚君(《史记集解》名武)所封。在今河南南乐西北。　7 邛成:《汉书补注》山阳有郜成县，盖即邛成之误。郜成，县名，在今山东成武东南。

续表

安远[1]	郑吉,家在会稽。以卒伍起从军为郎,使护将弛刑士田渠梨。会匈奴单于死,国乱,相攻,日逐王将众来降汉,先使语吉,吉将吏卒数百人往迎之。众颇有欲还者,因斩杀其渠率,遂与俱入汉。以军功侯,二千户。
博阳[2]	邴吉,家在鲁。本以治狱为御史属,给事大将军幕府。常施旧恩宣帝,迁为御史大夫,封侯,二千户。神爵二年,代魏相为丞相。立五岁,病死。子翁孟代立,为将军,待中。甘露元年,坐祠宗庙不乘大车而骑至庙门,有罪,夺爵,为关内侯。
建成[3]	黄霸,家在阳夏,以役使徙云阳。以廉吏为河内守丞,迁为廷尉监,行丞相长史事。坐见知夏侯胜非诏书大不敬罪,久系狱三岁,从胜学《尚书》。会赦,以贤良举为扬州刺史,颍川太守。善化,男女异路,耕者让畔,赐黄金百斤,秩中二千石。居颍川,入为太子太傅,迁御史大夫。五凤三年,代邴吉为丞相。封千八百户。
西平[4]	于定国,家在东海。本以治狱给事为廷尉史,稍迁御史中丞。上书谏昌邑王,迁为光禄大夫,为廷尉。乃师受《春秋》,变道行化,谨厚爱人。迁为御史大夫,代黄霸为丞相。
右[5]孝宣时所封	
阳平[6]	王稚君,家在魏郡。故丞相史。女为太子妃。太子立为帝,女为皇后,故侯,千二百户。初元以来,方盛贵用事,游宦求官于京师者多得其力,未闻其有知略广宣于国家也。

注释　1 安远:《汉表》在慎。慎,县名,属汝南郡,在今安徽颍上西北。 2 博阳:《汉表》在南顿。博阳,县名,属汝南郡,地近南顿县。在今河南商水东南。 3 建成:《汉表》在沛。建成,县名,在今河南永城东南。 4 西平。《汉表》在临淮。县名,其地不详。此非汝南郡之西平县(在今河南舞阳东南)。 5 右:本处当为"上"。 6 阳平:县名,《汉表》在东郡。王稚君(《汉表》名禁,《史记集解》名杰)所封。在今山东莘县。

史记卷二十一

建元已来王子侯者年表第九

原文

制诏御史[1]:"诸侯王或欲推私恩分子弟邑者,令各条上,朕且临定其号名。"[2]

太史公曰:盛哉,天子之德!一人有庆,天下赖之。[3]

译文

天子发布命令诏告御史:"在诸侯王中间有想推展个人的恩德分给所有的子弟封土的,让他们把各自的想法写出来呈上,我将亲自给这些封土确定名号。"

太史公说:广阔兴盛呀,天子的德泽!一个人有善行,天下的人都获得了利益。

注释 1 制诏:以制书诏告御史。制,制诰,制书,《秦始皇本纪》:"命为'制',令为'诏'。"此诏用为动词,意为告令。 御史:御史大夫之省称。皇帝的诏令由御史大夫转知丞相、九卿执行。 2 推私恩:将自己的恩德推广及于他人。恩,恩德,恩惠。 临定:亲自确定。 3 一人有庆,天下赖之:语原出《尚书·吕刑》:"一人有庆,兆民赖之。"一人,指天子。庆,善。赖,利,谓天下亦得其利。

国名	兹[1]	安成[3]	宜春[4]	句容[5]
王子号	河间献王子。	长沙定王子。	长沙定王子。	长沙定王子。
元光	二　五年正月壬子,侯刘明元年。	一　六年七月乙巳,思侯刘苍元年。	一　六年七月乙巳,侯刘成元年。	一　六年七月乙巳,哀侯刘党元年。
元朔	二 三年,侯明坐谋反杀人,弃市,国除。[2]	六	六	元年,哀侯党薨,无后,国除。
元狩		六	六	
元鼎		六　元年,今侯自当元年。	四 五年,侯成坐酎金,国除。	
元封		六		
太初		四		

注释　1 兹:《史记志疑》疑即太原郡的兹氏县(在今山西汾阳市东南);或云为琅邪郡姑幕县(在今山东诸城市东北)东北之兹亭。河间献王(景帝子刘德)之子刘明所封。　2 谋反杀人,弃市:《汉表》作"坐杀人,自杀";《史记集解》引徐广曰:"一作'掠杀人,弃市'。"疑衍"反"字。　3 安成:《汉表》在豫章,非;《汉书补注》在长沙国。安成,县名,长沙定王(景帝子刘发)之子刘苍所封。在今江西萍乡东南。　4 宜春:此即豫章郡之宜春,县名,刘成所封。在今江西宜春。　5 句容:《汉表》在会稽,非;《汉书补注》在丹阳郡。句容,县名,刘党所封。在今江苏句容。

续表

国名	句陵[1]	杏山[2]	浮丘[3]	广戚[4]
王子号	长沙定王子。	楚安王子。	楚安王子。	鲁共王子。
元光	一　六年七月乙巳,侯刘福元年。	一　六年后九月壬戌,侯刘成元年。	一　六年后九月壬戌,侯刘不审元年。	
元朔	六	六	六	六　元年十月丁酉,节侯刘择元年。
元狩	六	六	四 二　五年,侯霸元年。	六　元年,侯始元年。
元鼎	四 五年,侯福坐酎金,国除。	四 五年,侯成坐酎金,国除。	四 五年,侯霸坐酎金,国除。	四 五年,侯始坐酎金,国除。
元封				
太初				

注释　1 句陵:《汉表》作“容陵”;徐广曰:“一作‘容陵’。”是。容陵,县名,刘福所封。在今湖南攸县西南。　2 杏山:《汉书补注》谓为江夏郡之软县。楚安王(刘邦弟刘交之孙刘道)之子刘成所封。在今河南罗山东。　3 浮丘:《汉表》在沛。其地不详。刘不审所封。　4 广戚:县名,属沛郡。鲁共王(景帝子刘余)之子刘择所封。

续表

国名	丹杨[1]	盱台[2]	湖孰[3]	秩阳[4]
王子号	江都易王子。	江都易王子。	江都易王子。	江都易王子。
元光				
元朔	六　元年十二月甲辰，哀侯敢元年。	六　元年十二月甲辰，侯刘象之元年。	六　元年正月丁卯，顷侯刘胥元年。	六　元年正月丁卯，终侯刘涟元年。
元狩	元狩元年，侯敢薨，无后，国除。	六	六	六
元鼎		四 五年，侯象之坐酎金，国除。	四 二　五年，今侯圣元年。	三 四年，终侯涟薨，无后，国除。
元封			六	
太初			四	

注释　1 丹杨：一作“丹阳”，县名，属丹阳郡，盖由芜湖县分置，故《汉表》云在芜湖。江都易王（景帝子刘非）之子刘敢所封。在今安徽马鞍山东南。　2 盱台（xū yí）：县名，属临淮郡。刘象之（《汉表》作“蒙之”）所封。在今江苏盱眙东北。　3 湖孰：县名，属丹阳郡，刘胥（《汉表》作“胥行”）所封。在今江苏南京江宁区东南。　4 秩阳：《汉表》作“秣陵”，县名，刘涟（《汉表》名缠）所封。在今江苏南京江宁区南。

续表

国名	睢陵[1]	龙丘[2]	张梁[3]	剧[4]
王子号	江都易王子。	江都易王子。	江都易王子。	菑川懿王子。
元光				
元朔	六　元年正月丁卯,侯刘定国元年。	五　二年五月乙巳,侯刘代元年。	五　二年五月乙巳,哀侯刘仁元年。	五　二年五月乙巳,原侯刘错元年。
元狩	六	六	六	六
元鼎	四 五年,侯定国坐酎金,国除。	四 五年,侯代坐酎金,国除。	二 四　三年,今侯顺元年。	一 五　二年,孝侯广昌元年。
元封			六	六
太初			四	四

注释　**1** 睢陵:《汉表》作"淮陵"。县名,属临淮郡,刘定国所封。今已沉入江苏盱眙西北之洪泽湖中。　**2** 龙丘:《汉表》在琅邪。其地不详。刘代(《汉表》谓为菑川懿王子)所封。　**3** 张梁:《史记志疑》疑即梁国睢阳(在今河南商丘市东南)之杨梁聚。刘仁(当为梁共王子)所封。
4 剧:县名,属北海郡,菑川懿王(悼惠王刘肥之子刘志)之子刘错所封。在今山东昌乐西北。

续表

国名	壤[1]	平望[2]	临原[3]	葛魁[4]
王子号	菑川懿王子。	菑川懿王子。	菑川懿王子。	菑川懿王子。
元光				
元朔	五　二年五月乙巳，夷侯刘高遂元年。	五　二年五月乙巳，夷侯刘赏元年。	五　二年五月乙巳，敬侯刘始昌元年。	五　二年五月乙巳，节侯刘宽元年。
元狩	六	二 四　三年，今侯楚人元年。	六	三 三　四年，侯戚元年。
元鼎	六　元年，今侯延元年。	六	六	二 三年，侯戚坐杀人，弃市，国除。
元封	六	六	六	
太初	四	四	四	

注释　1 壤:《汉表》作“怀昌”，其地均不详。刘高遂(《汉表》作“刘高”)所封。　2 平望：县名，属北海郡，刘赏所封。在今山东寿光东北。3 临原:《汉表》作“临众”，误。县名，在琅邪郡，刘始昌所封。在今山东临朐东。　4 葛魁:《史记集解》引徐广曰:“葛，一作‘莒’。”《史记志疑》云:“得毋即莒魁乎(川阜曰魁，乃取川阜为名)?”莒，春秋时齐之东境，在汉为城阳国莒县。刘宽所封。在今山东莒县。

续表

国名	益都[1]	平酌[2]	剧魁[4]	寿梁[5]
王子号	菑川懿王子。	菑川懿王子。	菑川懿王子。	菑川懿王子。
元光				
元朔	五　二年五月乙巳,侯刘胡元年。	五　二年五月乙巳,戴侯刘彊元年。	五　二年五月乙巳,夷侯刘墨元年。	五　二年五月乙巳,侯刘守元年。
元狩	六	六	六	六
元鼎	六	六　元年,思侯中时元年[3]。	六	四 五年,侯守坐酎金,国除。
元封	六	六	三　元年,侯昭元年。 三　四年,侯德元年。	
太初	四	四	四	

注释　**1** 益都:乡名。在北海郡益县北,刘胡所封。益县,在今山东寿光东南。　**2** 平酌:《汉表》作“平的”。平的,县名,属北海郡,刘彊所封。　**3** 思侯:《史记志疑》谓当作“今侯”。　**4** 剧魁:县名,《汉志》属北海郡,刘墨所封。在今山东昌乐西北。　**5** 寿梁:此为东郡寿良县,良、梁古字通。刘守所封。在今山东梁山东北。

续表

国名	平度[1]	宜成[2]	临朐[3]	雷[4]
王子号	菑川懿王子。	菑川懿王子。	菑川懿王子。	城阳共王子。
元光				
元朔	五　二年五月乙巳,侯刘衍元年。	五　二年五月乙巳,康侯刘偃元年。	五　二年五月乙巳,哀侯刘奴元年。	五　二年五月甲戌,侯刘稀元年。
元狩	六	六	六	六
元鼎	六	六　元年,侯福元年。	六	五 五年,侯稀坐酎金,国除。
元封	六	六	六	
太初	四	元年,侯福坐杀弟,弃市,国除。	四	

注释　1 平度:《汉志》属东莱郡。平度,县名,刘衍所封。在今山东平度西北。　2 宜成:《汉表》在平原,非。《史记志疑》谓县在济南。刘偃所封。在今山东商河南。　3 临朐(qú):《汉表》在东海,非。《汉书补注》在临朐,齐郡县。刘奴所封。在今山东临朐。　4 雷:《汉书补注》谓雷当为"卢"。卢县,在城阳国(非泰山郡之卢县),城阳共王(朱虚侯刘章之子刘喜)之子刘稀(《汉表》作"豨")所封。在今山东沂南西北。

续表

国名	东莞[1]	辟[2]	尉文[4]	封斯[5]
王子号	城阳共王子。	城阳共王子。	赵敬肃王子。	赵敬肃王子。
元光				
元朔	三　二年五月甲戌,侯刘吉元年。五年,侯吉有痼疾,不朝,废,国除。	三　二年五月甲戌,节侯刘壮元年。 二　五年,侯朋[3]元年。	五　二年六月甲午,节侯刘丙元年。	五　二年六月甲午,共侯刘胡阳元年。
元狩		六	六　元年,侯犊元年。	六
元鼎		四 五年,侯朋坐酎金,国除。	四 五年,侯犊坐酎金,国除。	六
元封				六
太初				二 二　三年,今侯如意元年。

注释　1 东莞(guǎn):县名,《汉志》属琅邪,刘吉所封。在今山东沂水。　2 辟:《汉书补注》谓即辟城,在城阳国莒县,刘壮所封。在今山东莒县。　3 朋:《汉表》作"明"。　4 尉文:在中山国无极县西。赵敬肃王(景帝子刘彭祖)之子刘丙所封。在今河北无极西。　5 封斯:县名,属常山郡,刘胡阳(《汉志》作"胡伤")所封。在今河北赵县西北。

续表

国名	榆丘[1]	襄嚵[2]	邯会[3]	朝[4]
王子号	赵敬肃王子。	赵敬肃王子。	赵敬肃王子。	赵敬肃王子。
元光				
元朔	五　二年六月甲午，侯刘寿福元年。	五　二年六月甲午，侯刘建元年。	五　二年六月甲午，侯刘仁元年。	五　二年六月甲午，侯刘义元年。
元狩	六	六	六	六
元鼎	四 五年，侯寿福坐酎金，国除。	四 五年，侯建坐酎金，国除。	六	二 四　三年，今侯禄元年。
元封			六	六
太初			四	四

注释 1 榆丘：地未详。《史记志疑》疑为魏郡清渊县之邑。刘寿福所封。清渊，在今河北馆陶东北。 2 襄嚵(chán)：《史记索隐》引韦昭云："广平县。"此是乡名，刘建所封。广平县，在今河北曲周北。 3 邯会：《汉书补注》谓为魏郡县，刘仁所封。在今河南安阳西北。 4 朝：即朝城，在东郡东武阳地，刘义所封。在今山东南乐东北。

续表

国名	东城[1]	阴城[2]	广望[3]	将梁[4]
王子号	赵敬肃王子。	赵敬肃王子。	中山靖王子。	中山靖王子。
元光				
元朔	五　二年六月甲午，侯刘遗元年。	五　二年六月甲午，侯刘苍元年。	五　二年六月甲午，侯刘安中元年。	五　二年六月甲午，侯刘朝平元年。
元狩	六	六	六	六
元鼎	元年，侯遗有罪，国除。	六	六	四 五年，侯朝平坐酎金，国除。
元封		元年，侯苍有罪，国除。	六	
太初			四	

注释　1 东城:《汉志》属九江郡。县名，刘遗所封。在今安徽定远东南。以其远离赵地，梁玉绳、王先谦均疑不在此。　2 阴城:《史记志疑》谓当在广平国曲周县西(在今河北曲周东北)。刘苍所封。　3 广望:县名，《汉志》属涿郡。中山靖王(景帝子刘胜)之子刘安中(《汉表》作“刘忠”)所封。在今河北高阳西。　4 将梁:在涿郡之广望县界，当是乡名。刘朝平所封。

续表

国名	新馆[1]	新处[2]	陉城[3]	蒲领[4]
王子号	中山靖王子。	中山靖王子。	中山靖王子。	广川惠王子。
元光				
元朔	五　二年六月甲午，侯刘未央元年。	五　二年六月甲午，侯刘嘉元年。	五　二年六月甲午，侯刘贞元年。	四　三年十月癸酉，侯刘嘉元年。
元狩	六	六	六	
元鼎	四 五年，侯未央坐酎金，国除。	四 五年，侯嘉坐酎金，国除。	四 五年，侯贞坐酎金，国除。	
元封				
太初				

注释　1 新馆：《汉表》在涿郡。《史记志疑》疑是新昌之误。新昌，县名，刘未央所封。在今河北高碑店。　2 新处：县名，属中山郡。地析自涿郡，国除后隶中山，故《汉表》谓在涿郡。刘嘉所封。在今河北望都西南。3 陉(xíng)城：《汉志》作“陆成”，属中山郡，县名，刘贞所封。陆成县，在今河北蠡县。　4 蒲领：县名，属勃海郡。广川惠王(景帝子刘越)之子刘嘉所封。今地不详。

续表

国名	西熊[1]	枣彊[2]	毕梁[3]	房光[4]
王子号	广川惠王子。	广川惠王子。	广川惠王子。	河间献王子。
元光				
元朔	四　三年十月癸酉,侯刘明元年。	四　三年十月癸酉,侯刘晏元年。	四　三年十月癸酉,侯刘婴元年。	四　三年十月癸酉,侯刘殷元年。
元狩			六	六
元鼎			六	元年,侯殷有罪,国除。
元封			三 四年,侯婴有罪,国除。	
太初				

注释　**1** 西熊:其地不详。刘明所封。　**2** 枣彊:县名,属清河郡,刘宴所封。在今河北枣强东南。　**3** 毕梁:《汉表》在魏郡。刘婴所封。其地未详。　**4** 房光:《汉表》作"旁光"(房、旁古通),云在魏郡。刘殷所封。其地未详。或谓即常山郡房子县,则在今河北高邑西南。

续表

国名	距阳[1]	蒌安[2]	阿武[3]	参户[4]
王子号	河间献王子。	河间献王子。	河间献王子。	河间献王子。
元光				
元朔	四　三年十月癸酉,侯刘匄元年。	四　三年十月癸酉,侯刘邈元年。	四　三年十月癸酉,湣侯刘豫元年。	四　三年十月癸酉,侯刘勉[5]元年。
元狩	四 二　五年,侯渡元年。	六	六	六
元鼎	四　五年,侯渡有罪,国除。	六	六	六
元封		六　元年,今侯婴元年。	六	六
太初		四	二 二　三年,今侯宽元年。	四

注释　1 距阳:《读史方舆纪要》谓即汝南郡之细阳县,刘匄所封。在今安徽太和东南。　2 蒌安:盖为乡名,在涿郡饶阳县,刘邈所封。饶阳,在今河北饶阳。　3 阿武:县名,属涿郡,刘豫所封。有云在今河北河间南。　4 参户:县名,属勃海,刘勉(《汉表》作"免")所封。在今河北沧州西北。　5 侯刘勉:"侯"前缺"今"字。

续表

国名	州乡[1]	成平[3]	广[4]	盖胥[5]
王子号	河间献王子。	河间献王子。	河间献王子。	河间献王子。
元光				
元朔	四　三年十月癸酉，节侯刘禁元年。	四　三年十月癸酉，侯刘礼元年。	四　三年十月癸酉，侯刘顺元年。	四　三年十月癸酉，侯刘让元年。
元狩	六	二 三年，侯礼有罪，国除。	六	六
元鼎	六[2]		四 五年，侯顺坐酎金，国除。	四 五年，侯让坐酎金，国除。
元封	五 一　六年，今侯惠元年。			
太初	四			

注释　1 州乡：县名，《汉志》属涿郡，刘禁所封。在今河北河间东北。2 六：此格当上书“一”，下书“五”；中间补书“二年思侯齐元年”七字。“六”字误。据《汉表》。　3 成平：县名，属勃海郡。《汉表》在南皮，《汉书补注》谓析南皮置无疑。刘礼所封。在今河北沧州西南。　4 广：县名，属齐郡，刘顺所封。在今山东青州西南。　5 盖胥：县名《汉志》作“盖”，在太山郡；《汉表》在魏郡。刘让所封。其地不详。

续表

国名	陪安[1]	荣简[2]	周坚[3]	安阳[4]
王子号	济北贞王子。	济北贞王子。	济北贞王子。	济北贞王子。
元光				
元朔	四　三年十月癸酉,康侯刘不害元年。	四　三年十月癸酉,侯刘骞元年。	四　三年十月癸酉,侯刘何元年。	四　三年十月癸酉,侯刘桀元年。
元狩	六	二 三年,侯骞有罪,国除。	四 二　五年,侯当时元年。	六
元鼎	一 二　二年,哀侯秦客元年。三年,侯秦客薨,无后,国除。		四 五年,侯当时坐酎金,国除。	六
元封				六
太初				四

注释　1 陪安:当依《汉表》作"阴安",在魏郡。然元朔二年已封卫青子卫不疑为阴安侯,此不当重封一地。《史记志疑》谓恐《史》《汉》二表皆有误。济北贞王(淮南厉王刘长之子刘勃)之子刘不害所封,其地不详。　2 荣简:一作"营简",《汉表》作"营关",在茌平,刘骞所封。《汉书补注》谓盖此县分茌平置。茌平,属东郡,在今山东茌平西南。　3 周坚:《汉表》作"周望",刘何(谥"康")所封。其地未详。　4 安阳:《汉表》在平原。《史记志疑》谓衍"阳",为安县;《汉书补注》以为非安县。刘桀(《汉表》作"刘乐")所封。其地不详。

续表

国名	五樣[1]	富[2]	陪[3]	从[4]
王子号	济北贞王子。	济北贞王子。	济北贞王子。	济北贞王子。
元光				
元朔	四　三年十月癸酉，侯刘臒丘元年。	四　三年十月癸酉，侯刘袭元年。	四　三年十月癸酉，缪侯刘明元年。	四　三年十月癸酉，侯刘信元年。
元狩	六	六	六	六
元鼎	四 五年，侯臒丘坐酎金，国除。	六	二 二　三年，侯邑元年。　五年，侯邑坐酎金，国除。	四　五年，侯信坐酎金，国除。
元封		六		
太初		四		

注释　1 五樣(jū)：《汉表》在泰山。刘臒丘所封。其地不详。　2 富：县名，《史记志疑》谓即泰山郡之富阳，疑刘袭(《汉表》误为“龙”)所封当在此域。富阳，今地不详。　3 陪：《汉表》云平原，其地未详。刘明(《汉表》作“刘则”)所封。　4 从：《汉表》在平原。《史记志疑》疑即东海郡临沂县之丛亭，刘信所封。临沂，在今山东临沂西北。

续表

国名	平[1]	羽[2]	胡母[3]	离石[4]
王子号	济北贞王子。	济北贞王子。	济北贞王子。	代共王子。
元光				
元朔	四　三年十月癸酉,侯刘遂元年。	四　三年十月癸酉,侯刘成元年。	四　三年十月癸酉,侯刘楚元年。	四　三年正月壬戌,侯刘绾元年。
元狩	元年,侯遂有罪,国除。	六	六	六
元鼎		六	四 五年,侯楚坐酎金,国除。	六
元封		六		六
太初		四		四

注释　1 平:《汉志》属河南,《史记志疑》谓地远,非,当即齐郡平广县,刘遂所封。平广县,今地不详。　2 羽:《汉志》属平原。为羽国,刘成所封,在今山东禹城西南。　3 胡母:《汉表》在泰山。盖乡名。《汉书补注》谓胡母为齐地无疑。刘楚所封。不详所在。　4 离石:县名,属西河郡,代共王(代孝王刘参之子刘登)之子刘绾所封。在今山西吕梁离石区。

续表

国名	邵[1]	利昌[2]	蔺[3]	临河[5]
王子号	代共王子。	代共王子。	代共王子。	代共王子。
元光				
元朔	四　三年正月壬戌,侯刘慎元年。	四　三年正月壬戌,侯刘嘉元年。	三年正月壬戌,侯刘憙元年。[4]	三年正月壬戌,侯刘贤元年。
元狩	六	六		
元鼎	六	六		
元封	六	六		
太初	四	四		

注释　1 邵:《史记志疑》疑“邵”乃“饶”之误,西河郡有饶县。刘慎(《汉表》作“刘顺”)所封。今地不详。　2 利昌:《史记志疑》谓此侯必封于西河方利县。刘嘉所封。今地不详。　3 蔺:《汉志》属西河。蔺县,刘憙(《汉表》作“刘罢军”)所封。在今山西吕梁离石区西。　4 此以下数侯缺更封及其年月。　5 临河:《汉志》属朔方。县名,刘贤所封。在今内蒙古巴彦淖尔临河区。

续表

国名	隰成[1]	土军[2]	皋狼[3]	千章[4]
王子号	代共王子。	代共王子。	代共王子。	代共王子。
元光				
元朔	三年正月壬戌，侯刘忠元年。	三年正月壬戌，侯刘郢客元年。	三年正月壬戌，侯刘迁元年。	三年正月壬戌，侯刘遇元年。
元狩				
元鼎		侯郢客坐与人妻奸，弃市。		
元封				
太初				

注释 1 隰成:《汉志》属西河。县名，刘忠所封。在今山西吕梁离石区西南。 2 土军:《汉志》属西河。县名，刘郢客所封。在今山西石楼。 3 皋狼:《汉志》属西河。县名，刘迁所封。在今山西吕梁离石区西北。 4 千章:《汉志》属西河。县名，刘遇所封。今地不详。

续表

国名	博阳[1]	宁阳[2]	瑕丘[3]	公丘[5]
王子号	齐孝王子。	鲁共王子。	鲁共王子。	鲁共王子。
元光				
元朔	四　三年三月乙卯，康侯刘就元年。	四　三年三月乙卯，节侯刘恢元年。	四　三年三月乙卯，节侯刘贞[4]元年。	四　三年三月乙卯，夷侯[6]刘顺元年。
元狩	六	六	六	六
元鼎	二 二　三年，侯终吉元年。五年，侯终吉坐酎金，国除。	六	六	六
元封		六	六	六
太初		四	四	四

注释　1 博阳：《汉志》属汝南。县名，齐孝王（悼惠王刘肥之子刘将闾）之子刘就所封。在今河南商水东南。　2 宁阳：《汉志》属泰山。县名，刘恢（《汉表》作“刘恬”）所封。在今山东宁阳南。　3 瑕（xiá）丘：当作“敬丘”，属沛郡。敬丘，县名，刘政所封。在今河南永城西北。　4 节侯刘贞：“节”字衍，“贞”当作“政”。　5 公丘：《汉志》属沛郡。县名，刘顺所封。在今山东滕州西南。　6 夷侯：“夷”字衍。

续表

国名	郁狼[1]	西昌[2]	陉城[3]	邯平[4]
王子号	鲁共王子。	鲁共王子。	中山靖王子。	赵敬肃王子。
元光				
元朔	四　三年三月乙卯,侯刘骑元年。	四　三年三月乙卯,侯刘敬元年。	四　三年三月癸酉,侯刘义元年。	四　三年四月庚辰,侯刘顺元年。
元狩	六	六	六	六
元鼎	四 五年,侯骑坐酎金,国除。	四 五年,侯敬坐酎金,国除。	四 五年,侯义坐酎金,国除。	四 五年,侯顺坐酎金,国除。
元封				
太初				

注释　1 郁狼:即春秋时鲁邑之郁郎亭,在方与东南。刘骑所封。在今山东鱼台西南。　2 西昌:《史记志疑》疑即东郡须昌,西、须音近。刘敬所封。在今山东东平西北。　3 陉城:《史记志疑》疑即中山之苦陉县,固与新处接近(《汉表》作"陆地",在辛处。辛处即新处)。刘义所封。苦陉,在今山西无极东北。　4 邯平:《汉表》在广平。此盖广平国广平县之乡名,刘顺所封。广平,在今山东曲周东北。

续表

国名	武始[1]	象氏[2]	易[3]	洛陵[4]
王子号	赵敬肃王子。	赵敬肃王子。		长沙定王子。
元光				
元朔	四　三年四月庚辰,侯刘昌元年。	四　三年四月庚辰,节侯刘贺元年。	四　三年四月庚辰,安侯刘平元年。	三　四年三月乙丑,侯刘章元年。
元狩	六	六	六	一 二年,侯章有罪,国除。
元鼎	六	六	六	
元封	六	二 四　三年,思侯安德元年。	四 二　五年,今侯种元年。	
太初	四	四	四	

注释　**1** 武始:《汉表》在魏。县名,刘昌(后立为赵王)所封。在今河北邯郸西南。　**2** 象氏:县名,属钜鹿郡,刘贺所封。在今山西隆尧北。**3** 易:一作"鄗",《汉表》在"鄗",鄗在常山郡。易,县名,《汉志》属涿郡。刘平所封。在今河北雄县北。　**4** 洛陵:《汉表》作"路陵",洛、路古通。《读史方舆纪要》谓即长沙之昭陵,县名,刘章(《汉表》名童)所封。在今湖南邵阳。

续表

国名	攸舆[1]	茶陵[2]	建成[3]	安众[4]
王子号	长沙定王子。	长沙定王子。	长沙定王子。	长沙定王子。
元光				
元朔	三　四年三月乙丑,侯刘则元年。	三　四年三月乙丑,侯刘欣元年。	三　四年三月乙丑,侯刘拾元年。	三　四年三月乙丑,康侯刘丹元年。
元狩	六	六	五 六年,侯拾坐不朝,不敬,国除。	六
元鼎	六	一 五　二年,哀侯阳元年。		六
元封	六	六		五 一　六年,今侯山拊元年。
太初	元年,侯则篡死罪,弃市,国除。	元年,侯阳薨,无后,国除。		四

注释　1 攸舆:《史记索隐》云,长沙有攸县,本名攸舆。攸县,刘则所封,在今湖南攸县东北。　2 茶陵:县名,属长沙郡,刘欣所封。在今湖南茶陵东北。　3 建成:县名,属豫章郡,刘拾所封。在今江西高安。　4 安众:县名,《汉志》属南阳,刘丹所封。在今河南邓州东北。

续表

国名	叶[1]	利乡[2]	有利[3]	东平[4]
王子号	长沙定王子。	城阳共王子。	城阳共王子。	城阳共王子。
元光				
元朔	三　四年三月乙丑，康侯刘嘉元年。	三　四年三月乙丑，康侯刘婴元年。	三　四年三月乙丑，侯刘钉元年。	三　四年三月乙丑，侯刘庆元年。
元狩	六	二 三年，侯婴有罪，国除。	元年，侯钉坐遗淮南书称臣，弃市，国除。	二 三年，侯庆坐与姊妹奸，有罪，国除。
元鼎	四 五年，侯嘉坐酎金，国除。			
元封				
太初				

注释　1 叶(shè)：县名，《汉志》属南阳，刘嘉(《汉表》名喜)所封。在今河南叶县西南。　2 利乡：即东海郡利城县之乡名，刘婴所封。在今江苏东海北。　3 有利：亦东海郡利城县之乡名，刘钉所封。一县分封二侯。　4 东平：《史记志疑》谓即无盐县，在东平国，刘庆所封。在今山东汶上东北。

续表

国名	运平[1]	山州[2]	海常[3]	钧丘[4]
王子号	城阳共王子。	城阳共王子。	城阳共王子。	城阳共王子。
元光				
元朔	三　四年三月乙丑,侯刘䜣元年。	三　四年三月乙丑,侯刘齿元年。	三　四年三月乙丑,侯刘福元年。	三　四年三月乙丑,侯刘宪元年。
元狩	六	六	六	三 三　四年,今侯执德元年。
元鼎	四 五年,侯䜣坐酎金,国除。	四 五年,侯齿坐酎金,国除。	四 五年,侯福坐酎金,国除。	六
元封				六
太初				四

注释　1 运平:《史记志疑》为琅邪东莞县,刘䜣所封。在今山东沂水。 2 山州:其地不详。刘齿所封。 3 海常:《汉表》在琅邪,其地未详。刘福所封。 4 钧丘:《汉表》作“驺丘”。《汉志》云“鲁国驺,故邾国,峄山在北”。《史记志疑》谓驺山即峄山,国因山为名,其即驺丘乎?是则在鲁国驺县,刘宪(《汉表》作“敬侯宽”)所封,在今山东邹城东南。

续表

国名	南城[1]	广陵[2]	庄原[3]	临乐[4]
王子号	城阳共王子。	城阳共王子。	城阳共王子。	中山靖王子。
元光				
元朔	三　四年三月乙丑,侯刘贞元年。	三　四年三月乙丑,常侯刘表元年。	三　四年三月乙丑,侯刘皋元年。	三　四年四月甲午,敦侯刘光元年。
元狩	六	四 二　五年,侯成元年。	六	六
元鼎	六	四 五年,侯成坐酎金,国除。	四 五年,侯皋坐酎金,国除。	六
元封	六			五 一　六年,今侯建元年。
太初	四			四

注释　1 南城:县名,属东海郡,刘贞所封。在今山东费县西南。2 广陵:《史记集解》引徐广曰:"一作'阳'。"即广阳国之广阳县,刘表(《汉表》作虒侯袭)所封。在今北京房山区东北。　3 庄原:《汉表》作"杜原"。刘皋所封。其地不详。　4 临乐:县名,属勃海郡,刘光所封。其地不详。

续表

国名	东野[1]	高平[3]	广川[4]	千锺[5]
王子号	中山靖王子。	中山靖王子。	中山靖王子。	河间献王子。
元光				
元朔	三　四年四月甲午,侯刘章元年。	三　四年四月甲午,侯刘嘉元年。	三　四年四月甲午,侯刘颇元年。	三　四年四月甲午,侯刘摇元年。
元狩	六	六	六	一 二年,侯阴不使人为秋请,有罪,国除。
元鼎	六	四 五年,侯嘉坐酎金,国除。	四 五年,侯颇坐酎金,国除。	
元封	六			
太初	四[2]			

注释　1 东野:刘章(《汉表》作“戴侯章”)所封。其地不详。 2 四:《汉表》云“戴侯章薨,侯中时嗣,太初四年薨,亡后”。此表有脱误。 3 高平:县名,属临淮郡,刘嘉(《汉表》名喜)所封。在今江苏泗洪东南。 4 广川:县名,在信都国,刘颇所封。在今河北枣强东。 5 千锺:《汉表》作“重侯担”,在平原。《汉志》谓有重丘县。刘摇(一作“刘阴”)所封,在今山东德州陵城区东北。

续表

国名	披阳[1]	定[3]	稻[4]	山[5]
王子号	齐孝王子。	齐孝王子。	齐孝王子。	齐孝王子。
元光				
元朔	三　四年四月乙卯,敬侯刘燕元年。	三　四年四月乙卯,敬侯刘越元年。	三　四年四月乙卯,夷侯刘定元年。	三　四年四月乙卯,侯刘国元年。
元狩	六	六	六	六
元鼎	四 二　五年,今侯隅[2]元年。	三 三　四年,今侯德元年。	二 四　三年,今侯都阳元年。	六
元封	六	六	六	六
太初	四	四	四	四

注释　1 披阳:《汉志》属千乘,《汉表》作“被阳”。被阳,县名,刘燕所封。在今山东博兴西南。　2 今侯隅:《汉表》名偃。　3 定:侯国,属勃海郡。刘越所封。在今山东乐陵东北。　4 稻:《汉志》属琅邪。刘定所封。其地不详。　5 山:《汉表》在勃海。刘国所封。其地不详。

续表

国名	繁安[1]	柳[4]	云[5]	牟平[7]
王子号	齐孝王子。	齐孝王子。	齐孝王子。	齐孝王子。
元光				
元朔	三　四年四月乙卯，侯刘忠元年。	三　四年四月乙卯，康侯刘阳元年。	三　四年四月乙卯，夷侯刘信元年。	三　四年四月乙卯，共侯刘渫元年。
元狩	六	六	六	二 四　三年，今侯奴元年。
元鼎	六	三 三　四年，侯罢师元年。	五 一　六年，今侯岁发[6]元年。	六
元封	六[2]	四 二　五年，今侯自为元年。	六	六
太初	三 一　四年，今侯寿[3]元年。	四	四	四

注释　1 繁安：在千乘，其地不详。刘忠（《汉表》作“夷侯忠”）所封。　2 六：当分作上、下两“三”字，而补“四年安侯守元年”七字，《汉表》可据。　3 今侯寿：《汉表》名寿汉，此脱。　4 柳：在勃海，侯国，刘阳（《汉表》名阳已）所封。在今河北盐山东北。　5 云：《汉志》属琅邪，刘信所封。其地不详。　6 今侯岁发：《汉表》“岁”作“茂”，疑“岁”字讹。　7 牟平：《汉志》属东莱。县名，刘渫（xiè）所封。在今山东烟台牟平区。

续表

国名	柴[1]	柏阳[2]	鄗[3]	桑丘[4]
王子号	齐孝王子。	赵敬肃王子。	赵敬肃王子。	中山靖王子。
元光				
元朔	三　四年四月乙卯,原侯刘代元年。	二　五年十一月辛酉,侯刘终古元年。	二　五年十一月辛酉,侯刘延年元年。	二　五年十一月辛酉[5],节侯刘洋元年。
元狩	六	六	六	六
元鼎	六	六	四 五年,侯延年坐酎金,国除。	三 三　四年,今侯德元年。
元封	六	六		六
太初	四	四		四

注释　1 柴:《汉志》属泰山。县名,刘代(原侯,"原"字衍)所封。在今山东泗水北。　2 柏阳:《汉表》作"畅",在中山。刘终古所封。《读史方舆纪要》谓北直赵州临城(在今河北临城)西有柏暘亭,当在汉之常山。　3 鄗:县名,属常山郡,刘延年所封。在今河北高邑东南。
4 桑丘:《史记志疑》谓为北新城县,属中山国,刘洋(《汉表》名将夜)所封。在今河北保定东北。　5 十一月辛酉:《汉表》作"三月癸酉",是。

续表

国名	高丘[1]	柳宿[2]	戎丘[3]	樊舆[4]
王子号	中山靖王子。	中山靖王子。	中山靖王子。	中山靖王子。
元光				
元朔	二　五年三月癸酉,哀侯刘破胡元年。	二　五年三月癸酉,夷侯刘盖元年。	二　五年三月癸酉,侯刘让元年。	二　五年三月癸酉,节侯刘条[5]元年。
元狩	六	二 四　三年,侯苏元年。	六	六
元鼎	元年,侯破胡薨,无后,国除。	四 五年,侯苏坐酎金,国除。	四 五年,侯让坐酎金,国除。	六
元封				六
太初				四

注释　1 高丘:刘破胡所封。其地未详。　2 柳宿:聚邑名,刘盖所封。在中山国卢奴(今河北定县)东北。　3 戎丘:在陇西郡西县界内,刘让所封。西县,在今甘肃天水西南。　4 樊舆:县名,刘条所封。属涿郡,一说在今河北保定徐水区东南。　5 节侯刘条:"节"字衍,《汉表》名修,古通。

续表

国名	曲成[1]	安郭[2]	安险[4]	安遥[5]
王子号	中山靖王子。	中山靖王子。	中山靖王子。	中山靖王子。
元光				
元朔	二　五年三月癸酉,侯刘万岁元年。	二　五年三月癸酉,侯刘博[3]元年。	二　五年三月癸酉,侯刘应元年。	二　五年三月癸酉,侯刘恢元年。
元狩	六	六	六	六
元鼎	四 五年,侯万岁坐酎金,国除。	六	四 五年,侯应坐酎金,国除。	四 五年,侯恢坐酎金,国除。
元封		六		
太初		四		

注释　1 曲成:《汉表》在涿郡。刘万岁所封。其地不详。《汉书补注》谓是涿或别有曲成县,免侯后并省耳。　2 安郭:《汉表》在涿郡。《史记志疑》谓为中山国之安国县,刘传富所封。在今河北安国东南。　3 刘博:当依《汉表》作"刘传富",此有讹脱。　4 安险:县名,《汉志》属中山,刘应所封。在今河北安国西。　5 安遥:《汉表》作"安道",刘恢所封,其地不详。《汉书补注》谓刘恢国除后,武帝于元狩六年三月以封越揭阳令史定,注明在南阳。

续表

国名	夫夷[1]	春陵[2]	都梁[5]	洮阳[7]
王子号	长沙定王子。	长沙定王子。	长沙定王子。	长沙定王子。
元光				
元朔	二　五年三月癸酉,敬侯刘义元年。	二　五年六月壬子,侯刘买[3]元年。	二　五年六月壬子,敬侯刘遂元年。	二　五年六月壬子,靖侯刘狗彘元年。
元狩	六	六[4]	六	五 六年,侯狗彘薨,无后,国除。
元鼎	四 二　五年,今侯禹元年。	六	六　元年,今侯系[6]元年。	
元封	六	六	六	
太初	四	四	四	

注释　1 夫夷:县名,刘义所封,属零陵郡,在今湖南邵阳。　2 春陵:县名,刘买所封,属南阳郡,在今湖北枣阳南。　3 侯刘买:买谥节,此失书。买为光武之高祖。　4 六:刘买于元狩二年薨,三年于熊渠嗣,则当上、下书"二""四"字,中书"三年,今侯熊渠元年"。此缺熊渠一代。

5 都梁:《汉志》属零陵。县名,刘遂(《汉表》名定)所封。在今湖南武冈东北。　6 今侯系:《汉表》名傒。　7 洮(táo)阳:县名,属零陵郡,刘狗彘(《汉表》名"将燕")所封。在今广西全州西北。

续表

国名	泉陵[1]	终弋[2]	麦[4]	钜合[5]
王子号	长沙定王子。	衡山王赐子。	城阳顷王子。	城阳顷王子。
元光				
元朔	二　五年六月壬子，节侯刘贤元年。	一　六年四月丁丑[3]，侯刘广置元年。		
元狩	六	六	六　元年四月戊寅，侯刘昌元年。	六　元年四月戊寅，侯刘发元年。
元鼎	六	四 五年，侯广置坐酎金，国除。	四 五年，侯昌坐酎金，国除。	四 五年，侯发坐酎金，国除。
元封	六			
太初	四			

注释　1 泉陵：侯国名，属零陵郡，刘贤（节侯，当衍“节”字）所封。在今湖南永州。　2 终弋：《汉表》在汝南。衡山王赐（淮南厉王刘长之子刘赐）之子刘广置（《史记索隐》作广买）所封。其地不详。　3 四月丁丑：《史记志疑》：“元朔六年四月壬午朔，不得有丁丑，《史》《汉》表并误。”　4 麦：《汉表》在琅邪。城阳顷王（朱虚侯刘章之孙刘延）之子刘昌所封。其地不详。《读史方舆纪要》云麦丘城在山东商河县西北，则是汉枋县地，属平原郡。　5 钜合：《汉表》在平原，非。刘发所封。钜合城在济南郡东平陵县（在今山东济南章丘区）界。

续表

国名	昌[1]	蒉[2]	雩殷[3]	石洛[4]
王子号	城阳顷王子。	城阳顷王子。	城阳顷王子。	城阳顷王子。
元光				
元朔				
元狩	六　元年四月戊寅,侯刘差元年。	六　元年四月戊寅,侯刘方元年。	六　元年四月戊寅,康侯刘泽元年。	六　元年四月戊寅,侯刘敬元年。
元鼎	四 五年,侯差坐酎金,国除。	四 五年,侯方坐酎金,国除。	六	六
元封			六	六
太初			四	四

注释　1 昌:《汉志》属琅邪。县名,刘差(《史记索隐》作昌侯羌)所封。今地不详。　2 蒉:《史记索隐》作"费",颜师古亦云。《汉表》在琅邪,非;当是东海郡费县,刘方(《史记索隐》名万)所封。在今山东费县西北。
3 雩殷:《汉表》作"虖葭",《汉志》作"雩叚",同。此"殷"字讹。县在琅邪,刘泽(康侯,"康"字衍,享国六十二年)所封。今地不详。　4 石洛:《汉表》作"原洛",在琅邪,未详其处。刘敬(《史记索隐》作石洛侯敢)所封。

续表

国名	扶浸[1]	挍[2]	朸[4]	父城[5]
王子号	城阳顷王子。	城阳顷王子。	城阳顷王子。	城阳顷王子。
元光				
元朔				
元狩	六　元年四月戊寅，侯刘昆吾元年。	六　元年四月戊寅，侯刘霸元年。[3]	六　元年四月戊寅，侯刘让元年。	六　元年四月戊寅，侯刘光元年。
元鼎	六	六	六	四 五年，侯光坐酎金，国除。
元封	六	六	六	
太初	四	四	四	

注释　1 扶浸(jìn)：《汉表》作"挟术"，在琅邪。刘昆吾(《汉表》名景)所封。《史记志疑》所引《史记索隐》以为即琅邪之祓。祓，封国名，在今山东诸城东北。　2 挍：城名，在朱虚城东。刘霸所封。朱虚，属琅邪郡，在今山东临朐东南。　3《汉表》城阳顷王子二十人，此脱侯刘云，故止十九人。《史记志疑》疑云封东莱之掖。云坐酎金免。　4 朸：县名，属平原郡，刘让所封。在今山东商河东北。　5 父城：《汉表》作"文成"，在东海，是，盖乡名。刘光所封。其地不详。

续表

国名	庸[1]	翟[2]	鳣[3]	彭[4]
王子号	城阳顷王子。	城阳顷王子。	城阳顷王子。	城阳顷王子。
元光				
元朔				
元狩	六　元年四月戊寅,侯刘谭元年。	六　元年四月戊寅,侯刘寿元年。	六　元年四月戊寅,侯刘应元年。	六　元年四月戊寅,侯刘偃元年。
元鼎	六	四 五年,侯寿坐酎金,国除。	四 五年,侯应坐酎金,国除。	四 五年,侯偃坐酎金,国除。
元封	六			
太初	四			

注释　1 庸:《汉表》在琅邪,刘谭(《汉表》名余)所封。其地未详。
2 翟:《汉表》在东海,盖乡名,刘寿所封。其地不详。　3 鳣:《汉表》在襄贲(féi),属东海郡。襄贲,县名,刘应所封。在今山东苍山东南。
4 彭:《汉表》在东海,刘偃(《汉表》名彊,《史记索隐》同,"偃",讹)所封。其地不详。

续表

国名	瓡[1]	虚水[2]	东淮[3]	栒[4]
王子号	城阳顷王子。	城阳顷王子。	城阳顷王子。	城阳顷王子。
元光				
元朔				
元狩	六　元年四月戊寅,侯刘息元年。	六　元年四月戊寅,侯刘禹元年。	六　元年四月戊寅,侯刘类元年。	六　元年四月戊寅,侯刘买元年。
元鼎	六	六	四 五年,侯类坐酎金,国除。	四 五年,侯买坐酎金,国除。
元封	六	六		
太初	四	四		

注释　1 瓡:当作"瓡",《汉志》属北海,县名,刘息所封,其地不详。
2 虚水:《汉志》属琅邪,刘禹所封,其地不详。　3 东淮:《汉表》在东海,《史记志疑》谓"淮"乃"潍"之省,则当为东潍,刘类所封。其地不详。
4 栒:《汉表》作"拘",在千乘。栒、拘皆非,《史记索隐》作"袧侯贤",引《汉表》云"东海",则为东海郡朐县,刘买所封。在今江苏连云港西南。

续表

国名	涓[1]	陆[2]	广饶[3]	缾[4]
王子号	城阳顷王子。	菑川靖王子。	菑川靖王子。	菑川靖王子。
元光				
元朔				
元狩	六　元年四月戊寅，侯刘不疑元年。	六　元年四月戊寅，侯刘何元年。	六　元年十月辛卯，康侯刘国元年。	六　元年十月辛卯，侯刘成元年。
元鼎	四 五年，侯不疑坐酎金，国除。	六	六	六
元封		六	六	六
太初		四	四	四

注释　1 涓：《读史方舆纪要》谓涓水即琅邪郡之折泉县，刘不疑所封。在今山东五莲西北。　2 陆：《汉表》在寿光，则是北海郡寿光县之乡名。菑川靖王（齐悼惠王刘肥之孙刘建）之子刘何所封。寿光，在今山东寿光东北。　3 广饶：《汉志》属齐郡，县名，刘国（康侯，"康"字衍）所封。一云在今山东广饶东。　4 缾(píng)：《汉志》属琅邪，侯国名，刘成所封。在今山东临朐东南。

续表

国名	俞闾[1]	甘井[2]	襄陵[4]
王子号	菑川靖王子。	广川穆王子。	广川穆王子。
元光			
元朔			
元狩	六　元年十月辛卯,侯刘不害元年。	六　元年十月乙酉,侯刘元元年。[3]	六[5]　元年十月乙酉,侯刘圣元年。
元鼎	六	六	六
元封	六	六	六
太初	四	四	四

注释　1 俞闾:刘不害(亦作毋害、无害)所封。其地不详。　2 甘井:《汉表》在钜鹿。广川穆王(广川惠王刘越之于刘齐)之子刘元(《汉表》名光)所封,其地不详。　3 六:甘井、襄陵二侯,均以元鼎元年七月己酉封,此"六"字衍,当并移文字于下格,而改"十月乙酉"为"七月己酉"。　4 襄陵:县名,刘圣所封。《汉志》属河东郡,在今山西临汾东南。《汉表》作"襄隄",在钜鹿郡,其地不详;《史记志疑》疑当是信都国之高堤县,则在今河北枣强东北。　5 六:此字衍,见前注。

续表

国名	皋虞[1]	魏其[3]	祝兹[4]
王子号	胶东康王子。	胶东康王子。	胶东康王子。
元光			
元朔			
元狩			
元鼎	三　元年五月丙午,侯刘建元年。 三　四年,今侯处[2]元年。	六　元年五月丙午,畅侯刘昌元年。	四　元年五月丙午,侯刘延元年。五年,延坐弃印绶出国,不敬,国除。
元封	六	六	
太初	四	四	

注释　1 皋虞:《汉志》属琅邪郡,县名,胶东康王(景帝之子刘寄)之子刘建所封。在今山东即墨东北。　2 今侯处:《汉表》名定。　3 魏其:《汉志》属琅邪郡,县名,刘昌(畅侯,"畅"乃"炀"之讹,当衍此字)所封。在今山东临沂东南。　4 祝兹:《史记志疑》谓即春秋鲁祝丘地,汉更名即丘,县属东海郡,东汉以后始属琅邪。即丘,县名,刘延(《汉表》作"延年")所封,在今山东临沂东南。

史记卷二十二

汉兴以来将相名臣年表第十

		大事记[1]	相位[2]	将位[3]	御史大夫位[4]
前206	高皇帝元年	春，沛公为汉王，之南郑。秋，还定雍。	一 丞相萧何守汉中。		御史大夫周苛守荥阳。
前205	二	春，定塞、翟、魏、河南、韩、殷国。夏，伐项籍，至彭城。立太子。还据荥阳。	二 守关中。	一 太尉长安侯卢绾。	
前204	三	魏豹反。使韩信别定魏，伐赵。楚围我荥阳。	三	二	
前203	四	使韩信别定齐及燕，太公自楚归，与楚界洪渠。[5]	四	三 周苛守荥阳，[6]死。	御史大夫汾阴侯周昌[7]。
前202	五	冬，破楚垓下，杀项籍。春，王践皇帝位定陶。入都关中。	五 罢太尉官。	四 后九月，绾为燕王。	

注释 1 大事记：《史记索隐》：“谓诛伐、封建、薨、叛。” 2 相位:《史记索隐》:“置立丞相、太尉、三公也。” 3 将位:《史记索隐》:“命将兴师。” 4 御史大夫位:《史记索隐》:“亚相也。” 5 太公:刘邦之父。《史记索隐》名执嘉,一名瑞。 洪渠:即鸿沟。 6 按:本表中倒书文字极多。凡所记将相名臣之死、罢、薨、卒、抵罪、免、自杀、斩、腰斩,或为太子太傅(庄青翟一例)等内容,征和二年前凡三十七例,均提上一栏倒书于栏内左下方。本表为何倒书,当今学者意见不一,其所阐发,难为定论。 7 汾阴侯周昌:周苛从弟。周昌封汾阴侯在六年正月,此时尚未封侯,不应称之(本篇订误,未说明者均据《史记志疑》)。

续表

		大事记	相位	将位	御史大夫位
前201	六	尊太公为太上皇。刘仲为代王。立大市。[1]更命咸阳曰长安。[2]	六 封为酂侯。张苍为计相[3]。		
前200	七	长乐宫成,自栎阳徙长安。伐匈奴,匈奴围我平城。	七		
前199	八	击韩信反虏于赵城。贯高作乱,明年觉,诛之。匈奴攻代王,代王弃国亡,废为郃阳侯[4]。	八		
前198	九	未央宫成,置酒前殿,太上皇辇上坐,帝奉玉卮上寿,曰:"始常以臣不如仲力,今臣功孰与仲多?"太上皇笑,殿上称万岁。徙齐田,楚昭、屈、景于关中。[5]	九 迁为相国。[6]		御史大夫昌为赵丞相。

注释 1 大市:汉初在郡国之外,选择重要都市,立为大市。 2 更名咸阳曰长安:高帝元年,咸阳更名新城。长安本为咸阳之一地名,故二年封卢绾为长安侯。五年,置长安县。今六年书"更名",是因置县而确定为主名。 3 计相:《史记索隐》:"计相,主天下书计及计吏。"明徐孚远《史记测蚁》谓计相司计之官,不当载入将相表中。 4 废为郃阳侯:刘仲弃国事在七年,误书于八年。 5 未央宫成,置酒前殿:未央宫、长乐宫同时建成于七年二月,非至是始成。《汉书》载此"置酒前殿",系因淮南王、梁王、赵王、楚王来朝未央宫。 6 迁为相国:萧何为相国在十一年,非九年。

续表

		大事记	相位	将位	御史大夫位
前197	十	太上皇崩。陈豨反代地。	十		御史大夫江邑侯赵尧[1]。
前196	十一	诛淮阴、彭越。黥布反。	十一	周勃为太尉。攻代。后官省。	
前195	十二	冬，击布。还过沛。夏，上崩，葬长陵。	十二		
前194	孝惠元年	赵隐王如意死。始作长安城西北方。除诸侯丞相为相。	十三		
前193	二	楚元王、齐悼惠王来朝。 七月辛未，何薨。	十四 七月癸巳，齐相平阳侯曹参为相国。		
前192	三	初作[2]长安城。蜀湔氐[3]反，击之。	二		
前191	四	三月甲子，赦，无所复作。	三		
前190	五	为高祖立庙于沛城成[4]，置歌儿一百二十人。 八月乙丑，参卒。	四		

注释 1 江邑侯赵尧：赵尧封侯在十一年正月，此时尚未封侯，不应称之。 2 初作：当云"复作"。 3 湔氐：蜀郡县名，在今四川松潘北。此反事，《本纪》无。 4 城成：《汉书·惠帝纪》载五年九月，长安城成，即指此。

续表

		大事记	相位	将位	御史大夫位
前189	六	七月，齐悼惠王薨。立太仓、西市。[1]八月赦齐。[2]	一 十月己巳，安国侯王陵为右丞相。曲逆侯陈平为左丞相。	免抵罪。	广阿侯任敖为御史大夫。[3]
前188	七	上崩。大臣用张辟彊计，吕氏权重，以吕台为吕王。[4]立少帝。己卯[5]，葬安陵。	二		
前187	高后元年	王孝惠诸子。置孝悌力田。	三 十一月甲子，徙平为右丞相。辟阳侯审食其为左丞相。[6]		
前186	二	十二月[7]，吕王台薨，子嘉代立为吕王。行八铢钱。	四　平。 二　食其。		平阳侯曹窋为御史大夫。[8]

注释 1 立太仓，西市：据《汉纪》宜作“修敖仓，立西市”，高帝七年已立太仓。 2 八月赦齐：《史记志疑》曰：“四字疑衍。齐本无罪，何赦之有。” 3 任敖为御史大夫：事在高后元年，误书于此。 4 以吕台为吕王：在高后元年，误书于此。 5 己卯：当依《汉纪》作“九月辛丑”。 6 此格内下方当有“一”字，为审食其为丞相之一年。 7 十二月：《吕后纪》及《诸侯王表》，并是“十一月”，此误。 8 曹窋为御史大夫：《汉书·百官公卿表》及《任敖传》载曹窋高后四年为御史大夫，五年免。此误。

续表

		大事记	相位	将位	御史大夫位
前185	三		五 三		
前184	四	废少帝，更立常山王弘为帝。	六 四 置太尉官。	一 绛侯周勃为太尉。[1]	
前183	五	八月，淮阳王薨，以其弟壶关侯武为淮阳王。令戍卒岁更。	七 五	二	
前182	六	以吕产为吕王。四月丁酉，赦天下。昼昏。	八 六	三	
前181	七	赵王幽死，以吕禄为赵王。梁王徙赵，自杀。	九 七	四	
前180	八	七月，高后崩。九月，诛诸吕。后九月，代王至，践皇帝位。 后九月，食其免相。	十 七月辛巳，为帝太傅。九月丙戌，复为丞相。[2] 八	五 隆虑侯灶为将军，击南越。[3]	御史大夫苍。
前179	孝文元年	除收帑相坐律。立太子。赐民爵。	十一 十一月辛巳，平徙为左丞相。太尉绛侯周勃为右丞相。[4]	六 勃为相，颍阴侯灌婴为太尉。	

注释　1 周勃为太尉：置太尉官，以周勃为太尉，事在惠帝六年，非高后四年。　2 为帝太傅，复为丞相：此指审食其。“为帝”前缺“食其”二字。　3 灶为将军，击南越：灶指周灶。击南越事，《汉书·高后纪》在七年九月，此误。　4 周勃为右丞相：《汉书·百官公卿表》载勃以八月辛未免，此失书。

续表

		大事记	相位	将位	御史大夫位
前 178	二	除诽谤律。皇子武为代王，参为太原王，胜为梁王。 十月，丞相平薨。	一 十一月乙亥，绛侯勃复为丞相。	一	
前 177	三	徙代王武为淮阳王。上幸太原。济北王反。匈奴大入上郡。以地尽与太原，太原更号代。 十一月壬子，勃免相，之国。	一 十二月乙亥，太尉颍阴侯灌婴为丞相。 罢太尉官。	二 棘蒲侯陈武为大将军，击济北。昌侯卢卿、共侯卢罢师、甯侯遬、深泽侯将夜皆为将军，属武，祁侯贺将兵屯荥阳。	
前 176	四	十二月乙巳，婴卒。	一 正月甲午，御史大夫北平侯张苍为丞相。	安丘侯张说为将军，击胡，出代。[1]	关中侯申屠嘉为御史大夫。[2]
前 175	五	除钱律，民得铸钱。	二		
前 174	六	废淮南王，迁严道，道死雍。	三		
前 173	七	四月丙子，初置南陵。	四		
前 172	八	太仆汝阴侯滕公卒。	五		

注释

1 张说为将军，击胡：此事他所不载。是年方议和亲，不应有出代之师，疑误。

2 申屠嘉为御史大夫：始在十六年，误书于此。

续表

		大事记	相位	将位	御史大夫位
前 171	九	温室钟自鸣。以芷阳乡[1]为霸陵。	六		御史大夫敬。[2]
前 170	十	诸侯王皆至长安。[3]	七		
前 169	十一	上幸代。地动。	八		
前 168	十二	河决东郡金堤。徙淮阳王为梁王。	九		
前 167	十三	除肉刑及田租税律、戍卒令。	十		
前 166	十四	匈奴大入萧关,发兵击之,及屯长安旁。	十一	成侯董赤、内史栾布、昌侯卢卿、隆虑侯灶、甯侯遬皆为将军,东阳侯张相如为大将军,皆击匈奴。[4]中尉周舍、郎中令张武皆为将军,屯长安旁。	
前 165	十五	黄龙见成纪。上始郊见雍五帝。	十二		
前 164	十六	上郊见渭阳五帝。	十三		
前 163	后元年	新垣平诈言方士,觉,诛之。	十四		

注释　1 芷阳乡:陈直《史记新证》以为芷阳为秦县名,本表指芷阳县之芷阳乡而言。　2 御史大夫敬:冯敬为御史大夫在七年,此书于九年,误。3 诸侯王皆至长安:《表》是年止三国来朝,不得言“皆至”。　4 赤:当作“赫”。　内史栾布:内史非布,疑有误。

续表

		大事记	相位	将位	御史大夫位
前162	二	匈奴和亲。地动。 八月戊辰，苍免相。	十五 八月庚午，御史大夫申屠嘉为丞相，封故安侯。		御史大夫青[1]。
前161	三	置谷口邑。	二		
前160	四		三		
前159	五	上幸雍。	四		
前158	六	匈奴三万人入上郡，二万人[2]入云中。	五	以中大夫令免为车骑将军，军飞狐，故楚相苏意为将军，军句注；将军张武屯北地；河内守周亚夫为将军，军细柳；宗正刘礼军霸上；祝兹侯徐厉军棘门：以备胡。数月，胡去，亦罢。[3]	
前157	七	六月己亥，孝文皇帝崩。其年丁未，太子立。民出临三日，葬霸陵。	六	中尉亚夫为车骑将军，郎中令张武为复土将军，属国捍[4]为将屯将军。詹事戎奴为车骑将军，侍太后。	

注释　**1** 青：指陶青。　**2** 二万人：当作“三万人”。　**3** 宗正刘礼：是时刘礼未为宗正。　祝兹侯徐厉：当作“松兹侯徐悼”。　**4** 属国捍：《汉书·文帝纪》“捍”作“悍”，古通。徐广以悍为徐厉，即松兹侯徐悼。

续表

		大事记	相位	将位	御史大夫位
前156	孝景元年	立孝文皇帝庙郡国，为太宗庙。	七 置司徒官。[1]		
前155	二	立皇子德为河间王，阏为临江王，余为淮阳王，非为汝南王，彭祖为广川王，发为长沙王。四月中[2]，孝文太后崩。 嘉卒。	八 开封侯陶青为丞相。		御史大夫错[3]。
前154	三	吴楚七国反，发兵击，皆破之。皇子端为胶西王，胜为中山王。	二 置太尉官。	中尉条侯周亚夫为太尉，击吴楚；曲周侯郦寄为将军，击赵；窦婴为大将军，屯荥阳；栾布为将军，击齐。	
前153	四	立太子。	三	二 太尉亚夫。	御史大夫蚡[4]。
前152	五	置阳陵邑。 丞相北平侯张苍卒。	四	三	

注释 1 置司徒官：汉哀帝元寿二年（前1）始改丞相为大司徒，此有误。 2 四月中：《汉书·景帝纪》是四月壬午，此殊疏。表凡书某年中某月中，是表示不明白具体月日。 3 错：指晁错。 4 御史大夫蚡：《汉书·百官公卿表》作“御史大夫介”。介，名；史失其姓。此非田蚡，田蚡未曾为御史大夫。

续表

		大事记	相位	将位	御史大夫位
前151	六	徙广川王彭祖为赵王。[1]	五	四	御史大夫阳陵侯岑迈。[2]
前150	七	废太子荣为临江王。四月丁巳，胶东王立为太子。 青罢相。	六月[3]乙巳，太尉条侯亚夫为丞相。 罢太尉官。	五 迁为丞相。	御史大夫舍。
前149	中元年		二		
前148	二	皇子越为广川王，寄为胶东王。	三		
前147	三	皇子乘为清河王。 亚夫免相。	四 御史大夫桃侯刘舍为丞相。		御史大夫绾。
前146	四	临江王徵，自杀，葬蓝田，燕数万为衔土置冢上。	二		
前145	五	皇子舜为常山王。	三		
前144	六	梁孝王武薨。分梁为五国，王诸子：子买为梁王，明为济川王，彭离为济东王，定为山阳王，不识为济阴王。	四		

注释　1 徙广川王彭祖为赵王：徙赵在五年，此书于六年，误。2 御史大夫阳陵侯岑迈：《史记新证》谓此条应为误文。　3 六月：乃“二月”之误。

续表

		大事记	相位	将位	御史大夫位
前 143	后元年	五月，地动。七月乙巳，日蚀。 舍免相。	五 八月壬辰[1]，御史大夫建陵侯卫绾为丞相。		御史大夫不疑[2]。
前 142	二		二	六月丁丑，御史大夫岑迈卒。	
前 141	三	正月甲子，孝景皇帝崩。二月丙子，太子立。	三		
前 140	孝武[3]建元元年	绾免相。	四 魏其侯窦婴为丞相。 置太尉。	武安侯田蚡为太尉。	御史大夫抵[4]。
前 139	二	置茂陵。 婴免相。	二月乙未，太常柏至侯许昌为丞相。 蚡免太尉。 罢太尉官。		御史大夫赵绾。
前 138	三	东瓯王广武侯望率其众四万余人来降，处庐江郡。	二		

注释　**1** 八月壬辰：是月无壬辰。　**2** 不疑：直不疑。　**3** 孝武：将“今上”改为“孝武”，是续表的人妄易之。　**4** 抵：《汉表》作“牛抵”。

续表

		大事记	相位	将位	御史大夫位
前 137	四		三		御史大夫青翟。[1]
前 136	五	行三分钱。[2]	四		
前 135	六	正月[3],闽越王反。孝景太后崩。 昌免相。	五 六月癸巳,武安侯田蚡为丞相。	青翟为太子太傅。	御史大夫安国[4]。
前 134	元光元年		二		
前 133	二	帝初之雍,郊见五畤。	三	夏,御史大夫韩安国为护军将军,卫尉李广为骁骑将军,太仆公孙贺为轻车将军,大行王恢为将屯将军,太中大夫李息为材官将军,篡单于马邑,不合,诛恢。	
前 132	三	五月丙子,河决于瓠子。	四		

注释　1 御史大夫青翟:庄青翟为御史大夫,当在二年十月赵绾有罪自杀之同一年。　2 行三分钱:陈直《史记新证》:“此条前人疑为误文,其实非也,汉代以二十四铢为两,三分之一两,则重八铢,即指武帝初期所铸半两而言。”　3 正月:《汉书·武帝纪》载太后以五月丁亥崩,闽越反在八月,此书“正月”,误。　4 安国:指韩安国。

续表

		大事记	相位	将位	御史大夫位
前131	四	十二月丁亥，地动。 蚡卒。[1]	五[2] 平棘侯薛泽为丞相。		御史大夫欧[3]。
前130	五	十月[4]，族灌夫家，弃魏其侯市。	二		
前129	六	南夷始置邮亭。	三	太中大夫卫青为车骑将军，出上谷；卫尉李广为骁骑将军，出雁门；大中大夫公孙敖为骑将军，出代；太仆公孙贺为轻车将军，出云中：皆击匈奴。	
前128	元朔元年	卫夫人立为皇后。	四	车骑将军青出雁门，击匈奴。卫尉韩安国为将屯将军，军代，明年，屯渔阳卒。[5]	
前127	二		五	春，车骑将军卫青出云中，至高阙，取河南地。	
前126	三	匈奴败代太守友。	六		御史大夫弘。

注释　1 蚡卒：在元光三年，非四年。薛泽继任为丞相亦当是元光三年。　2 五：当改为“二”，即薛泽为相之二年。以后年数字当递易。　3 欧：指张欧。　4 十月：灌夫、魏其之死在三年，不在五年，且其死亦不同月。　5 韩安国屯渔阳：事在元光六年，此言在元朔元年，误。是年卫青出雁门，将军李息出代，正为匈奴围安国渔阳。此作安国偕出军，亦误。

续表

		大事记	相位	将位	御史大夫位
前125	四	匈奴入定襄、代、上郡。	七		
前124	五	匈奴败代都尉朱英。 泽免相。	八 十一月乙丑，御史大夫公孙弘为丞相，封平津侯。	春，长平侯卫青为大将军，击右贤。卫尉苏建为游击将军，属青。左内史李沮为强弩将军，太仆贺为车骑将军，代相李蔡为轻车将军，岸头侯张次公为将军，大行息为将军：皆属大将军，击匈奴。[1]	
前123	六		二	大将军青再出定襄击胡。合骑侯公孙敖为中将军，太仆贺为左将军，郎中令李广为后将军。翕侯赵信为前将军，败降匈奴。卫尉苏建为右将军，败，身脱。左内史沮为强弩将军。皆属青。	
前122	元狩元年	十月中[2]，淮南王安、衡山王赐谋反，皆自杀，国除。	三		御史大夫蔡。

注释 **1** 卫青：时为车骑将军，破右贤王后才拜为大将军。 右贤：下缺“王”字。 贺：时为骑将军，官名当无“车”字。 皆属大将军：当云“皆属车骑将军”。 **2** 十月中：《汉纪》为十一月。

续表

		大事记	相位	将位	御史大夫位
前121	二	匈奴入雁门、代郡。江都王建反。胶东王子庆立为六安王。 弘卒。	四 御史大夫乐安侯李蔡为丞相。	冠军侯霍去病为骠骑将军，击胡，至祁连；合骑侯敖为将军，出北地；博望侯张骞、郎中令李广为将军，出右北平。	御史大夫汤[1]。
前120	三	匈奴入右北平、定襄。	二		
前119	四		三	大将军青出定襄，郎中令李广为前将军，太仆公孙贺为左将军，主爵赵食其为右将军，平阳侯曹襄为后将军：击单于。[2]	
前118	五	蔡坐侵园壖，自杀。	四 太子少傅武彊侯庄青翟为丞相。		
前117	六	四月乙巳，皇子闳为齐王，旦为燕王，胥为广陵王。	二		
前116	元鼎元年		三		

注释 1 汤：指张汤。 2 此在卫青后未载霍去病出代，脱。

续表

		大事记	相位	将位	御史大夫位
前115	二	青翟有罪，自杀。	四 太子太傅高陵侯赵周为丞相。	汤有罪，自杀。	御史大夫庆。
前114	三		二		
前113	四	立常山宪王子平为真定王，商为泗水王。六月中，河东汾阴得宝鼎。	三		
前112	五	三月中，南越相嘉反，杀其王及汉使者。[1] 八月，周坐酎金，自杀。	四 九月辛巳，御史大夫石庆为丞相，封牧丘侯。	卫尉路博德为伏波将军，出桂阳；主爵杨仆为楼船将军，出豫章：皆破南越。[2]	
前111	六	十二月[3]，东越反。	二	故龙頟侯韩说为横海将军，出会稽；楼船将军杨仆出豫章；中尉王温舒出会稽：皆破东越。[4]	御史大夫式[5]。

注释　1 三月中：非，《汉纪》是四月事。　杀其王：后脱“与王太后”字。　2 主爵：后脱“都尉”二字。　此次征南越将凡五军，还有归义越侯二人，一曰严为戈船将军出零陵，一曰甲为下濑将军下苍梧，又有越驰义侯遗别将下牂牁。此处书事不全。　3 十二月：《史》《汉》之《传》其反在秋，此误。　4 征东越者尚有戈船、下濑二将，出若邪、白沙，此缺。　5 式：指齐相卜式。

续表

		大事记	相位	将位	御史大夫位
前 110	元封元年[1]		三		御史大夫宽[2]。
前 109	二		四	秋,楼船将军杨仆、左将军荀彘出辽东,击朝鲜。	
前 108	三		五		
前 107	四		六		
前 106	五		七		
前 105	六		八		
前 104	太初元年	改历[3],以正月为岁首。	九		
前 103	二	正月戊申,庆卒。	十 三月丁卯,太仆公孙贺为丞相,封葛绎侯。		
前 102	三		二		御史大夫延广[4]。
前 101	四		三		

注释　**1** 元封元年:元封以后,大事记及将位多缺略不具。　**2** 宽:指倪宽。　**3** 改历:《史记索隐》:"始用夏正也。"　**4** 延广:《汉书·百官公卿表》:"正月,胶东太守延广为御史大夫。"

续表

		大事记	相位	将位	御史大夫位
前100	天汉元年[1]		四		御史大夫卿[2]。
前99	二		五		
前98	三		六		御史大夫周[3]。
前97	四		七	春,贰师将军李广利出朔方,至余吾水上;游击将军韩说出五原;因杅将军公孙敖:皆击匈奴。	
前96	太始元年[4]		八		
前95	二		九		

注释 1 天汉元年:《史记志疑》:"天汉已下至孝成鸿嘉元年,皆后人所续。以《汉书》校之,大半乖迕。如刘屈氂为澎侯而称'彭城侯'。王章为安平侯,而两书'平安侯'。韦元成嗣父为侯也,而曰因为丞相封扶阳侯。元帝永光二年七月冯奉世击西羌,八月任千秋别将并进,乃此移奉世击羌之月为千秋,反遗却奉世主帅。张禹以鸿嘉元年免相,哀帝建平二年卒,乃谓禹卒于鸿嘉之元。斯皆误之大者,其余年月、官职,驳戾颇多,因均在删削之列,不复匡订矣。" 2 卿:《汉书·百官公卿表》:"济南太守琅邪王卿为御史大夫,二年有罪自杀。" 3 周:《汉书·百官公卿表》:"二月,执金吾杜周为御史大夫,四年卒。" 4 太始元年:《史记集解》:"班固云:'司马迁记事讫于天汉',自此已后,后人所续。"《史记索隐》:"裴骃以为自天汉已后,后人所续,即褚先生所补也。后史所记,又无异呼,故今不讨论也。"

续表

		大事记	相位	将位	御史大夫位
前94	三		十		御名大夫胜之[1]。
前93	四		十一		
前92	征和元年	冬，贺坐为蛊死。	十二		
前91	二	七月壬午，太子发兵，杀游击将军说、使者江充。	三月丁巳，涿郡太守刘屈氂为丞相，封彭城侯。[2]		御史大夫成[3]。
前90	三	六月，刘屈氂因蛊斩。	二	春，贰师将军李广利出朔方，以兵降胡。重合侯莽通出酒泉，御史大夫商丘成出河西，击匈奴。	
前89	四		六月丁巳，大鸿胪田千秋为丞相，封富民侯。		
前88	后元元年		二		
前87	二		三	二月己巳，光禄大夫霍光为大将军，博陆侯；都尉金日磾为车骑将军，秺侯；太仆安阳侯上官桀为大将军。	

注释　1 胜之：《汉书·百官公卿表》："三月，光禄大夫河东暴胜之公子（胜之字公子）为御史大夫，三年下狱自杀。"　2 丞相："《汉书·百官公卿表》作"左丞相"。　彭城侯：当为"澎侯"。"　3 成：《汉书·百官公卿表》："九月，大鸿胪商丘成为御史大夫，四年坐祝诅自杀。"

续表

		大事记	相位	将位	御史大夫位
前 86	孝昭始元元年		四 九月，日磾卒。		
前 85	二		五		
前 84	三		六		
前 83	四		七	三月癸酉，卫尉王莽为左将军，骑都尉上官安为车骑将军。	
前 82	五		八		
前 81	六		九		
前 80	元凤元年		十	九月庚午，光禄勋张安世为右将军。	御史大夫䜣。
前 79	二		十一		
前 78	三		十二	十二月庚寅，中郎将范明友为度辽将军，击乌丸。	
前 77	四	三月甲戌，千秋卒。	三月乙丑，御史大夫王䜣为丞相，封宜春侯。		御史大夫杨敞。
前 76	五	十二月庚戌，䜣卒。	二		
前 75	六		十一月乙丑，御史大夫杨敞为丞相，封安平侯。	九月庚寅，卫尉平陵侯范明友为度辽将军，击乌丸。	

续表

		大事记	相位	将位	御史大夫位
前74	元平元年	敞卒。	九月戊戌，御史大夫蔡义[1]为丞相，封阳平侯。	四月甲申，光禄大夫龙頟侯韩曾为前将军。五月丁酉，水衡都尉赵充国为后将军，右将军张安世为车骑将军。	御史大夫昌水侯田广明。
前73	孝宣本始元年		二		
前72	二		三	七月庚寅，御史大夫田广明为祁连将军，龙頟侯韩曾为后将军，营平侯赵充国为蒲类将军，度辽将军平陵侯范明友为云中太守，富民侯田顺为虎牙将军：皆击匈奴。	
前71	三	三月戊子，皇后崩。 六月乙丑，义薨。	六月甲辰，长信少府韦贤为丞相，封扶阳侯。 田广明、田顺击胡还，皆自杀。充国夺将军印。		御史大夫魏相。
前70	四	十月乙卯，立霍后。	二		
前69	地节元年		三		

注释　1 蔡义：《汉书·百官公卿表》谓元凤六年"十一月，少府蔡义为御史大夫，一年迁"。上年缺载。

续表

		大事记	相位	将位	御史大夫位
前 68	二		四 三月庚午，将军光卒。	二月丁卯，侍中、中郎将霍禹为右将军。	
前 67	三	立太子。 五月甲申，贤老，赐金百斤。	六月壬辰，御史大夫魏相为丞相，封高平侯。	七月，安世为大司马、卫将军。禹为大司马。	御史大夫邴吉。
前 66	四		二 七月壬寅，禹腰斩。		
前 65	元康元年		三		
前 64	二		四		
前 63	三		五		
前 62	四		六 八月丙寅，安世卒。		
前 61	神爵元年	上郊甘泉太畤、汾阴后土。	七	四月，乐成侯许延寿为强弩将军。后将军充国击羌。酒泉太守辛武贤为破羌将军。韩曾为大司马、车骑将军。	
前 60	二	上郊雍五畤。祋祤出宝璧玉器。	八		

续表

		大事记	相位	将位	御史大夫位
前59	三	三月，相卒。	四月戊戌，御史大夫邴吉为丞相，封博阳侯。		御史大夫望之[1]。
前58	四		二		
前57	五凤元年		三		
前56	二		四 五月己丑，增卒。	五月，延寿[2]为大司马、车骑将军。	御史大夫霸[3]。
前55	三	正月，吉卒。	三月壬申，御史大夫黄霸为丞相，封建成侯。		御史大夫延年[4]。
前54	四		二		
前53	甘露元年		三 三月丁未，延寿卒。		
前52	二	赦殊死，赐高年及鳏寡孤独帛，女子牛酒。	四		御史大夫定国。

注释　1 望之：《汉书·百官公卿表》：“七月甲子，大鸿胪萧望之为御史大夫，三年贬为太子太傅。”　2 延寿：指许延寿。　3 霸：《汉书·百官公卿表》：“八月壬午，太子太傅黄霸为御史大夫，一年迁。”　4 延年：《汉书·百官公卿表》：“六月辛酉，西河太守杜延年为御史大夫，三年以病赐安车驷马免。”

续表

		大事记	相位	将位	御史大夫位
前51	三	三月己丑，霸薨。	七月丁巳，御史大夫于定国为丞相，封西平侯。		太仆陈万年为御史大夫。
前50	四		二		
前49	黄龙元年		三	乐陵侯史子长为大司马、车骑将军。太子太傅萧望之为前将军。	
前48	孝元初元元年		四		
前47	二		五		
前46	三		六	十二月，执金吾冯奉世为右将军。	
前45	四		七		
前44	五		八	二月丁巳，平恩侯许嘉为左将军。	中少府贡禹为御史大夫。十二月丁未，长信少府薛广德为御史大夫。
前43	永光元年	十月戊寅，定国免。	九 七月，子长免，就第。	九月，卫尉平昌侯王接为大司马、车骑将军。 二月，广德免。	七月，太子太傅韦玄成为御史大夫。
前42	二	三月壬戌朔，日蚀。	二月丁酉，御史大夫韦玄成为丞相，封扶阳侯。丞相贤子。	七月，太常任千秋为奋武将军，击西羌；云中太守韩次君为建威将军，击羌。后不行。	二月丁酉，右扶风郑弘为御史大夫。

续表

		大事记	相位	将位	御史大夫位
前41	三		二	右将军平恩侯许嘉为车骑将军，侍中、光禄大夫乐昌侯王商为右将军，右将军冯奉世为左将军。	
前40	四		三		
前39	五		四		
前38	建昭元年		五		
前37	二		六	弘免。	光禄勋匡衡为御史大夫。
前36	三	六月甲辰，玄成薨。	七月癸亥，御史大夫匡衡为丞相，封乐安侯。		卫尉繁延寿为御史大夫。
前35	四		二		
前34	五		三		
前33	竟宁元年		四	六月己未，卫尉杨平侯王凤为大司马、大将军。 延寿卒。	三月丙寅，太子少傅张谭为御史大夫。
前32	孝成建始元年		五		
前31	二		六		
前30	三	十二月丁丑，衡免。	七 八月癸丑，遣光禄勋诏嘉上印绶免，赐金二百斤。	十月，右将军乐昌侯王商为光禄大夫、左将军，执金吾弋阳侯任千秋为右将军。 谭免。	廷尉尹忠为御史大夫。

续表

		大事记	相位	将位	御史大夫位
前29	四		三月甲申，右将军乐昌侯王商为右丞相。	任千秋为左将军，长乐卫尉史丹为右将军。 十月己亥，尹忠自刺杀。	少府张忠为御史大夫。
前28	河平元年		二		
前27	二		三		
前26	三		四	十月辛卯，史丹为左将军，太仆平安侯王章为右将军。	
前25	四	四月壬寅，丞相商免。	六月丙午，诸吏散骑光禄大夫张禹为丞相。		
前24	阳朔元年		二		
前23	二		三	张忠卒。	六月，太仆王音为御史大夫。
前22	三			九月甲子，御史大夫王音为车骑将军。	十月乙卯，光禄勋于永为御史大夫。
前21	四		七月乙丑，右将军光禄勋平安侯王章卒。	闰月壬戌，永卒。	
前20	鸿嘉元年	三月，禹卒。	四月庚辰，薛宣为丞相。		